MW01623141

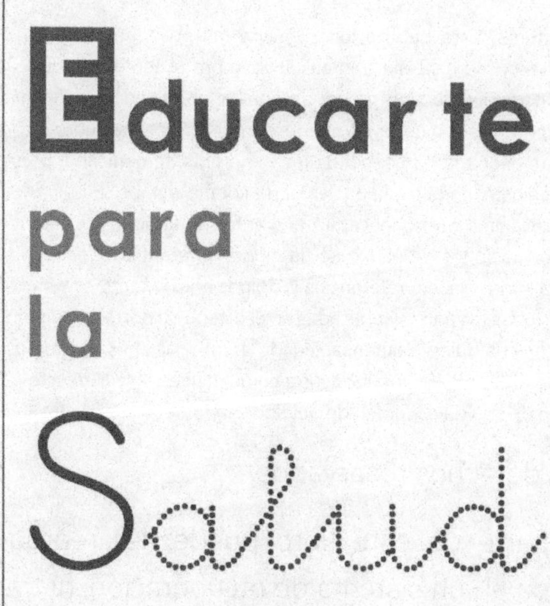

Manuel J. Jiménez González

Título: Educar*te* para la salud

ISBN:

Impreso en España/ *Printed in Spain*

Diseño de portada y gráficos: Tatiana Jiménez

Maquetación y edición: Alexander Estrada

Prólogo

Hace años escuché una frase que haría tambalear el sistema de creencias y el orden de prioridades de cualquiera.

Decía: "Una persona sana tiene miles de deseos, una persona enferma solo uno".

Piensa en ello y entenderás por qué estás aquí leyendo estas páginas.

Nada llega a tu vida por casualidad sino por CAUSAlidad, por principio de causa y efecto, por SINCRONICIDAD.

Así que, si tienes este libro en tus manos, significa que tiene algo especial para ti, que te ayudará a llevar tu vida al siguiente nivel.

¡Disfrútalo!

Gracias Manuel Jesús por escribirlo.

LAIN, autor de la saga LA VOZ DE TU ALMA.

DEDICADO a mis hijos, Sergio y Sandra.
Por ser mi fuente de inspiración.
Espero que sigáis brillando con amor,
energía, salud y libertad. E iluminéis,
a lo largo de vuestras vidas,
a otras muchas personas.

PRESENTACIÓN

Antes de que empieces a leer, quiero comentarte algunas cosas. Como autor de esta obra, yo solo he sido el artesano que ha ido juntando las ideas que desarrollaron personas más inteligentes, basándose a su vez en lo que hicieron otras personas previamente. Y en el *feedback* continuo que recibo en mi consulta, en donde trato de mejorar la calidad de vida de cientos de personas cada mes. Y que me permiten un aprendizaje continuado gracias a sus experiencias, logros y desafíos, a los que se enfrentan.

He caminado a hombros de gigantes en esta aventura, que me ha hecho crecer infinitamente como persona, llegando a conocerme mucho más de lo que pensaba que me conocía. He aprendido, he disfrutado y me he desafiado para tratar de dar lo mejor de mí.

Es un libro transversal, que aborda varias disciplinas, pero sobre todo se centra en la educación y en la salud. He entrevistado a mucha gente para poder complementar mejor la información.

El libro comienza con una contextualización previa, para que puedas situarte en la tesitura actual de la Educación y de la Salud. Y por qué es necesario que emprendan algunas reestructuraciones, y que se encuentren entre ellas, por el bien de toda la humanidad.

Luego está dividido en tres pasos, en los que irás aprendiendo y capacitándote para entender tu cuerpo, tu mente y poder acercarte a la verdadera salud:

1. Marco mental para crear salud.
2. Conociendo la inflamación para poder controlarla.
3. Pequeñas acciones para una gran salud.

Advierto que verás el uso mayoritario del masculino en este libro, pero dejo en claro que en este libro cabemos todos. Pero me parecía un rollo tener que especificar niños/as, todos/as, constantemente.

La intención última, claro está, es ayudarte, proporcionarte herramientas y conocimiento para que puedas cuidar tu salud y la de los que te rodean. Pero, como autor, no me puedo responsabilizar de las consecuencias que puedan derivar de cada uso particular de esas recomendaciones. Porque mejorar tu salud no puede depender de un libro, pues, aunque en mínimas ocasiones, hay veces que no depende ni de ti.

Más cuando sabemos, que incluso la ciencia se equivoca. Y así ha ocurrido a lo largo de la historia. Aunque, a veces, tengamos la limitación de pensar que lo que sabemos sobre algo hoy, es la verdad absoluta. Como si no supiéramos que, aunque solo sea por probabilidad estadística, un porcentaje de lo que hoy creemos que es cierto, dentro de unos años, la ciencia demostrará que estaba equivocado.

La intención es darte libertad a través del conocimiento, ayudarte en la medida que algo pueda hacer un "clic" dentro de ti, que te emocione, te cure, te haga reflexionar y conecte contigo.

Tienes en tus manos el primer tomo de la trilogía más completa sobre salud y estilo de vida. Todo aquello que me hubiera gustado aprender en la escuela y lo que deseo de corazón que aprendan mis hijos desde bien pequeños.

Si este libro resuena contigo y te hace mejor persona, estoy convencido que los otros dos te van a ayudar mucho más y sacarán lo mejor de ti.

Comencemos.

ÍNDICE

"Los padres no podemos pretender que nuestros hijos practiquen cosas que nosotros no hacemos"

INTRODUCCIÓN Y CONTEXTUALIZACIÓN

¡Para!

¡Un momento!

Respira tranquilo...

Inspira durante 5 segundos y espira durante 8 segundos. Hazlo 3 veces.

Siente tu cuerpo... ¿Estás cómodo? ¿Algo te molesta? Soluciónalo si es así.

¿Sientes tu espalda, cuello y hombros relajados?

¿Tienes los pies bien posicionados en el suelo?

¿Dónde tienes colocada tu lengua? En reposo, la punta de la lengua debe acomodarse por encima de los incisivos superiores (zona llamada rugas palatinas) y con la boca cerrada. Debe ir al lugar donde la colocamos al pronunciar las letras "N" o "L".

¿Tienes buena luz para leer y guardas una buena distancia para no forzar tu vista?

¿Y tú ritmo cardíaco? ¿Es tranquilo? ¿Sientes tu corazón bombear sangre?, ¿tus pulmones expandirse para albergar oxígeno?

Ahora piensa en un momento placentero y gratificante. Puede ser un viaje, un lugar, una canción, un sabor, un olor... O cuando estás rodeado de las personas que más quieres en este mundo.

Piensa en la sensación de querer a alguien o de saber que alguien corresponde tu amor. Piensa en cómo lo experimentas en el cuerpo, en la calidez y el bienestar.

¿Lo tienes?

Ahora quiero que te ancles a esta sensación cada vez que vuelvas a coger el libro. De este modo podrás crear el ambiente adecuado para que tu aprendizaje sea mucho más significativo.

Además, con estas sensaciones que has recreado, estarás vibrando a un nivel mucho más elevado y podrás conectar mejor con todas las personas que tienes alrededor (y esto es fundamental para tener una buena vida, como veremos más adelante).

Vamos a hablar de salud, de educación y de hábitos, así que debemos empezar bien.

GRACIAS, de corazón, por estar leyendo este libro, entre las millones de opciones posibles que podrías estar haciendo y que intentan captar tu atención.

Espero no decepcionarte. Estoy entusiasmado de que me acompañes a lo largo de las siguientes páginas y estoy feliz porque te voy a ayudar a ser un poquito mejor.

La semilla que consiga plantar en ti no solo te beneficiará a ti, sino también a muchas personas a tu alrededor, ya que les servirás de ejemplo. Y así crearemos un impacto mucho mayor.

De todo lo que puedas aprender, pon en práctica lo máximo posible y no te guardes nada, ya que si lo enseñas a otros te aseguras de integrarlo y aprenderlo mejor.

Comparte este libro con las personas que creas conveniente. Regálales una copia o diles dónde lo pueden conseguir. Así verán que te preocupas por ellos.

Y sé tú mismo el modelo, a través de tus hábitos y acciones, de una persona auténticamente comprometida con la buena salud. De eso trata la vida: de ayudarnos.

Hagamos una bola de nieve, tan grande, que con la inercia que coja sea capaz de cambiar el enfoque sobre la importancia de la Educación para la Salud, de las generaciones venideras.

Para que sea una prioridad desde que nacemos. Y con todos los responsables implicados (padres, madres, educadores, abuelos, tíos, entrenadores, sanitarios... Hasta el propio Gobierno).

Creemos, entre todos, una sociedad mejor.

¿Por qué he escrito este libro?

AYUDAR. Ese es el fin último. Porque quiero que disfrutes la vida. Y si tienes achaques, dolencias o enfermedades, no podrás exprimir al máximo la experiencia de vivir.

Y quiero que eduques a las personas que tengas a tu alrededor, sobre todo a los más pequeños. Para que ellos crezcan lo más sanos y felices posibles.

Pero has de saber que sólo **puedes ayudar a los demás si antes te has ayudado a ti mismo**. Me explico, el ritmo de vida actual nos envuelve en una vorágine de prisas donde tenemos la sensación de no llegar a tiempo a nada. Tratamos de centrarnos en el cuidado de los demás, en trabajar para que no les falte de nada, nos quitamos tiempo propio, para darlo a los demás... Y así vamos descuidándonos a nosotros, lo que nos conduce a una sensación de insatisfacción, baja energía, cansancio, dolor, inflamación, nos cuesta dormir bien, etc.

El objetivo de este libro es que vuelvas a ponerte en el centro, de modo que priorices en ti y dediques tiempo a cuidarte, para que tu salud se vea fortalecida en todos los sentidos. Te ayudes a ti y así puedas ayudar a los que te rodean.

Lo primero es respetarse, valorarse y amarse a uno mismo. Porque es la única forma en que podemos dar y transmitir eso a los demás.

Una vez hecho esto, veremos qué áreas son las que tienes más descuidadas. Si es la actividad física, el ejercicio, la alimentación, el descanso, el cuidado personal, hábitos higiénicos, posturales, pensamientos inapropiados, mal uso del lenguaje, etc. Qué es lo que te molesta o incomoda, para empezar a trabajar en tus hábitos del día a día, de modo que puedas ir corrigiendo y mejorando.

Hay una cosa clara: debido a la sociedad del bienestar, cada vez vamos a vivir más años. Pero la cuestión no es solo vivir más años, sino vivirlos gozando de buena salud. Hay demasiada gente con problemas. El objetivo debe ser "morir joven lo más tarde posible".

"El que deja de aprender es viejo, tanto si tiene veinte como ochenta años. El que sigue aprendiendo se mantiene joven". Mark Twain.

El tiempo es el bien más preciado que tenemos y es una pena que lo malgastemos atravesando períodos de enfermedad o dolor (da igual de qué tipo sean).

¿Cuántos resfriados sufre la persona media a lo largo del año? 1, 2, 3... ¿Algunos más? Por no hablar de las faringitis, gripe, jaquecas, gastroenteritis, alergias, infecciones de boca, oído, orina, problemas de espalda, cuello, ansiedad, depresión, estrés, etc.

Nadie está a salvo sufrir un accidente o alguna enfermedad traumática. Pero un altísimo porcentaje de la mayoría de las enfermedades del siglo XXI (cuyo trasfondo es la inflamación) sí que podemos PREVENIRLAS, mejorarlas y atajarlas.

Y el camino para ello es EDUCARTE PARA LA SALUD, implementando **unos hábitos diarios que cuiden tu cuerpo y lo fortalezcan,** para que sea eficiente a la hora de preservar una buena salud. Pero claro, debes ser responsable, hacer tu parte y ser constante.

Dirás que no tienes tiempo, pero esto es una trampa mortal. Porque si no tienes tiempo para OCUPARTE DE TU SALUD, más adelante estarás obligado a invertir tiempo en SOLUCIONAR LA ENFERMEDAD. ¿Qué es mejor? ¿Invertir tiempo cuando estoy bien? ¿O invertirlo cuando estoy mal?

Además, si inviertes en educarte para la salud, VAS A GANAR TIEMPO. G-A-R-A-N-T-I-Z-A-D-O.

¿Por qué ocurrirá esto? Porque vas a tener mucha más energía, muchísima. Más vitalidad. Más ganas de hacer cosas. Tendrás mucho más foco mental en cualquier tarea que estés haciendo, por lo que aprovecharás mejor el tiempo.

Por no hablarte de los proyectos, ilusiones u objetivos que tengas en mente. Vas a ir a por ellos. Porque una persona sana, piensa en prosperar, avanzar, luchar por lo que quiere. Pero una persona enferma solo piensa en una cosa: en curarse.

¿Cuántas cosas nos vemos obligados a dejar a medias, o no hacerlas del todo bien por sufrir algún problema de salud? Esto te limita en cualquier ámbito de tu vida.

Con tu familia, te impide disfrutar al máximo de las vacaciones o de ese viaje que habíais estado preparando con mucho mimo.

En el trabajo, te hace parar ese proyecto que había empezado con fuerza, pero en el que rompes tu inercia debido a tu incapacidad durante unos días.

Con tus amigos, debes cancelar ese torneo de pádel porque justo te dio un lumbago unos días antes. O no ir a esa carrera por una inoportuna faringitis.

O justo antes de esos exámenes tan importantes, te sobreviene un inoportuno resfriado que te tapona la nariz y no te deja respirar ni concentrarte, por lo que te dificulta afrontarlos con garantías.

Y así podríamos seguir...

No me interesa hablarte de estadísticas porque, aunque no son nada halagüeñas, hay muchísimas personas que, estando consideradas dentro de la gente saludable (porque no tiene ninguna enfermedad manifiesta, y aun no tomando ninguna pastilla de forma habitual, cosa que ya es difícil encontrar), no disfrutan de una verdadera salud. Y no pueden exprimir y disfrutar de la vida todo lo que quisieran, porque les falta la energía y vitalidad necesaria para que así sea.

Quiero que tomes consciencia que el espectro entre la verdadera salud y la enfermedad es muy amplio. Y que tú debes posicionarte en el extremo del máximo potencial.

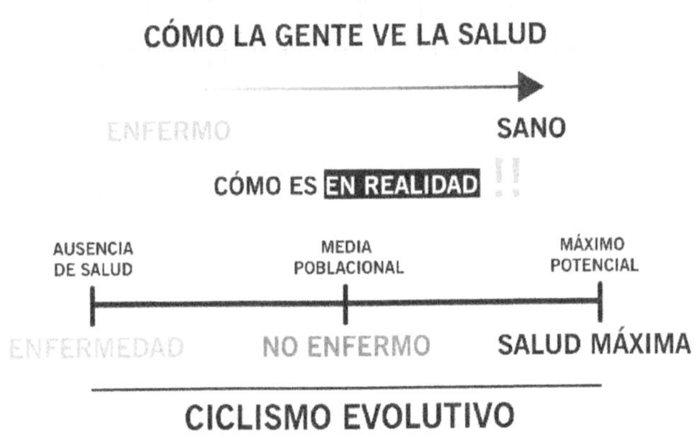

Mi historia y por qué puedo ayudarte.

Hay algo que me ha marcado mucho durante mi vida: inoportunos momentos en los que he sufrido alguna limitación en mis facultades físicas y/o mentales a causa de un problema de salud. Por ejemplo, en varios campeonatos de España de ciclismo en los que estaba seleccionado y, en el último momento, algo mermaba mis capacidades.

Otras veces era en época de exámenes importantes, o cuando estaba de viaje de fin de curso, o en días señalados (Navidad, Nochevieja...). Siempre algo inoportuno y que no me dejaba disfrutar al máximo.

Así que estaba HARTO.

Es un hecho constatado que nos movemos en la búsqueda del placer y/o la evitación del dolor. Pues bien. Yo he dedicado muchos años a buscar las maneras de fortalecer mi cuerpo y mi mente, con el objetivo de evitar el dolor que me estaba causando no poder controlar cuando me iba a enfermar (una faringitis, resfriado, gripe, fiebre, etc.).

Porque no controlar eso me dolía en lo más profundo de mi ser, ya que he sido siempre una persona comprometida con una vida saludable. Pero, una cosa es creer que estás haciendo las cosas bien. Y otra muy distinta es hacerlas bien.

Creer que, por comer saludable, hacer ejercicio y descansar bien ya tienes garantizada una buena salud es un gran error. Existen muchísimas más variables que van a determinar cómo tu cuerpo responde a la interacción con el medio, con las personas que te rodean y, lo más importante, la relación contigo mismo.

Yo lo he vivido en mis carnes, de forma muy clara, en los últimos años. Te lo cuento...

Al tiempo de escribir estas páginas, mi hijo mayor va a cumplir 8 años y mi hija menor 4. Cuando los niños son pequeños, todos sabemos que su sistema inmunitario es débil y son presa fácil de todo tipo de virus y bacterias. Por lo que, en muchos momentos de su desarrollo, están malitos por diferentes problemas (infección de oído, dolor de garganta, gastroenteritis, cólicos, bronquiolitis, conjuntivitis, resfriados...).

Con ese panorama, se dice (esto es una creencia limitante) que las personas a su cargo (padres, abuelos, etc.) son presa fácil de que les contagien esos virus y acaben padeciéndolos también.

Así que eso fue exactamente lo que me sucedió a mí con mi primer hijo. A pesar de esforzarme por llevar una alimentación saludable, practicar ejercicio de forma regular, intentar controlar el estrés, etc. En casa estábamos malos cada dos por tres. No voy a decir que tanto como mi hijo, pero sí mucho más de lo que yo estaba dispuesto a tolerar, al ser consciente de que era una persona joven y con hábitos muy saludables.

Ante esta situación, decidí investigar a fondo por qué unas personas se ponen enfermas con cierta facilidad y otras (que yo conocía) nunca. Traté de aprender todo lo posible sobre el sistema inmunitario, el concepto de hormesis, métodos de relajación, respiración eficiente, hábitos higiénicos... hasta que la mente jugaba un papel determinante, así que seguí y seguí investigando.

Uno de mis errores, y por lo que a menudo caía enfermo, es por carecer de lo que he considerado en llamar "el marco mental adecuado para crear salud". Solía centrarme mucho en los hábitos saludables pero el prisma bajo el cual veía mi vida era a menudo el causante de esas limitaciones en forma de enfermedad inoportuna.

Pero cuando nació mi segunda hija la cosa cambió. Todo lo que había investigado y puesto en práctica empezó a dar resultado y me di cuenta que la pequeña no me "contagiaba" ningún resfriado ni ningún otro virus. Y, por tanto, me sentía totalmente libre de poder vivir la vida al máximo.

Quiero compartir contigo cómo lo hice. Del mismo modo que intento ayudar a los cientos de personas que veo en mi consulta para mejorar algún aspecto de sus vidas.

Lo más frecuente suele ser que vengan pensando en mejorar la forma física, o perder peso, ganar masa muscular, aprender a alimentarse mejor, controlar la ansiedad por la comida al dejar de fumar, etc. Pero cuando de verdad me informo sobre sus vidas y empatizo de forma sincera, me doy cuenta de una cruda realidad: hay una serie de problemas subyacentes en la sociedad que muchos padecen de forma recurrente:

- No tengo tiempo. No me da la vida para llegar a todo.
- Me falta energía.
- No me veo bien. Baja autoestima, que es lo que impide que consigan sus objetivos.
- Me alimento bien, pero me siento... hinchado, con gases, estreñimiento, jaquecas, etc.
- Hago ejercicio, pero... no consigo los resultados esperados.
- Me cuesta dormir bien.
- Me siento inflamado.
- Me duele: la espalda, el cuello, la cabeza...
- Me resfrío 3-4-5 veces al año
- Me cuesta controlar el estrés
- Y un largo etcétera de patologías y dolencias: síndrome metabólico, asma, alergias, hipertensión...

Un ejemplo: dedicar tu vida a un trabajo que no amas realmente, puede enfermar a cualquiera. Yo, por suerte, pude dar un giro a mi vida a una edad relativamente joven. Después de 8 años en la enseñanza pública me topé de bruces con compañeros que amaban la profesión y otros que solo estaban por cumplir el expediente y tener un trabajo "cómodo".

En mi caso me gustaba la docencia, pero no tanto como para dedicar toda la vida a ello. Así que cuando abandoné ese trabajo y empecé con mi proyecto, mi salud y mis niveles de energía se vieron indudablemente beneficiados (aunque todos los cambios son difíciles).

Créeme si te digo que lo anteriormente expuesto se puede mejorar. Se puede tener más tiempo de calidad, aumentar tu energía, salud y alejarte de la enfermedad. Mejorar tu autoestima, aprovechar mejor la energía de los alimentos, conseguir resultados con tu rutina de ejercicio, dormir mejor, sentirte genial, no tener dolores, sentirte calmado y confiado.

Y la solución pasa por EDUCAR*TE* PARA LA SALUD.

¿Qué problemas hay en el Sistema Sanitario y en el Sistema Educativo que afectan a tu salud?

Este libro trata de educar y trata la salud. Por lo tanto, es preciso analizar ambos Sistemas de atención públicos y por qué no consiguen unos resultados óptimos para la población.

GRIETAS EN EL SISTEMA SANITARIO

Según el INE (Instituto Nacional de Estadística), más del 63% de la población ha accedido en el año 2021 a internet en busca de información relacionada con la salud. Y ojo, porque esta cifra no para de crecer cada año.

Y el perfil de españoles que busca esta información son jóvenes con estudios universitarios e hijos menores. Porque hay una cosa muy clara: TU QUIERES GOZAR DE BUENA SALUD Y QUE LOS QUE TE RODEAN TAMBIÉN LA TENGAN.

¿Qué nos está revelando este dato? Varias cosas:

1. **Que no gozamos, en general, de una buena salud**. Tal y como dijo Jiddu Krishnamurti "No es saludable estar

adaptado a una sociedad profundamente enferma". Estamos en la obligación de escapar de ahí.

2. **Que no confiamos en el Sistema Sanitario**. Llamas al centro de salud y te encuentras con listas de espera de 2-3 semanas para que un pediatra atienda a tu hijo o un médico pueda atenderte. Entonces optas por preguntarle a internet, comprar algún medicamento en la farmacia o herbolario y confiar en que la situación mejore con eso.
3. **Que consideramos que el médico nos hace poco caso**. El médico puede saber mucho sobre tu problema, sobre cómo podías haberlo prevenido... Pero, en la mayoría de casos, no dispone del tiempo necesario para explicarte nada de eso. Por lo tanto, elige lo más rápido, que es recetarte algún medicamento que corte los síntomas que estás padeciendo en ese momento. Pero que, probablemente, no tenga ninguna relación con dónde y de qué forma se originó tu enfermedad. Es decir, que no atajan el problema de raíz, sino que tan solo sofoca el incendio momentáneo que tienes en este momento.

Al actuar así, el médico de vocación no se sentirá bien, porque sabe que podría haber hecho mucho mejor su trabajo. Pero no tiene tiempo porque tiene la sala de espera llena de gente. Así que, inevitablemente, ese médico se irá sintiendo cada vez más estresado a consecuencia de su trabajo.

4. **Al no haber recibido una Educación para la salud, enseguida estamos perdidos** y no sabemos cómo

atender a nuestros hijos ante el más mínimo contratiempo.

Pero vayamos más allá. Te cuento un hecho que le ocurrió hace poco a un amigo que tiene un taller y recibió la visita de unos inspectores de sanidad, en plena ola de calor. El termómetro del taller marcaba 34 grados centígrados y comunicaron a mi amigo que a esa temperatura no podían trabajar y que, si lo seguían haciendo, procederían a sancionarlo. ¡Pero ojo!, porque a mi amigo al ser autónomo sí le dejaban trabajar en esas condiciones.

Así que tuvo que optar por adelantar la entrada de sus trabajadores y cerrar por las tardes.

Y yo me pregunto, ¿no podrían esos inspectores de "SANIDAD" pasarse por cualquier hospital de España y decirles a los médicos que no hagan guardias de 24 o 48 horas? ¡Eso es mucho peor para la salud!

¿Estamos locos?

La Sanidad es la ÚNICA profesión en el mundo en que SE PERMITE Y CONSIENTE esta atrocidad para la salud de sus trabajadores. Precisamente aquellos que tienen que "velar por la salud de las personas".

"¡TOMA YA!"

¿Qué confianza transmite una profesión que no es capaz de cuidarse a sí misma? Voy a transcribir algunos párrafos del libro "*Que los hábitos sean tu medicina*" del Dr. Borja Bandera, en los que habla sobre este hecho, conociéndolo de primera mano.

"He visto a muchos compañeros requerir asistencia en una guardia por un ataque de pánico. Convivimos con errores médicos graves directamente relacionados con el cansancio físico y mental, que después nos llevamos a casa y que pesan como una losa durante toda la vida".

"En un médico sobrepasado no nace la empatía. Y sin empatía la medicina deja de ser medicina. Para ese médico, no eres una persona que necesita ayuda, sino alguien que perpetúa su sufrimiento y esclavitud. Un problema que hay que despachar. El profesional quemado se aferra a protocolos mecánicos y automáticos. No piensa. No siente. No actúa: reacciona. Su único deseo: que llegue el viernes y salir del trabajo".

"Trabajar treinta horas continuadas sin dormir no debería ser legal. Como tampoco debería serlo atender a cuarenta pacientes en una mañana. La burocracia y la tecnocracia se han comido a la medicina".

Y lo peor es que tengo amigos médicos y he entrevistado a muchos y todos lo corroboran. Una amiga enfermera me acaba de pasar por wasap el siguiente texto de una compañera: "¿Hay algún sitio en España donde la residencia de matrona no sea una tortura? Con razón hay gente que sale quemada y en cuanto acaba se desentiende de la especialidad". Y continúa: "Me están obligando a hacer 3 guardias de 17 horas y una de 24 horas sin espacio físico para descansar y sin derecho a ello, cuando, además, vamos de lunes a viernes de 8:00 a 15:00 y por las tardes a talleres de formación".

Esta amiga me cuenta que ha hecho guardias de 48 horas y, cuando llevaba más de 40 horas sin dormir, ha cogido el coche para ir a una urgencia a otro pueblo con el médico. Es de locos...

La propia Organización Mundial de la Salud ha declarado el trabajo a turnos como un probable carcinógeno, al existir más tasas de esta enfermedad entre los trabajadores a turnos. El aumento del riesgo de mortalidad total es equivalente a fumar una cajetilla de tabaco al día. Esto se refiere a turnos de 8 horas. ¿Qué efectos tendrán las guardias de 24 y 48 horas?

Tengo una amiga que hace guardias en un hospital provincial que está a 90 kilómetros de su lugar de residencia. Acaba la guardia de 24 horas y vuelve a casa en coche conduciendo, cuando se ha documentado que la ausencia de sueño provoca en el cerebro un estado parecido al de superar la tasa máxima permitida de alcohol. No solo se pone en peligro ella, sino que pone en peligro al resto de conductores con los que se cruza.

En estos casos, lo más sensato sería preguntar al médico que fuera a atendernos una urgencia que cuántas horas lleva sin dormir. Más que nada por saber en qué situación se encuentra y si me dejo aconsejar por su diagnóstico.

Solo pretendo ponerte en situación y, de paso, DENUNCIAR este hecho tan flagrante que asfixia la salud de muchos sanitarios. Estaría bien que el Ministerio de Sanidad legislara al respecto y protegiera a TODOS los profesionales.

Porque si yo quiero una sociedad saludable, necesito unos GRANDES PROFESIONALES DE LA SALUD, EN SUS PLENAS FACULTADES. Pues la sociedad irá muy mal si no cuidamos de ellos.

MEDICINA CONVENCIONAL Y MEDICINA FUNCIONAL

Existe otro gran problema: la mayoría de médicos, en **la medicina general o convencional**, ven a la persona sólo según su área de especialidad y no con las implicaciones que su intervención, podría ocasionar en otra área diferente. El cardiólogo se centra en el corazón y que tu tensión arterial esté controlada. El hematólogo, que los valores de tus análisis de sangre estén dentro de los márgenes establecidos. El nefrólogo, que tus riñones funcionen correctamente. El digestivo, que no tengas ardores ni reflujos. Y así hasta 24 ramas o más de la medicina.

Esto también ocurre en otras disciplinas: el entrenador que solo sabe de entrenamiento, el nutricionista que solo sabe de nutrición... Pero resulta muy triste, con el conocimiento que tenemos hoy en día, que los médicos no tengan una formación decente en nutrición, los nutricionistas en ejercicio físico o los entrenadores en psicología. Aunque por suerte hay cada vez más profesionales implicados en llegar a comprender a la persona de forma más global, para poder ofrecer la mejor respuesta a sus problemas.

En este sentido se mueve la **medicina funcional**, con la cual estoy más identificado (aunque para mí, el estilo de vida es la mejor medicina), que es aquella que tiene en cuenta al ser humano como un sistema complejo en el que todas sus partes y órganos están conectados. De tal forma, que todo es interdependiente y que la mejora o el empeoramiento de una parte, afectará irremediablemente a otras. Por tanto, **la atención que debe ofrecerse es global y enfocada en el estilo de vida.**

Pero tampoco podemos obviar que millones de personas estamos vivos gracias a los medicamentos, y que la medicina moderna nos ha traído avances asombrosos en asistencia médica de emergencia: fracturas, apendicitis, cólico nefrítico, infarto.

Por tanto, hemos de decir que hay un momento y un lugar para la medicina convencional que ayuda a salvar vidas. Pero antes de tomar cualquier decisión sobre la salud, deberíamos preguntarnos: "¿Cuál es la opción más eficaz para mí que causa menos efectos secundarios?". En algunos casos, los medicamentos u operaciones cumplen este criterio, pero en otros muchos no.

Doy fe de lo que cuento a continuación porque he sido testigo. No está bien que un Endocrino (médico especializado en las enfermedades de las hormonas, del metabolismo y en los problemas nutricionales), en la primera visita de un paciente con obesidad, le plantee hacerle una reducción de estómago porque con eso perderá 40 o 50 kg rápidamente y se le solucionarán sus problemas.

Podría ser que se solucionaran algunos, pero si no hay una educación nutricional y de estilo de vida que acompañe a esa intervención, será cuestión de meses o años que el paciente vuelva a la misma situación que se encontraba. Habiendo padecido antes todos los riesgos de una operación de esa envergadura.

Del mismo modo, **la medicina debería ofrecer una opción mucho más seria, encaminada a cambiar los hábitos, antes de recetar medicamentos de por vida de forma indiscriminada.** Sobre todo, cuando la mayoría de fármacos modernos tienen una larga lista de efectos secundarios tan graves o peores que los síntomas que se supone que deben aliviar. Y se hace llamar asistencia sanitaria. Cuando sería más adecuado llamarla “control de la enfermedad” o “asistencia de la enfermedad”.

Lo que desean los pacientes es tratar la causa del problema en lugar de enmascararlo con productos farmacéuticos.

Y **para tratar las verdaderas causas del problema**, muchas veces tenemos **que incidir en qué estamos haciendo mal**. Es decir, no hacer cosas incorrectas (dormir poco, comer comida procesada, exceso de exposición a pantallas, beber alcohol, fumar...), no generar riesgos ni debilidades (el sedentarismo, la normotermia, la sobreprotección...) y a veces incluso no inhibir los mecanismos naturales (como la fiebre, la inflamación...).

En definitiva, aprender leyes ancestrales, las cuales, aunque tengan millones de años, encierran las claves de la verdadera salud. Ya lo decía **Hipócrates**, considerado por muchos el padre de la medicina: "Que la comida sea tu medicina y la medicina tu comida". Pero lamentablemente en la medicina convencional, la comida es tan solo vista como un complemento, y en muchos casos, ni siquiera eso.

Hipócrates defendía que el médico se debía guiar por la observación directa y el estudio del paciente y no de la enfermedad, lo cual permitiría hacer una evaluación honesta y **ayudar a las fuerzas naturales del cuerpo humano**. No lo pudo decir mejor. Pero, por desgracia, hemos visto la cruda realidad de muchos médicos en su día a día.

Es irónico que se le conceda tan poca importancia a la nutrición y al estilo de vida, cuando sabemos que hasta un

80% de las enfermedades crónicas más comunes (enfermedades cardíacas, cáncer, autoinmunidad, diabetes, hipertensión, etc.), son casi siempre prevenibles, mejorables, controlables y reversibles, implementando cambios en el estilo de vida. Entonces, ¿por qué deberíamos conformarnos con menos?

Yo no soy médico, pero sí sé mucho de salud y enfermedad. Hace unos meses, un amigo, al que solucioné unos problemas de salud que eran persistentes, me dijo que yo sabía más de medicina que la mayoría de médicos. Y, no es que sepa más de medicina, es que supe escucharle, le presté atención, fui empático y entiendo el cuerpo y la mente mucho mejor que la mayoría de personas (porque es sobre lo que amo aprender). Con esto quiero decirte que, adquirir esas cualidades deberían ser obligatorias en las facultades de medicina, puesto que sabemos que el trato cercano, amable, con interés sincero, que tenga el médico (o psicólogo, fisioterapeuta...) puede tener mucha más incidencia a la hora de conseguir una mejora en cualquier persona, que el mejor de los medicamentos.

Además, la curación se produce en última instancia por parte del paciente. El médico sólo debe guiar (similar a un maestro o un padre), para provocar el resultado esperado.

No pretendo ser vanidoso, pero me paso el día formándome sobre la salud (libros, vídeos, cursos, podcast...) y aspirando a tener un **enfoque global de la persona**. Por esa razón puedo llegar a entender a las personas y trato de guiarles para que mejoren su calidad de vida.

A mi amigo no le curé yo, ¡faltaría más! Se curó él solo.

GRIETAS EN EL SISTEMA EDUCATIVO.

Si yo quiero una sociedad bien formada, necesito de unos GRANDES MAESTROS Y PROFESORES. Pero una sociedad irá muy mal cuando no los cuida, respeta y valora lo suficiente.

Con la Educación y los maestros hemos dado un vuelco de un extremo a otro, en los últimos 40-50 años. Hemos pasado de reverenciar su figura y ensalzarla, como personas de gran poder y respeto. A criticarlos porque trabajan pocas horas y tienen muchas vacaciones.

Este comportamiento, que ha ido calando en el subconsciente colectivo, ha provocado que se haya perdido gran parte del respeto que todos deberíamos mostrar hacia una profesión tan importante y crucial para las vidas de todos.

Paralelamente, el trabajo de los docentes se ha ido sobrecargando con demasiada burocracia que ha contribuido a elevar los niveles de estrés de estos trabajadores. De esto sé de lo que hablo porque he trabajado 8 años en la enseñanza pública, tengo amigos maestros y he entrevistado a muchos de ellos.

A su vez, hoy en día las clases están formadas por un alumnado mucho más heterogéneo que años atrás. Lo que provoca que esa diversidad sea mucho más difícil de atender. Y el maestro se estresa porque no puede atender a todos como desearía.

Por si fuera poco, hay un amplio temario que enseñar (demasiados contenidos innecesarios en edades tempranas) y siempre tienen la sensación de que les falta tiempo para impartir todo lo que pone en el currículo.

¿A qué situación nos lleva esto? Lamentablemente, ocurre un poco igual que con los sanitarios. Los maestros, en general, no se sienten valorados y tienen la sensación de que el Ministerio de Educación no atiende sus necesidades. Esto les provoca estrés y ¿qué puede salir donde hay estrés? Pues más estrés. Quiero decir que, si un maestro está estresado, es normal y lógico que transmita ese estrés a sus alumnos. Igual que si un médico no cuida su salud, tampoco va a poder cuidar la salud de sus pacientes.

¿Qué es educar?

Hay muchas definiciones sobre lo que es educar, pero particularmente me quedo con una de Pitágoras que dice: **"Educar no es dar carrera para vivir, sino templar el alma para las dificultades de la vida"**.

A los maestros se les debería enseñar eso, a TEMPLAR EL ALMA de sus alumnos, que es saber responder de manera equilibrada a los desafíos de la existencia. Y no tanto a cumplir con lo que dice el currículo, con demasiadas enseñanzas poco significativas.

Soy muy consciente de que "el saber no ocupa lugar", pero sí lo más importante que tenemos, el tiempo. Y mientras se está aprendiendo algo no útil, se está dejando de aprender otra cosa más útil. Y la enseñanza se está diluyendo, a veces, por exceso de información. Por tanto, una de las **claves en educación sería dedicar tiempo a reflexionar sobre qué no enseñar. Y dejar lo que es realmente más importante y produce resultados**.

Sin ir más lejos, hace unas semanas mi hijo, que cursa 2º de Primaria, estaba estudiando los tipos de plantas según sus flores: gimnospermas y angiospermas. ¿Acaso no hay conocimientos más significativos para un niño de 7 años?

¿Y memorizar los órganos del cuerpo en inglés tiene algún sentido a esa misma edad? Cuando ni siquiera se les explica cuál es su función, sino solo nombrarlos en inglés. ¿De verdad alguien piensa que eso es significativo y que el niñ@ no lo va a olvidar en unos meses, semanas o incluso días...?

Educación para la salud.

Mi propuesta, deseo y anhelo, sería que se implementara en la Educación una asignatura que se llamase "EDUCACIÓN PARA LA SALUD", (como materia propia y no integrada dentro de la Educación Física), en la que se unieran todas las disciplinas encaminadas al cuidado del cuerpo, la mente y el alma.

Habría cabida para conocimientos de nutrición, de actividad física, de control emocional, de ergonomía y control postural, de respiración, de descanso, de sueño, de hábitos higiénicos, de primeros auxilios, etc.

Claro está que habría que "quitar" peso de otras asignaturas. Pero te pongo en perspectiva para hacerte consciente del panorama. En un país en el que una de cada dos personas tiene sobrepeso, está mejor visto hacer raíces cuadradas dos horas seguidas por la tarde (después de haber pasado seis horas sentado en un pupitre durante la mañana), que realizar ejercicio físico con los amigos.

Por ponerte un ejemplo, la Educación Física continúa siendo una asignatura de segunda o de tercera. Y para la gran mayoría de personas está más cerca del ocio, que del desarrollo armónico de la persona. Cuando, en realidad, deberíamos potenciarla e incluirla mucho más en el día a día (aunque yo la enfocaría más a crear el gusto por el movimiento y al contacto con la Naturaleza).

Potenciar la Educación Física, sería el equivalente a invertir en prevenir la obesidad, el estrés, la ansiedad, la depresión, las adicciones, etc. Tal y como decía Benjamín Franklin "Una inversión en conocimiento paga el mejor interés". Y si es en salud, mucho más.

Comparto otras dos frases célebres sobre la educación:

"Es un milagro que la curiosidad sobreviva a la Educación Reglada" Albert Einstein.

"Nunca he permitido que la escuela entorpeciese mi educación" Mark Twain.

Deberían hacernos reflexionar sobre la rigidez del Sistema Educativo y tratar de orientarlo mejor para que favoreciese más la conciencia crítica y el espíritu emprendedor.

Pero el Sistema Educativo es el que es, y aunque vaya a cambiar de nombre a la par que se renueve el gobierno de turno, no parece que vaya a ser muy sencillo mover sus raíces. Se trata de un Sistema que premia la memorización y la atención por encima de la generación de ideas novedosas, el pensamiento crítico o la aplicación práctica del mismo.

¿Se evalúan conocimientos o se evalúan mecanismos de repetición y memorización?, ¿cuándo se considera que un niño/a sabe sumar, restar, multiplicar o dividir? La respuesta debería ser "cuando aplica el algoritmo de la división de forma correcta y domina su uso" ¡Pues no!

La mayoría de profesores (vuelvo a insistir, no los culpo ni reprocho nada a ellos, pues suelen ser producto y parte del propio sistema) consideran que un niño sabe dividir cuando es capaz de realizar 20 divisiones seguidas. Es decir, se trata de un concepto de repetición, y no de conocimiento del algoritmo.

Por tanto, el criterio de evaluación no es cualitativo, sino cuantitativo. No apruebas por tener una buena destreza al realizar el algoritmo de la división (o cualquier otra tarea). Sino por el número de divisiones cuyo resultado correcto tengas (hechas, en la mayoría de ocasiones, de forma mecánica y sin prestar atención al algoritmo). Es más, un niño por este sistema podría tener un 10 en Matemáticas sin comprender qué es dividir.

Y así pasa con muchos otros aprendizajes.... Lo cual puede ser tremendamente frustrante tanto para niños que van por debajo de la media como aquellos que sobresalen por encima (los llamados de altas capacidades) a los que el hecho de repetir "x" veces un algoritmo, tarea, conocimiento... que ya tiene adquirido, puede suponerle un auténtico suplicio, porque no le aporta nada de valor (solo un desgaste a nivel psicológico de su atención). Y que, en no pocos casos, puede errar en los resultados ya que su mente está en otra cosa que le interesa más.

Pero el problema es que son, precisamente, las asignaturas más creativas (Música, Educación Artística o Educación Física), las que peor "fama" tienen dentro del currículum.

No es tarea fácil... Pero, a mayor desafío, mayor satisfacción. Como decía Thomas Alva Edison "Los que dicen que es imposible no deberían molestar ni interrumpir a los que lo hacemos". ¡¡¡SÍ SE PUEDE MEJORAR LA EDUCACIÓN!!! Como también ¡¡¡SE PUEDE MEJORAR LA SANIDAD!!!

Tendríamos que ser capaces de aplicar, en Educación y en Salud, el **Principio de Pareto**, aquel que dice que, para la mayoría de resultados, el 80% de las consecuencias provienen del 20% de las causas. Lo que significa que el 20% de los aprendizajes que el niño recibe (los verdaderamente más importantes), son los que, en realidad, tienen la capacidad de impactar y producir más mejoras. Por tanto, se trata de ESCOGER BIEN.

Dicen que todo tiene su ritmo en la vida, que el maestro aparece cuando el alumno está listo... "Sólo sé que no sé nada", diría Sócrates. Pues bien, a mí me hubiera gustado estar preparado mucho antes... Adquirir un conocimiento que considero esencial en la vida y que, a pesar de haber dedicado muchísimas horas de estudio (y lo sigo haciendo), me ha costado aprender e integrarlo todo. Y soy consciente que me queda mucho camino.

Siento que, en la educación obligatoria, donde pasamos tantas y tantas horas, éstas se podrían aprovechar mucho más si hubiera un cambio de paradigma y se seleccionaran mejor los aprendizajes. Y, sobre todo, si se diera prioridad a la salud, como lo más importante que tenemos.

¿Quién debería impartir la asignatura de Educación para la Salud? ¿Un maestro o un sanitario? Porque el maestro sabe educar, pero en general no sabe mucho sobre salud. Y al revés, el médico puede saber mucho de salud, pero no sabe tanto educar y transmitir esos conocimientos para que sean entendibles. Yo creo que lo mejor sería formar a maestros con conocimientos sobre salud.

Los que legislan, elaboran y derogan una y otra Ley de Educación (según el partido político de turno), deberían coger el toro por los cuernos y establecer políticas de prevención en salud de forma global. Tomando el ejemplo de otros países como Finlandia y su famoso Proyecto Karelia.

Cómo aprovechar mejor el libro.

El lugar donde te encuentras ahora mismo, en relación a cualquier área de tu vida, es la suma de todas las decisiones que tomaste en el pasado. Y esas decisiones vinieron tomadas por una mentalidad "X", fruto de unas creencias "Y", contraídas dentro de un entorno "Z".

Las enfermedades, lesiones y cualquier cosa que te ocurra o haya ocurrido, **no dependen solo del último evento, sino de todo el camino recorrido previamente**. Primero vienen los achaques, el sobrepeso, el tabaco, el alcohol, la falta de ejercicio, la falta de sueño o descanso, el estrés sostenido, la comida basura, etc.

La comprensión de este fenómeno nos debería ayudar a ponernos las pilas para ACTUAR DESDE HOY MISMO en la mejora de nuestra vida y nuestra salud, porque todo importa y lo que haces hoy puede tener sus consecuencias dentro de meses o años.

Son tus hábitos los que definen tu salud, no las acciones aisladas. Es la suma de muchas acciones correctas hechas durante mucho tiempo, lo que te lleva a un resultado de salud extraordinario. El futuro no depende de la suerte, ni de la genética (esto es solo un pequeñísimo porcentaje). Tan solo depende de nuestros hábitos. Y el legado que debemos dejar a nuestros hijos es una SALUD FUERA DE SERIE.

Cada cual debe encontrar la manera de jugar las cartas que ha recibido. Siendo conscientes de que unas cosas estarán bajo nuestro control y otras no. Pero mucho de lo que creas se basa en tus propios sesgos y prácticas culturales.

La oración de la serenidad del teólogo Reinhold Niebuhr es una versión moderna de esta idea y, aunque la versión original es algo distinta, suele citarse habitualmente así:

Dios, otórgame serenidad para aceptar lo que no puedo cambiar, valentía para cambiar lo que sí puedo, y sabiduría para distinguir entre ambas cosas.

Aprovecha las ganancias marginales.

No te agobies, pues el cambio tiene que empezar en pequeño. Dos de los más reconocidos entrenadores a nivel mundial, cada uno en su deporte, Pat Riley (baloncesto) y Dave Brailsford (ciclismo) nos dan la clave para que podamos implementar mejoras en cualquier área de nuestras vidas. Tan **solo mejorando un 1%**, lo que ellos llamaron ganancias marginales.

O tal y como dijo Lao Tse: "Un viaje de mil millas empieza con el primer paso".

Aplicado al baloncesto, Riley pidió a sus jugadores de los Chicago Bulls, nada más perder la final por el anillo de la NBA, que debían proponerse de objetivo, mejorar tan solo un 1% en el tiro, un 1% en el rebote, un 1% en intensidad defensiva... Para ganar el anillo del año siguiente.

Igualmente, Brailsford indicó y contrató a una serie de expertos para conseguir esas mejoras del 1% en sus ciclistas del todopoderoso equipo Sky. Quería mejorar un 1% en la calidad del sueño, en la posición sobre la bicicleta, en el tipo de sillín para que fuera más cómodo, la aerodinámica de la bicicleta... Y con todas esas mejoras sus corredores fueron los mejores del mundo llegando a conquistar el Tour de Francia en varias ocasiones.

Lo bueno de intentar conseguir esas mejoras es que las vemos posibles y alcanzables. Incluso creemos que estamos capacitados para progresar más de ese 1%. Aunque lo curioso de esto, es que llegando tan solo a ese porcentaje, las mejoras serán exponenciales. Puesto que el progreso en cada una de las partes mejorará el resto que dependen de ellas. Y el efecto no solo suma, sino que se multiplica.

Y esto lo podemos aplicar a cualquier área de nuestra vida: la salud, las relaciones, la familia, o el área económica.

1% de mejora en el cuidado del cuerpo (físico).
1% de mejora en la performance cognitiva.
1% de mejora en la forma de respirar.
1% de mejora en la calidad del sueño.
1% de mejora en la gestión de nuestras emociones.
1% de mejora en el cuidado de la vista, oído, boca...

Identifica qué áreas de mejora pueden ayudarte más. Realiza cambios y evalúa resultados. Busca siempre la mejora sin compararte. Recuerda que el juego de la salud es un juego infinito. Nunca acaba. Adopta una actitud firme y coherente, pero no asfixiante, respecto a tu salud. No intentes ser perfecto, pero no te dejes arrastrar por la "normalidad", bajando tus estándares a los de la mayoría de la población.

Alcanza los mínimos para que no te limiten.

Este apartado bien podría haberse llamado "LA CADENA DE ESLABONES Y EL ESLABÓN MÁS DÉBIL". Puesto que es el símil del que me voy a valer para explicar por qué es TAN IMPORTANTE asegurarnos unos **aprendizajes mínimos** (habilidades, herramientas, conocimientos o destrezas claves) sobre algunos temas, de modo que no nos lastren a la hora de poder desarrollar nuestro potencial.

Imaginemos una larga cadena con muchos eslabones, que tiene un aguante, o resistencia, determinados. Supongamos que esa cadena es capaz de resistir un peso de 1000kg, o que podemos traccionar de ella con una fuerza de ese calibre. Si la cadena es lo suficientemente fuerte, aguantará esa presión. Mientras que, si no lo es, se romperá por algún sitio. Y he aquí el quid de la cuestión. ¿Qué es lo que marca el rendimiento de la cadena? EL ESLABÓN MÁS DÉBIL.

Precisamente porque una cadena es una sucesión de eslabones entrelazados entre sí, su grado de resistencia lo marcará el más débil de todos los que la formen. De este modo, ¿de qué serviría en esa cadena, que el resto de los eslabones fueran capaces de aguantar 2000kg, si hay uno cuya resistencia máxima son 1000kg? El límite siempre lo va a marcar el más débil.

¿Cómo podemos aplicar este hecho a tu salud? Primeramente, porque has de ser consciente de que tu cuerpo actúa como un todo, de forma global y dentro de cada uno de los niveles (físico, mental, emocional, espiritual y hormonal). Por tanto, no puedo descuidar ningún apartado ya que podría estar limitando el desempeño que pueda tener en el resto; y, por consiguiente, en mi calidad de vida.

Pero es que cada uno de esos niveles depende (igual que la cadena lo hace de los eslabones) de un **sinfín de pequeños hábitos, conductas, habilidades, conocimientos**... que están entrelazados entre sí y que, juntos, **determinan la forma en que me relaciono con el mundo.**

Para ampliar la explicación, pondremos un ejemplo de la incidencia que tiene este hecho en el mundo del deporte y que luego podremos extrapolar a lo que ocurre en nuestras vidas.

Yo he practicado ciclismo durante muchos años. Pero lo que aquí comento podría extrapolarse a cualquier otra disciplina deportiva. Lo que busca todo deportista es mejorar su rendimiento, es decir, sus prestaciones para poder llegar a la meta lo antes posible (o saltar más alto, más lejos, ganar un punto...). Pues bien, en el ciclismo, no todo es montar en bici y hacer kilómetros (como en el fútbol no todo es jugar partidos y entrenar con el balón). Hay una gran cantidad de elementos a tener en cuenta para mejorar el rendimiento. Y no todos se consiguen subidos en la bici.

Por un lado, hay muchas **capacidades físicas** distintas que trabajar: fuerza, resistencia, potencia, velocidad, flexibilidad... A lo que hay que sumar las **capacidades mentales** (motivación para llegar bien al objetivo, grado de excitación adecuado para afrontar los momentos difíciles de la competición, relajación previa a las carreras, visualización, creencias, convencimiento...), **capacidades tácticas** (saber moverse en carrera, anticipar lo que harán tus rivales, esperar el momento preciso para atacar...), **capacidades técnicas** (habilidad que tengo para controlar la bici, destreza en los descensos, ubicación dentro del pelotón...), y así seguiríamos con muchas más habilidades, cualidades o destrezas, como gestión del **descanso** (calidad del sueño), **alimentación** e hidratación adecuadas, técnicas para mejorar la **recuperación** (crioterapia, suplementos...) y algunas más.

Es decir, podemos afirmar que el cúmulo de todo eso, marcará el resultado final. Pero lo más importante, es saber que dentro de que todo sea útil e importante (igual que puede ser en la escuela o en el hogar con todas las cosas que aprendemos) habrá algunos aspectos que cobren más relevancia y, sobre todo, habrá algunos en concreto que su importancia sea MÁXIMA y que puedan suponer un PUNTO DE QUIEBRE.

Esos serán los que tendrán la capacidad de limitar el conjunto (igual que el eslabón más débil de la cadena). De ahí que estamos en la obligación de aprender cuáles son exactamente esos puntos débiles que están limitando la manifestación de todo el potencial. Y esto hay que trasladarlo a las escuelas, hogares, VIDA EN GENERAL,... para que podamos desarrollar nuestra mejor versión o, al menos, no nos quedemos en un nivel muy bajo a causa de no saber estos factores limitantes.

Si miramos el rendimiento académico de los niños, veremos que se ve afectado por multitud de factores. Está claro que lo primero para poder aprender es que el niño vea y oiga bien, pues son sus canales principales de entrada de información. Pero esto, en no pocas ocasiones, falla. Son muchos los niños que tienen dificultades en estos sentidos. Y tanto sus padres como los profesores, tardan más tiempo del deseable en darse cuenta y ponerlos en manos de profesionales para solucionar el problema.

En casa, sufrimos esto con mi hijo mayor. Cuando era pequeño, padecía otitis (inflamación del oído debido principalmente a una infección, que produce dolor intenso y fiebre) con mucha frecuencia. Cada dos por tres, estábamos en el médico para que lo tratara y siempre la solución era mandarle antibióticos...

Así, una y otra vez, hasta que nos hartamos y decidimos acudir a varios profesionales para conocer otras opiniones sobre lo que estaba pasando. La solución que más nos convenció fue que había que operarlo cuanto antes, ya que el niño apenas tenía audición debido a la infección que mostraba en los oídos. En pocos días fue operado, con unos drenajes en los oídos para que no volviera la infección y que tuvo que llevar durante casi un año. Además de la extracción de vegetaciones que también le impedían la correcta audición.

El caso es que, mi hijo contaba con 2 años y medio y apenas pronunciaba palabras, y esto era causado porque oía muy poco y, por tanto, no desarrollaba el lenguaje. Pero fue justo unos días después a la operación que el niño empezó a hablar y comunicarse con una soltura cada vez mayor, al haber solucionado el problema de audición.

Como es lógico, si un niño/a no oye bien, es imposible que pueda ir bien en la escuela. E igualmente si un niño/a no ve bien le ocurrirá exactamente lo mismo.

Tenemos unos amigos que, cuando quisieron darse cuenta que su hijo no veía bien (con casi 6 años de edad), el niño ya había desarrollado una miopía de 5 dioptrías. Y esto es mucho más frecuente de lo que nos creemos. Pero es que, además, hasta llegar a la detección del problema, hemos de imaginar el periplo del niño para manejárselas en el colegio, en el parque, en casa...

Lo que trato de dejar claro es que el correcto funcionamiento de la vista y el oído son factores clave para que el niño pueda desarrollarse. Y que, de no estar bien, actúan como factores condicionantes de todo lo demás, del mismo modo a como lo hacía el eslabón más débil de la cadena. Pero ¡OJO!, no olvidemos que lo que limita a un niño también limita a un adulto.

Entonces, el quid de la cuestión es... ¿QUÉ NOS LIMITA a la hora de comunicarnos con los demás?, ¿a la hora de relacionarnos con nuestros amigos, padres, profesores, hijos, con nosotros mismos?, ¿a la hora de ponernos metas e ir a por ellas?, ¿a la hora de crear un negocio?, ¿a la hora de estar solo con uno mismo?, ¿a la hora de disfrutar del tiempo libre?... Las respuestas a todas estas preguntas y muchas más podemos encontrarlas en LA MALA SALUD (Y NO SOLO LA AUSENCIA DE ENFERMEDAD), LA BAJA AUTOESTIMA, EL MIEDO, LA VERGÜENZA, LA FALTA DE ENERGÍA Y VITALIDAD, LA FALTA DE COMPETENCIA LINGÜÍSTICA, EL ESTRÉS, LA ANSIEDAD, LA FALTA DE CONTROL MENTAL Y

EMOCIONAL, FALTA DE CONTACTO CON LA NATURALEZA...

Ahora bien, en el Colegio o Instituto, los niños tienen que estudiar diferentes asignaturas, conocidas por todos, aunque a veces cambien de nombre: Matemáticas, Lengua, Ciencias Naturales, Ciencias Sociales, Historia, Educación Física, Educación Artística... Entonces, lo que cabría preguntarnos es por aquellos aprendizajes esenciales de cada una de estas materias que, de no saberlos e interiorizarlos perfectamente, podrían limitar al niño-adolescente-adulto, en un futuro más o menos próximo. Y, de ser necesario, introducir nuevas materias, asignaturas o experiencias de aprendizaje, como a mí me gusta llamar, para que no existan estas limitaciones y que los alumnos/as puedan desarrollar todo su potencial.

Las Matemáticas son fundamentales para la vida. Hay operaciones (sumar, restar, multiplicar...) que sí o sí todos debemos saber para desenvolvernos con soltura (hacer la compra, organizar el sueldo en una casa, saber ahorrar...). Pero buena parte de lo que se enseña en matemáticas, dentro de la Educación obligatoria, no volverá a tener sentido para el adulto nunca más a lo largo de su vida: ecuaciones de segundo grado, logaritmos, raíces cuadradas, trigonometría... Obviando, claro está, a todo aquel que se encamine a un futuro laboral ligado a estas ciencias.

Entonces el objetivo para ti es **descubrir cuáles son esos conocimientos, hábitos o acciones limitantes con**

respecto a tu salud y calidad de vida. Aquellos actos que, de no llevarlos a cabo, eres más vulnerable a la enfermedad.

En mi caso, por ejemplo, algo que sin duda ha marcado una gran diferencia, es la estimulación controlada con frío. Yo he sido siempre muy friolero y, por tanto, evitaba pasar frío a toda costa, abrigándome tan pronto como me era posible. Esto debilitaba mi sistema inmune ya que apenas recibía estímulos y, ante cualquier cambio inesperado de temperatura que no pudiera anticipar, acababa con un resfriado o faringitis.

Pero todo eso se acabó cuando leí el libro de "El método Wim Hof" y empecé a ducharme con agua fría. Lo hice de forma muy paulatina pero ahora en invierno consigo empezar y acabar la ducha entera con el agua fría.

Otra de las acciones que para mí han marcado una gran diferencia para proteger mi salud son las respiraciones conscientes. Hay muchas formas de hacerlas, como veremos más adelante. Pero yo en cuanto me noto un poco más cansado o estresado de lo normal, dedico tiempo a ellas para recuperar el equilibrio y volver a sentirme de maravilla.

Estos dos son mis puntos de quiebre, los eslabones cruciales de la cadena para mantener el resto estables. Aunque, por supuesto, presto atención a muchas otras cosas, esas dos acciones son las que tienen más poder, en mi caso, para mantenerme saludable.

Tú debes encontrar las tuyas, dentro de todas las que iremos viendo a lo largo del libro: para ti podría tratarse de no dormir menos de 7 horas, puesto que, a partir de ese límite, tu cuerpo empieza a debilitarse en exceso. O podría ser cuidar más la alimentación y evitar la comida procesada. O bien hacer más ejercicio físico al aire libre que haga disminuir tus niveles de estrés. O bien tener más contacto con la Naturaleza, el Sol, las plantas... porque pasas demasiado tiempo en interiores. O podría ser calmar el ajetreo de tu mente. O bien mejorar tu autoestima, confianza y seguridad.

Sea lo que sea, tu objetivo es descubrirlo y pasar a la acción para entrenarlo y que no te limite. El libro bien podría haberse titulado Entrenarte para la salud, porque realmente es una educación y un entrenamiento para ello.

Mi lema, y el que quiero también que hagas tuyo, es: **"Optimiza tu salud, alcanza tus metas"**. Vas a seleccionar muy bien lo que más te conviene para que puedas impulsar tu salud, energía y vitalidad. De modo que puedas llegar donde deseas.

Marco
mental
para
crear
SALUD
1

"Daría todo
lo que sé,
por la mitad
de lo que
ignoro"

René Descartes

1.1 Humildad. A la par que yo soy el primero y más importante.

Considero este apartado fundamental para construir las bases de una sólida salud. Por un lado, la humildad te va a hacer bajar los pies a la tierra. En un mundo en el que nos creemos el centro de todo, donde parece que podamos controlar hasta el más mínimo detalle, la Naturaleza nos recuerda, de vez en cuando, que está muy por encima de todos nosotros.

Al ver la vida, bajo el prisma de la humildad, estarás reconociendo que no puedes luchar contra corriente, sino rendirte a lo que ocurre y no generar resistencia. Recuerda que "a lo que te resistes, persiste. Lo que aceptas, te transforma". Esto hará que te sientas mucho mejor.

Pero no tienes que pensar que no eres dueño de tu destino. Al contrario, debes aceptar la situación y, a partir de ahí, OCUPARTE tomando acción, en vez de PRE-OCUPARTE y no hacer nada.

Cuando te ocupas, tu foco de atención está en ti. Pero cuando te preocupas, pones el foco fuera de ti, en las circunstancias, el ambiente, tu entorno, etc. Y desde ahí es mucho más difícil enfrentarse a los desafíos de la vida.

La humildad te brindará confianza en la vida, el Universo, la Energía... como quieras llamarlo. Puesto que somos parte de un todo mucho mayor que no confabula en contra, sino a favor de nosotros. Que tú veas un mundo lleno de miedos y peligros o que lo veas lleno de amor y seguridad, no depende de qué percibes fuera, sino de qué sientes y eres por dentro.

Para forjar una gran humildad en tu vida, quiero compartir contigo los siguientes apartados:

LO QUE NO SABEMOS DEL MUNDO, ES MUCHO MÁS DE LO QUE SABEMOS. LA CIENCIA, TAMBIÉN NOS ENGAÑA.

"Daría todo lo que sé por la mitad de lo que ignoro".
René Descartes.

"Lo que sabemos es una gota, ¡lo que ignoramos es un océano!".
Isaac Newton.

Descartes fue el primero en darse cuenta de que ignoraba mucho más de lo que sabía. Hay tres tipos de conocimiento: las cosas que sabemos, las que sabemos que no sabemos, y las que no sabemos que no sabemos.

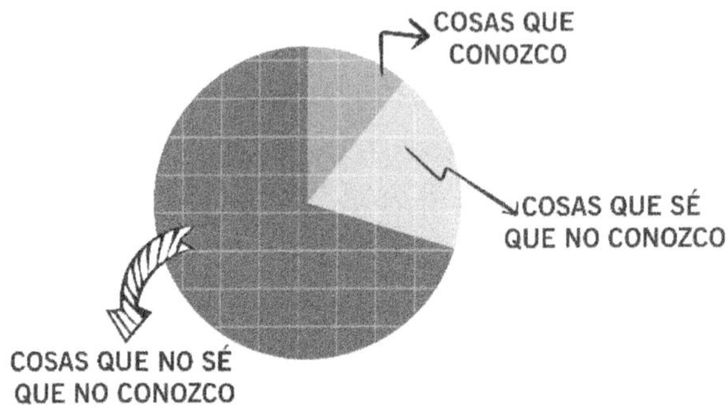

Ni siquiera la mayoría de las cosas que creemos saber son ciertas, en muchas ocasiones simplemente aún no han sido refutadas. Esto, lógicamente, puede resultarnos muy incómodo de asumir, sobre todo a cierta clase de personas poco propensas a querer desaprender.

Pero esto siempre ha sido así en la historia de la humanidad. La ciencia del conocimiento abarca lo que está probado o demostrado hasta hoy en día, pero muchas cosas que aprendimos en su momento, ahora sabemos que son erróneas. ¡Estaban basadas en limitaciones que ya no tenemos!

Somos capaces de reírnos de las teorías antiguas que ya hemos refutado (por ejemplo, la tierra es el centro del universo o, no es posible generar nuevas redes neuronales), pero totalmente incapaces de pensar que así lo harán de lo que pensamos nosotros cuando nos lean en el futuro.

¡Como si no llevásemos toda la historia estando equivocados!

Hay un cierto gradiente entre lo totalmente correcto y lo totalmente equivocado, y la mayoría de cosas que decimos o creemos se encuentran a caballo en algún punto en esta escala de grises. **Que un hecho no haya sido probado por la ciencia, todavía, no significa que no sea verdad, tan solo que no hay comprobación empírica de ello para el total de los casos.** En realidad, son medias verdades, válidas en algunos contextos si se dan una serie de circunstancias concretas.

Un ejemplo de ello serían los estudios de Masaru Emoto sobre la energía vibracional del agua y cómo ésta se ve afectada por las palabras. Puesto que nuestro cuerpo es entre un 55% y un 75% agua (según seamos más o menos jóvenes), el agua de nuestro cuerpo se vería afectada sobremanera por las palabras que nos decimos a nosotros mismos y las que nos pronuncian los demás.

Podemos concluir que la ciencia aún no ha amparado del todo los estudios de Emoto, pero como hemos dicho, esto ha pasado así históricamente hasta que luego se ha demostrado lo contrario. No obstante, profundizaremos en el agua y en las palabras más adelante.

Igualmente, podríamos confirmar que no hay algo válido 100% a la hora de hacer una dieta, un entrenamiento, una tabla de ejercicios, dar consejos para dormir mejor, o cualquier información genérica sobre algo que quieras mejorar. No hay dos personas iguales y por tanto las reglas que valen para unos no sirven para otros. De ahí que sea importante dejarse aconsejar por un profesional, así como validar todo bajo nuestra propia experiencia.

No obstante, siempre trata de aprender y ocuparte, porque así serás más libre. Cuanto más sepas de un tema, como en este caso si está relacionado con el mantenimiento de la salud, siempre te capacitará para esquivar y adelantarte a cualquier enfermedad, dolencia o patología.

DÉJATE INVADIR POR LA MAGIA, LAS MARAVILLAS Y LA GRANDIOSIDAD DEL UNIVERSO Y LA VIDA.

Maravillarnos ante el milagro de la vida y el universo es una de las cosas que más nos puede ayudar para asentar la mente en el presente. Esa "mente de mono", así llamada porque no para de saltar de un pensamiento a otro, y que tan a menudo nos atormenta y aturulla.

Recuerdo cuando tenía 6 años, allá por el año 1986, que hubo mucho revuelo porque el cometa Halley iba a ser visible desde la Tierra. Este hecho maravillaba a muchas personas porque es un cometa que orbita alrededor del sol cada 76 años, y con un poco de suerte, algunos podrán verlo hasta en dos ocasiones.

El caso es que muchas personas se maravillan de ese cometa o cuando hay un eclipse de sol o lunar. Y yo siempre me he preguntado: ¿no hay bastantes maravillas todos los días y a todas horas? ¿No es suficiente con poder ver el sol cada nuevo día? ¿Por qué hay que esperar todos esos años para maravillarse?

"Podemos creer que no existen los milagros o que todo es un milagro".
Albert Einstein.

Yo soy de la opinión de que todo es un milagro en el universo. Y eso me hace vivir más tranquilo y confiado, en que hay una inteligencia universal que todo lo gobierna. Y puesto que todos formamos parte de la naturaleza y del universo, esa inteligencia también debe estar dentro de nosotros.

¿Piensas que una explosión como el Big Bang ha podido crear un universo como éste sin que exista una inteligencia detrás? Las explosiones crean caos y destrucción, no un universo tan increíble como en el que vivimos.

La espiritualidad (sin apego a ninguna religión), supone entender el mundo como algo más que materia, casualidad y azarosa evolución. La verdadera espiritualidad nos lleva siempre a más libertad, y nunca trata de limitar nuestra vida.

¿Eres apenas consciente de todos los movimientos imperceptibles que están sucediendo a través de ti y dentro de ti?

La tierra se mueve alrededor del sol en un movimiento de traslación a una velocidad aproximada de 107.280 kilómetros por hora. Es decir, ¡30 kilómetros por segundo! Una velocidad muy superior a la de las balas de los rifles de un francotirador.

Por otro lado, está el movimiento de rotación alrededor de su eje. En este caso, se desplaza a unos 1000 kilómetros por hora (unos 1667 kilómetros por hora en el ecuador).

Además, la vía láctea se mueve a más de 2.000.000 de kilómetros cada hora, alrededor de 600 kilómetros cada segundo, ¡y vivimos pensando que estamos quietos!

Y ya si nos fijamos en la velocidad de expansión del universo, nuestra mente directamente no puede siquiera acercarse a imaginarlo.

Por si fueran pocos los movimientos externos, a menudo nos desplazamos de un lado a otro (caminando, en coche o avión). Y, en nuestro interior, todas las células de nuestro cuerpo están en continuo movimiento (se desplazan, cambian, se regeneran...). ¿No es esto un milagro absoluto? Todavía habrá escépticos que no crean en ellos.

Y si hablamos de los descubrimientos de la física cuántica con respecto al comportamiento de la materia a nivel subatómico, todavía puede que te sorprendas más. Porque esas partículas, de las que estamos formados nosotros y cualquier otra cosa, ¡pueden moverse de un lugar a otro instantáneamente! ¡Y pueden materializarse o no dependiendo de que alguien las observe o no!

¿Acaso podemos vivir igual si somos conscientes de todo esto? Piensa que todo lo que ves, incluido tú mismo, está hecho de átomos, y que dentro de esos átomos hay partículas subatómicas: protones, neutrones y quarks. Y esas partículas pequeñitas, la base de todo, ¡están vacías! ¿Y qué hay dentro de ese espacio? ¡Energía!

De ahí que la energía y la vibración sean tan importante para tu salud como para todo lo demás en tu vida. Profundizaremos en ello más adelante, pero en este apartado, me vale que te quedes con la mentalidad de la HUMILDAD ante las maravillas de la vida, porque te será muy útil para cuidar de tu salud.

NUESTRO CEREBRO NOS ENGAÑA. Y, AÚN HOY DÍA, DESCONOCEMOS MUCHO SOBRE SU FUNCIONAMIENTO.

Se sabe como mínimo desde la época de Aristóteles que nuestros sentidos pueden deformar el modo que tenemos de percibir el mundo.

Suponemos, como es natural, que el mundo es justo como percibimos que es. Pero los experimentos nos han obligado a afrontar la realidad de que no es así. Las ilusiones visuales tal vez sean la prueba más convincente de la distorsión sensorial.

Muchos hemos visto ilusiones de este tipo de niños, como cuando dos líneas de la misma longitud parecen tener longitudes distintas (la ilusión de Ponzo).

Fíjate cómo la raya horizontal superior parece más larga que la inferior.

Roger Shepard dibujó una ilusión visual que él llama "Girar las mesas", que tiene relación con la de Ponzo. Es difícil de creer, pero los tableros de esas mesas son idénticos en tamaño y forma (puede comprobarlo cortando con una regla o cortando un trozo de papel o de celofán del tamaño exacto de uno y colocándolo luego sobre el otro).

Esta otra ilusión explota un principio de los mecanismos de percepción de la profundidad de nuestro sistema visual. Ni siquiera saber que es una ilusión nos permite desconectar dicho mecanismo.

Por muchas veces que miremos esta figura, sigue sorprendiéndonos, porque nuestro cerebro nos está dando en realidad información falsa sobre los objetos.

Por último, seguramente ves un cuadrado en el centro de esta imagen, a pesar de que solo existen cuatro círculos incompletos. Los lados del cuadrado son creados por las expectativas de tu cerebro.

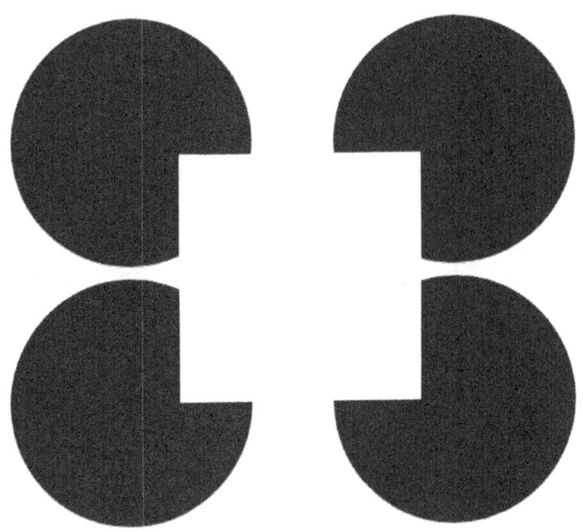

Aunque veamos estos efectos como ilusiones ópticas, debemos entender que toda visión es en cierta manera una ilusión, cuyo funcionamiento todavía no conocemos con precisión. Y, de igual manera, el sistema auditivo tiene su propia versión de ese mecanismo perceptivo de completar, lo que puede dar lugar a realidades muy distintas dentro mismo grupo de personas.

En resumen, tu cerebro crea una vívida realidad a partir, tanto de impulsos eléctricos enviados por tus sentidos, como de tus propias expectativas.

"Dos personas pueden leer el mismo libro, pero imaginar mundos totalmente diferentes en su cabeza".

NOS QUEDA MUCHO POR APRENDER SOBRE EL CEREBRO.

Es difícil apreciar la complejidad del cerebro, porque los números son tan inmensos que sobrepasan con mucho nuestra experiencia cotidiana (a menos que seas un cosmólogo).

El cerebro medio está formado por cien mil millones de neuronas. Supongamos que cada neurona es un euro y estuvieses plantado en la esquina de una calle intentando entregar euros a la gente que pasase con la mayor rapidez, digamos que al ritmo de un dólar por segundo. Si hicieses eso 24 horas al día, 365 días al año, sin parar, y si hubieses empezado el día en que nació Jesús, habrías distribuido hasta hoy solo unos dos tercios de tu dinero, que sería el equivalente al total de tus neuronas.

Pero lo que hace al cerebro verdaderamente grandioso son las conexiones entre las neuronas.

Cada neurona está conectada a otras neuronas, normalmente a entre mil y diez mil más. Y el número de combinaciones se hace tan grande que es improbable que lleguemos a entender nunca todas las conexiones posibles que hay en el cerebro, o lo que significan.

El número de combinaciones posibles (y por tanto el número de pensamientos diferentes o estados cerebrales que cada uno de nosotros puede tener) es superior al número de partículas conocidas de todo el universo conocido.

En conclusión, espero que a partir de ahora tengas muy presente el marco mental de la humildad en tu vida. Porque será garantía de calma, tranquilidad y realización personal.

No vale la pena discutir y enfadarse por querer llevar razón. ¿Acaso no vemos mundos diferentes, aun cuando vivimos en el mismo sitio?

Espero que esta mentalidad te sea muy provechosa. Sobre todo, para mejorar tu salud.

1.2 Estudio de Harvard "Una buena vida".

Robert Waldinger y Marc Schultz son los protagonistas actuales y máximos responsables del **Estudio Harvard sobre el Desarrollo en Adultos**, un extraordinario proyecto científico que empezó en 1938 y sigue desarrollándose hoy en día. Es el estudio longitudinal en profundidad más largo que se ha hecho nunca sobre la vida humana.

Durante 84 años (y los que quedan), el Estudio ha seguido a los mismos individuos (ahora continúan generaciones venideras), les ha hecho miles de preguntas y ha recopilado centenares de métricas **para averiguar qué es lo que verdaderamente hace que la gente esté sana y feliz**.

La CONCLUSIÓN número uno y MÁS IMPORTANTE, a la que han llegado, es la siguiente: LA BUENA VIDA ES COMPLICADA. PARA TODO EL MUNDO.

No hay forma de hacer que la vida sea perfecta y, si la hubiera, entonces no sería buena.

¿Por qué? Pues porque una vida rica, una buena vida, se forja precisamente con las cosas que la hacen difícil.

¿Y qué es lo que la hace difícil? Precisamente salir de nuestra zona de confort y descubrir nuevas posibilidades es lo que tiene más impacto en nuestra percepción de felicidad y bienestar. Aunque, al principio, nuestra mente se encargue muchas veces de sabotear cualquier intento de salir de la zona conocida. Pero, si no salimos, no progresamos; y si no progresamos, nos alejamos de la salud y la felicidad. Dicho de otro modo, el estancamiento es enfermedad y el movimiento es salud.

Esto es muy importante tenerlo presente ya que, por un lado, la felicidad y la salud se encuentran en la superación de desafíos (recuerda la frase sobre lo que es Educar de Pitágoras "Templar el alma para las dificultades de la vida"). Pero, por otro lado, nuestro cerebro primitivo busca insistentemente nuestra supervivencia alejándonos de cualquier peligro y situación que vea como amenazante o desafiante.

¿Tu cerebro te dice que te quedes cómodamente en el sofá en vez de ir a tu clase de *crossfit* o a salir a correr? ¿Te dice que en vez de preparar un plato de ensalada te tomes una comida precocinada porque es más fácil y rápido? No lo permitas, porque si te dejas sabotear lo acabarás pagando. Y esto se aplica a cualquier cosa que hagas: si tu objetivo es ponerte muy cómodo, al final acabarás estando incómodo.

"El peor enemigo de la felicidad es la costumbre. Uno se acostumbra a vivir sin ella y luego no la reconoce".

Si no estás ligeramente incómodo, no estás aprendiendo. No hay aventura si no hay cambio, si no hay incomodidad. Porque son precisamente las incomodidades, los desafíos y los peligros los que se recuerdan.

Así que, trata de aplicar lo siguiente: **estar cómodo estando incómodo**. Ese debería ser tu objetivo para que puedas prosperar y acercarte a la buena vida.

Ahora bien, si hemos visto que la conclusión primera era que la buena vida es complicada, para todo el mundo. **EL FACTOR CRUCIAL**, que ha destacado por su consistencia y por el poder de sus vínculos con la salud física y mental y con la longevidad, **son LAS BUENAS RELACIONES**.

Si ambos investigadores tuvieran que sintetizar el principio más importante de todo el estudio, sería este: **LAS BUENAS RELACIONES, DE TODO TIPO, NOS MANTIENEN MÁS SANOS Y FELICES. PUNTO**.

Siendo lo más importante la CALIDAD de esas relaciones, es decir, los vínculos afectivos inherentes a las mismas.

Por tanto, cabría preguntarnos, ¿cómo puedo mejorar mis relaciones con los demás? Pues precisamente uno puede relacionarse bien con los demás cuando se relaciona bien consigo mismo. Esto es, cuando se acepta, se ama y se valora.

Solo AQUEL QUE TENGA UNA BUENA AUTOESTIMA y una buena CONFIANZA en sí mismo, podrá relacionarse bien con los demás.

Si nuestra autoestima es mala, las relaciones serán malas, de las que se dice que son tóxicas. Y éstas afectan negativamente a todos los ámbitos de tu salud. Así que el objetivo número uno sería fortalecer tu autoestima.

Nunca es tarde para mejorar la autoestima, pero está claro que cuanto antes lo hagamos, muchos mejores resultados tendremos en el camino a la salud y la felicidad.

Por tanto, el seno familiar y la Escuela son los medios idóneos donde los niño/as van forjando su autoestima y serían precisamente las asignaturas con más contacto físico las que tienen mayor capacidad para lograr mejoras: Educación Física, así como mi sueño de la Educación para la Salud. Puesto que en esta asignatura habría cabida para que los niños:

- Cocinasen juntos, con todas las conexiones e interacciones que esto supondría entre ellos. Además del valor del trabajo en equipo, colaboración, etc.
- Para jugar, hacer ejercicio, dinámicas de grupo, saber abrazarse, hacerse cosquillas, etc.
- Aprender a relajarse, meditar, respirar, etc.
- Expresar emociones, a través del teatro, mimo...
- Escuchar música y crear música juntos.
- Práctica de hábitos higiénicos conjuntos.

- Y muchas cosas más.

Del mismo modo, para prosperar en un grupo social, debemos entender los pensamientos, sentimientos e intenciones de los demás. Y, para ello, es inevitable que sepamos prestar atención. Si nuestra intención es CONECTAR con otras personas, **ESTAR PRESENTES es lo que lo posibilita**. Podrías plantearte esta útil y bella pregunta, que es útil en cualquier situación y momento ¿qué hay aquí que no había visto antes? Y es especialmente útil cuando se aplica a personas, ¿EN QUÉ DETALLE DE ESTA PERSONA NO ME HABÍA FIJADO NUNCA? O bien, ¿qué sentimientos de esta persona no había percibido?

Un poco más de **atención diaria** es clave. Piensa en qué relaciones de tu vida se beneficiarían de dedicarles algo más de tiempo. Pero vayamos un paso más allá: de las personas que tienes en tu vida que ya están recibiendo tu tiempo, ¿quiénes están recibiendo también toda tu atención? Para resumir, una buena vida es complicada, para todo el mundo. Así que aplícate la frase: estar cómodo, estando incómodo. Rétate a desafiarte y el progreso que experimentes te hará más feliz y saludable. Así como las relaciones, de calidad, que seas capaz de implementar con tus semejantes, tanto si son profundas (con familiares, amigos cercanos...) como más superficiales. No deseches ninguna.

1.3 Seguridad: piedra angular en el desarrollo de toda persona (Autoconcepto, Autoestima, Resiliencia y Confianza).

Podemos hablar de muchos conceptos, valores y premisas que son fundamentales en el desarrollo de todo ser humano. Algunos de ellos serían: la autenticidad, la empatía, la sinceridad, el deseo de aprender, la gratitud, la humildad, el optimismo, la justicia, el perdón, el saber escuchar, el saber rectificar, el respeto, la proactividad, la valentía, la vitalidad, la voluntad...

Pero hay un **sentimiento que subyace debajo de todos ellos** y, sin el cual, se hace muy difícil prosperar en la vida, por lo que es clave trabajarlo desde la infancia y en el resto de etapas de la vida. Este es el sentimiento de **SEGURIDAD**, del cual hablaremos muchísimo a lo largo del libro. En este capítulo, vamos a ponerlo en valor como piedra angular para el correcto desarrollo de 4 conceptos de vital importancia en nuestras vidas: **el autoconcepto, la autoestima, la confianza y la resiliencia.**

Sin estas 4 claves, es casi imposible prosperar, ya que el crecimiento (madurativo y de consciencia) de toda persona se ve claramente frenado e impedido si no hay un correcto desarrollo y equilibrio de estos 4 pilares, y que están íntimamente relacionados entre ellos.

Quiero decir con esto, que la mejora en uno de ellos provocará mejoras en los otros 3 y viceversa. Además, **estos valores capacitan al individuo**, llenándolo de poder, fuerza, seguridad, calma, convicción... **Otorgándole las herramientas para prosperar por sí mismo, con independencia del devenir de los acontecimientos o circunstancias que se den a lo largo de su vida.**

Estos conceptos **se desarrollan fundamentalmente en la infancia**, tanto en casa como en la escuela, con los amigos, maestros, educadores, en las actividades extraescolares (deportivas, música, teatro, baile...). Pero son valores que **hay que trabajar y mejorar toda la vida**. De ahí que iré exponiendo cómo ayudar a trabajarlo con los niños, pero es algo en lo que todos debemos incidir.

Dependiendo de las circunstancias que puedan concurrir en cada persona, habrá momentos en donde estos valores se tambaleen. Sobre todo, a la hora de transitar una "mala racha" por diferentes motivos: la muerte de un ser querido, una enfermedad, el despido del trabajo, un desastre natural... Por esto es tan importante sentar unas bases muy sólidas que nos capaciten el resto de la vida.

Vayamos por partes.

Entendemos por **AUTOCONCEPTO, la opinión o imagen que tenemos de nosotros mismos**. Estamos haciendo referencia al conjunto de información (ideas, creencias, conceptos...) que hemos recopilado sobre nosotros.

Así, el autoconcepto remite a la forma en la que cognitivamente hemos construido una imagen de nosotros. Y de la que podemos dar cuenta verbalmente. Por tanto, debemos aprender a "etiquetarnos" de la mejor forma posible. Ya que, de lo contrario, nos limitaremos en muchos aspectos.

En cada uno de nosotros existen cinco IMÁGENES MENTALES que se configuraron en nuestro SISTEMA DE CREENCIAS desde incluso antes de nacer, y que están contribuyendo a mejorar o a empeorar tu vida.

1. Imagen de ti mismo.
2. Imagen que proyectas en tu círculo de confianza.
3. Imagen que proyectas a los desconocidos.
4. Imagen que tienes del mundo.
5. Imagen que el mundo tiene de ti.

Además, podemos afirmar que existen diferentes autoconceptos según la dimensión o área de la vida a la que me esté refiriendo: académica, laboral, social o afectiva, por ejemplo. Pero incluso dentro de la académica, uno puede tener una imagen sobre sí mismo muy buena para las matemáticas y muy mala para el lenguaje.

Por tanto, el autoconcepto remite a nuestras autopercepciones, las cuales hemos ido formando a partir de nuestra experiencia y las interacciones con otras personas y con nuestro entorno. Pero la buena noticia es que, hoy día, sabemos que TODO SE PUEDE MEJORAR. Y aquí debemos hablar del descubrimiento más importante del siglo XXI: LA **NEUROPLASTICIDAD o NEUROGÉNESIS (creación de nuevas neuronas)**.

Este hito para la humanidad, que hasta hace pocos años pensaba que las neuronas no podían regenerarse y que, por tanto, la capacidad de mejorar la inteligencia era nula o muy escasa. Ahora, abre las puertas a todos los seres humanos para que confíen en seguir desarrollándose a lo largo de toda su vida, adquiriendo nuevos conocimientos, estableciendo nuevas relaciones, potenciando TODAS sus capacidades (para las que estamos más dotados y para las que menos).

De tal modo que, todo niño/a, puede mejorar su desempeño en cualquier área a base de trabajo y constancia (e igualmente los adultos o personas de avanzada edad). Y esto a pesar de nacer con alguna dificultad a nivel intelectual o diagnosticado como menos inteligente que la media (según los test de inteligencia) en algún ámbito concreto. Por tanto, nos brinda una gran esperanza a la cultura del esfuerzo como medio para conseguir nuestras metas.

Por tanto, podemos afirmar que el autoconcepto (como cualquier otro aspecto de la personalidad) **puede ser**

modificado. Realizando un símil, podríamos decir que el autoconcepto que yo tengo de mí mismo es como el diagnóstico que me hago (igual que un médico da su diagnóstico en base a los síntomas de una enfermedad, yo tengo un diagnóstico para mí, que puede ser bueno o malo según las experiencias que he tenido).

Por ejemplo, yo puedo creerme bueno jugando al fútbol y malo jugando al ajedrez. Y así con un sinfín de áreas de mi vida. Pero mucho cuidado con creernos todos los diagnósticos que hemos hecho sobre uno mismo, porque, sobre todo si no son buenos, eso podrá acarrearnos muchos problemas en nuestra vida.

Debemos tener en cuenta que, igual que un médico se equivoca en un diagnóstico, también nuestros maestros, padres... Y nosotros mismos, podemos estar equivocados (con respecto al autoconcepto), tanto a nivel global como en diferentes áreas. Y este es un hecho que crea nuestra mente (en base, eso sí, de creencias, experiencias, contacto con otras personas...). Pero que SIEMPRE PODEMOS CAMBIAR Y MEJORAR, si nos dedicamos a ello con práctica continuada, esfuerzo y mejorando la calidad de nuestros pensamientos.

Veamos ahora, algunas ideas para un buen desarrollo del autoconcepto en niños. Y si te reconoces que no has sido educado así, estás a tiempo para cambiarlo.

- **Cuida tus palabras y la actitud hacia ellos:** las palabras tienen un inmenso poder. Hablaremos más en detalle en otro capítulo del libro. Igualmente, la forma en que se digan las cosas es importante. Vigila tu forma de tratarle, siempre con respeto, empatía, cariño y de igual a igual, en vuestra relación.

- **No etiquetes** al niño/a: va relacionado con lo anterior. Es decir, no digas expresiones como "eres un desastre", "eres muy torpe",... pues ellos formarán su autoconcepto con lo que les digan de sí mismos.

- Evita los refuerzos negativos y emplea los positivos: cree y confía en sus capacidades, no le digas que lo ha hecho muy mal. Dile que, si se esfuerza un poco más, podrá hacerlo mucho mejor. Transmítele, siempre que sea posible, expectativas positivas.

- **Transmítele una imagen positiva de sí mismo**. Trata de resaltar todo lo bueno que tiene. Demasiadas veces nos centramos en lo que hacen mal o en los defectos, mientras que las cosas positivas las damos por hechas o pasamos por alto y no reforzamos. Pero cuidado, no confundas esto con no reñirle o decirle lo que hace mal. Es decir, si hace algo mal, debes decírselo, pero también cuando haga algo bien.

- **No le sobreprotejas**. Deja que el niño/a haga las cosas por sí mismo, pues de este modo se dará cuenta que tiene habilidades y creerá en sus capacidades. Si proteges al niño demasiado y no le dejas enfrentarse solo a sus dificultades (y al contrario se las evitas o solucionas), el niño atribuirá sus logros y la superación de esas dificultades a factores externos a sí mismo.

- **Ayúdale a tomar sus propias decisiones:** dándole seguridad y confianza. Explícale en qué consiste cada opción y lo que puede conseguir con cada una de ellas.

AUTOESTIMA

La autoestima, es un concepto que se refiere a **qué valoraciones y juicios emito sobre la persona que soy**.

La autoestima podemos compararla con el pronóstico que emite un médico (una valoración, para bien o para mal, de la evolución de una enfermedad), lo que pasa que aquí el pronóstico lo emite uno sobre sí mismo. Así que, igual que pasaba antes, ¡mucho cuidado! con estas valoraciones, tanto si me dejo influir por lo que dicen otras personas como si la emito yo mismo. Nunca debemos creer valoraciones negativas en el sentido de algo estático y que no se puede mejorar...

Aquí debemos tener en cuenta lo siguiente: **¡todo niño/a se valora a sí mismo como ha sido valorado!** Por eso es tan importante cómo los tratamos, cómo nos comunicamos con ellos y qué les estamos transmitiendo de verdad, es decir, el mensaje que a ellos les llega. Ya que, a veces, dista mucho de lo que realmente sentimos o pensamos.

Por ejemplo, seguro que quieres infinito a tu hijo y crees que es fantástico, pero, ¿recibe él este mensaje?, ¿o se pasa el día oyendo lo que hace mal y recibiendo reprimenda, castigo y/o pocas muestras de cariño sinceras?

Hemos de ser conscientes que **tener una autoestima alta es la mejor herramienta mental para hacer frente a las dificultades de la vida** (recuerda, nuevamente, la definición de Educar "templar el alma para las dificultades de la vida"). Esto se debe a que cuando nos aceptamos y no dependemos de factores externos, **tenemos el control para sentirnos bien.** Por el contrario, cuanta menos autoestima tengamos, más vulnerables seremos frente a las adversidades de la vida.

Muchas veces nos encontramos con un gran problema. La autoestima surge de la comparación que hacemos entre nosotros y un "yo ideal" que nos gustaría alcanzar, así como de compararnos con otras personas.

En ambos casos, esto puede ser extremadamente frustrante, porque siempre habrá alguien mejor (al menos nuestra mente así lo creerá) y siempre habrá un "yo ideal" más perfecto. Por tanto, aquí entramos en un terreno muy espinoso, que lo más probable es que nos haga sentirnos mal. Y que esconde tras de sí un sentimiento de INSEGURIDAD (precisamente seguridad es lo que estamos obligados a dar como padres y educadores).

Como dice el gran Anxo Pérez, ¿estás harto de sentirte inseguro? Entonces escucha esto: una mitad del mundo piensa que el resto tiene más amigos, más dinero, más éxito, un mejor cuerpo... que ellos. Pero... ¿sabes qué piensa la otra mitad? Exactamente lo mismo. Es muy probable que esa persona a la que tanto admiras porque crees que tiene lo que te hace falta a ti esté ahora mismo compartiendo ese mismo pensamiento y admirándote porque opina que tú tienes justo lo que le hace falta a él.

Por tanto, la inseguridad no se encuentra en el exterior. La inseguridad se encuentra solo en nuestra mente.

"La solución a sentirte pequeño no es sintiéndote grande, es eliminando tu apego a la grandeza".

Anxo Pérez.

Por tanto, tal y como podemos deducir, se hace fundamental trabajar el **SENTIMIENTO DE SEGURIDAD** en los niños, de tal modo que puedan ir formando un buen autoconcepto y autoestima. Esta seguridad **será la clave para su correcto desarrollo** y debemos transmitirla desde casa, la escuela, los centros deportivos...

Para finalizar este punto, veamos algunas recomendaciones para que los niños tengan una sana y fuerte autoestima. **Hemos de tener en cuenta, también, todas las estrategias enumeradas para mejorar el autoconcepto**, en tanto en cuanto son valores que se relacionan. Pero debemos sumar estas otras ideas:

- **Cuida tu propia autoestima**: ya seas padre, madre, maestro, educador... No podemos enseñar aquello que no practicamos. Los niños perciben nuestros miedos e inseguridades y enseguida los hacen suyos, pues... ¡nos copian todo el rato! Por tanto, si tienes una buena autoestima, serás un buen ejemplo de amor propio, integración de valores, coherencia y equilibrio. Y esto lo transmitirás al niño.

- **Ama incondicionalmente**: es decir, quiere al niño/a por lo que es, no por cómo se comporta o por lo que dice o hace. Él o ella es perfecto tal y como es. Así que no intentes cambiarlo/a. A cambio, acéptalo como es, para que él o ella pueda aceptarse y, por tanto, amarse.

- **Ayúdale a llegar a la convicción de "soy capaz" y "puedo hacerlo"**. Para ello, debes confiar en sus posibilidades y darle autonomía y responsabilidades, siempre acordes a su edad, capacidad y nivel madurativo.

- **Ayúdale a cumplir su palabra y los pequeños objetivos del día a día**: cada vez que no cumplimos con nuestra palabra o lo que nos decimos a nosotros mismos, estaremos bajando nuestra autoestima. Por eso es muy importante cumplir las pequeñas metas diarias (hábitos). Por ejemplo, si digo que mañana me levantaré a las 7:00, debo hacerlo. O si digo que comeré fruta después de comer, también. De este modo, estaremos aumentando la autoestima.

- **Haz que se sienta ÚNICO, ESPECIAL, VALIOSO, FUERTE, CAPAZ E IMPORTANTE**: dentro de cualquier grupo, ya sea familia, amigos, equipo deportivo...

Recuerda, una sana autoestima nos hace más seguros, más capaces y ¡más libres! Es la mejor medicina para no caer en tentaciones perjudiciales (vicios, dependencias, relaciones tóxicas...).

Llegados a este punto, deberíamos ayudar a desarrollar ciertas habilidades o cualidades que poseen todas las personas con una fuerte y sana autoestima. Estás habilidades (fuente www.clubpequelectores.com), son 9 y se nombran como **"los 9 pilares de la autoestima"**.

Todas las personas que gozan de una sana autoestima poseen estas 9 habilidades. La buena noticia es que, como toda habilidad, **puede aprenderse**. La noticia menos buena es que **los niños/as no son capaces de desarrollarlas solos**, requieren de nuestra ayuda. **Por eso nuestro papel** (como padres, maestros, educadores...) **es determinante**. Debemos tomar las riendas de NUESTRA RESPONSABILIDAD y trabajar codo con codo con ellos para que puedan adquirir correctamente todas y cada una de estas habilidades:

1. Confianza en uno mismo.
2. Confianza en el mundo.
3. Buen autoconocimiento (y, por tanto, buen autoconcepto).
4. Amor propio.

5. Diálogo interno positivo y amable.
6. Habilidades para resolver problemas.
7. Habilidades para gestionar el error y la frustración.
8. Capacidad de sociabilización, empatía y buena comunicación.
9. Automotivación.

A lo largo de este libro, veremos muchísimas estrategias para ayudar a desarrollar estas y otras habilidades.

Ahora, toca profundizar en el tercer concepto de este capítulo: LA CONFIANZA, que, junto con el autoconcepto, la autoestima, la resiliencia (y en la base de todos está la seguridad), conformarán el cuadrado mágico para favorecer el aprendizaje y desarrollo de toda persona.

Y si hablamos de confiar debemos hacerlo desde 2 perspectivas. Por un lado, confiar en uno mismo y, por otro, confiar en la vida (el universo y otras personas):

1. CONFIAR EN UNO MISMO: ¿qué es confiar en uno mismo? Tener fe. ¿Y qué es la fe? **La creencia de lo que se espera, es decir, sentir con convicción y determinación que somos capaces de conseguir eso que anhelamos.**

Pongo de ejemplo al gran Kobe Bryant y cómo, de niño, adquirió la confianza necesaria para convertirse en uno de los mejores jugadores de baloncesto de todos los tiempos. Y fue gracias a las palabras de su padre después de una racha de partidos en donde fallaba todos sus lanzamientos a canasta.

Después de llorar mucho y enfadarse por ello, su padre lo abrazó y le dijo, "escucha, tanto si metes 0 puntos como si metes 60, te voy a querer pase lo que pase".

Eso es lo más importante que se le puede decir a un niño. Porque a partir de ahí, Kobe se dijo "eso me da toda la confianza del mundo para poder fallar. Tengo la seguridad".

A partir de ahí, se puso a trabajar, entrenar, practicar.... Y lo demás es historia.

Todos disponemos en nuestro interior de señales, llamémosle intuición, poder interior, la voz de tu alma, sabiduría interior... Cuanto más confiemos en ella, más agradable será el viaje por la vida y más rápido llegaremos a nuestro destino, donde queremos. Confiar supone ser auténtico y original. Como decía Carl Jung "Nacemos originales y morimos copias", debido a la presión social y al hecho de tener que "encajar".

Por eso dejamos de hacer muchas cosas y vamos perdiendo la autenticidad y, de paso, la confianza en nosotros mismos. De ahí que sea fundamental apoyar a los niños en sus sueños, anhelos e ilusiones. Recuerda, "una vida no vivida es una enfermedad de la que se puede morir" Carl Gustav Jung.

Hay un libro escrito por una enfermera, Bronnie Ware, sobre las 5 cosas que le gente más se arrepiente antes de morir y cuenta que, invariablemente, en todas las culturas y da igual el sexo, la edad... En el número 1 del arrepentimiento está "no luchar por los sueños de uno y dejarse llevar por lo que dicen los demás".

"No hay alivio más grande que comenzar a ser lo que se es. Desde la infancia nos endilgan destinos ajenos. No estamos en el mundo para realizar los sueños de nuestros padres, sino los propios".

Alejandro Jodorowsky.

Así que, no caigamos en eso con los niñ@s y **apoyémosles sin condiciones**, pues ese es el camino **para que ellos confíen.**

Hay un concepto en psicología, que es muy importante para apoyar el proceso educativo, y es el concepto del PERMISO. Permitir es dar el beneplácito para ser, sentir, hacer, obrar... Cualquier niñ@ debe sentir el consentimiento por parte de la persona adulta (padres, maestr@s, educadores...) para poder expresarse libremente.

Hemos de saber que este permiso no se transmite tanto verbalmente como no verbalmente. A través del gesto, las miradas, dejando espacio, sin exigencia. En educación es muy importante que los niños sientan ese permiso para: guardar silencio, hablar, acercarse, alejarse, darse un espacio para relajarse en paz, sentir sus propias emociones...

Esto ayudará a aumentar la confianza. Pero **para confiar, hay que dejar atrás el miedo**. Ese miedo y preocupaciones que tantos estudios corroboran que en el 95% o más de los casos está infundado porque es acerca de cosas, experiencias o circunstancias que nunca sucedieron (pasado) ni sucederán (futuro).

Por tanto, el miedo no puede existir cuando estás en el aquí y en el ahora. Por eso, es fundamental calmarnos (estando presentes, sintiendo la respiración) en cuanto sintamos los primeros síntomas de estrés (que es como se camufla el miedo).

Cada vez que tienes miedo, sufres. Y tu cuerpo es el principal afectado. El estrés solo tiene sentido en situaciones de emergencia, cuando nuestro cuerpo debe actuar rápidamente ante un peligro real e inminente. Pero recuerda: el miedo te indica siempre que aún no confías lo suficiente.

"Prefiero ser odiado por lo que soy, que amado por lo que no soy" WAYNE DYER.

Ha quedado bastante claro que, para confiar en uno mismo, debemos apoyar la originalidad de cada niñ@...

"La SALUD es la mayor POSESIÓN,
la ALEGRÍA es el mayor TESORO,
la CONFIANZA es el mayor AMIGO".
Lao Tse.

2. **CONFIAR EN LA VIDA**: hemos de aprender, integrar y entender que sentirnos a gusto en el lugar en que nos encontramos es lo más importante, puesto que, desde ahí, todo se hace posible.

Todo lo que sucede en la vida te sirve para aprender y evolucionar, incluso lo que no sale como esperabas. Así que pregúntate ¿QUÉ ESTÁ TRATANDO DE ENSEÑARME LA VIDA EN ESTE MOMENTO?

Como dice una magnífica frase de Antonio Banderas **"CONFÍA EN EL TIEMPO, QUE SUELE DAR DULCES SALIDAS A MUCHAS AMARGAS DIFICULTADES"**.

Seguro que, todo el que esté leyendo estas líneas, es capaz de recordar alguna situación amarga en su vida que, con la perspectiva del tiempo, pudo comprobar que venía disfrazada y escondía una sabia bendición. Bien por la evolución que produjo en nuestra vida, por la enseñanza que escondía, por las posibilidades futuras que arrojó...

En mi vida las cuento por cientos... Así que, como dice Curro Cañete en su libro "El poder de confiar en ti", "lo mejor que puedes hacer es confiar en que todo está bien como está, ser feliz en el momento presente, no ser impaciente y tomar acción hacia los sueños que tengas".

Nuestro deber cómo educadores es hacer que los niños pasen del miedo y la falta de autoestima a la confianza, el optimismo y la tranquilidad. Porque esa es la base para el aprendizaje.

"SI PUEDES SOÑARLO, PUEDES HACERLO", Walt Disney.

Hemos de enseñar a los niños a ser pacientes, a tener la certidumbre de que, si a día de hoy no son capaces de hacer algo, con esfuerzo, trabajo y constancia podrán conseguir lo que se propongan. Pero hay un requisito indispensable para ello: LA CONFIANZA, que como dijimos es FE y CREENCIA en que lo terminarán consiguiendo. Y mientras lo consiguen, han de ser felices en el punto en que se encuentran, al tiempo que toman las acciones oportunas para conseguir lo que anhelan.

Para finalizar el cuadrado (autoconcepto, autoestima, confianza...), nos falta explicar el concepto de **RESILIENCIA**. Podemos definirla como el **proceso de adaptarse bien a la adversidad**, a un trauma, tragedia, amenaza, o fuentes de tensión significativas, como problemas familiares o de relaciones personales, problemas serios de salud o situaciones estresantes del trabajo o financieras.

Las personas resilientes tienen problemas como todo el mundo, pero salen adelante. Tal vez les queden cicatrices, pero no se hunden. Se hacen más fuertes.

Vuelvo a recalcar, Pitágoras ya lo adelantaba con su frase "Educar no es dar carrera para vivir, **sino templar el alma para las dificultades de la vida**". Es decir, prácticamente ya nos adelantaba que... **educar es mejorar nuestra resiliencia.**

Quiero dejar claro que mucho de lo que aquí exponga, se lo debo a las sabias palabras de un neurólogo, psiquiatra y psicoanalista, el francés Boris Cyrulnik, conocido como el padre del término resiliencia. Él apunta a una definición sencilla: **es iniciar un nuevo desarrollo después de un trauma.**

La resiliencia distingue dos componentes:

- Capacidad para **proteger la propia integridad** (bajo presión y en condiciones desfavorables).
- Y la capacidad de **forjar un comportamiento vital positivo**, pese a las circunstancias difíciles.

Ahora bien, ¿Cómo podemos mejorar nuestra resiliencia? Y sobre todo ¿cómo hacemos para que se desarrolle en los niños y, de este modo, puedan mejorar su capacidad de aprendizaje? Cyrulnik nos da una palabra clave: RALENTIZAR, todos los procesos en la vida, de tal forma que los niños crezcan con más SEGURIDAD, CONFIANZA Y AUTOESTIMA. Puesto que, si conseguimos esto, les estaremos dando las herramientas para que sean capaces de aprender por sí mismos.

Según Cyrulnik, habría que **cambiar la estructura educativa** del mundo occidental, tal y como ya han hecho los países del norte de Europa (Finlandia a la cabeza). **De tal modo que se ofrezca mucha más seguridad a los niños**, en lugar de fustigarlos para obtener buenos resultados escolares (igualmente debemos aplicar esto en los hogares).

A partir de entonces, habrá más niños resilientes. No se acabarán las dificultades en la vida, pero podrán afrontarlas mejor y no serán prisioneros de la desgracia.

Pero expliquemos un poco el porqué de esta afirmación. Vivimos en un mundo en el que, cada vez más, vamos a la carrera todo el día. De hecho, los bebés (sí, sí, los bebés) estadounidenses tienen cada vez más ansiedad porque viven en la cultura del sprint. Y esta cultura ha llegado a Europa, menos a los países del norte.

En estos países como Finlandia, los niños aprenden teatro, aprenden a montar en bici, aprenden a usar la palabra, aprenden la lentitud, a cocinar (preparan platos que luego comparten con la clase de al lado), ... En Helsinki hay prácticamente un 100% de alfabetización en mayores de 15 años, frente a porcentajes más bajos de otros países como Francia (un 95% en el año 2021). Además, han reducido la tasa de suicidio en un 40% (a pesar de las pocas horas de luz y cómo afecta esto al estado de ánimo) y en parte es por RALENTIZAR y DIVERTIRSE. Y aprender el arte de vivir.

Noruega, Suecia, Finlandia... siguen estrategias educativas muy distintas a otros países occidentales en donde se hace esprintar a los niños... Y en algunos países el colegio es tan violento, que los japoneses incluso han hablado de una forma de maltrato.

Pero los países nórdicos hacen lo contrario: RALENTIZAN a los niños y así les dan seguridad. De este modo, los niños aprenden a resolver problemas con facilidad, por lo que ayuda a que tengan buena autoestima. Que, como vimos, mejoraba cuando nos sentíamos capaces, "soy capaz", "puedo hacerlo", etc. Es por eso que, a los 15 años, cuando hacen las pruebas del Informe PISA (pruebas de evaluación de estudiantes a nivel internacional, llevadas a cabo por la OCDE y que mide el rendimiento de los alumnos en matemáticas, ciencia y lectura), los finlandeses obtienen las mejores calificaciones, pese a que ralentizan todo lo posible el desarrollo de los niños.

¿Cómo es posible que suceda esto? Precisamente porque **se les da CONFIANZA**, y los niños con confianza aprenden a jugar a aprender. Se lo pasan bien aprendiendo, **recuperan el retraso en pocos años**, se capacitan... y a los 15 años son medalla de Oro en las pruebas de evaluación.

"Quien quiera enseñarnos la verdad que no nos la diga. Que nos sitúe de tal modo que la podamos descubrir por nosotros mismos".

José Ortega y Gasset.

Habría que **crear una cultura de ritmos. Hacer frente a las adversidades reales, sí, pero a su debido tiempo.** Tampoco queremos tener a los niños en una "burbuja", aislados del mundo y sus dificultades. Al contrario, a veces hemos de aplicar el principio de realidad, es decir, decir "hijo/a mío, por mucho que te quiera, las cosas son como son y, a veces, esto o aquello es muy difícil".

Pero entre tanto, es mejor ofrecer confianza, desarrollar actividades deportivas, dibujo, música, cine, teatro, actividades de comunicación, expresión... Para **que todos los niños tengan cabida y vayan cumpliendo metas, lo que hará que se sientan seguros, únicos, especiales, útiles e importantes.** Una vez más... PRIORIZAR lo que queremos. Otros países nos han enseñado el camino, así que no seamos necios de mirar para otro lado.

Esto nos lleva a la conclusión de que el contexto en los primeros años de vida, es clave para los futuros aprendizajes del niñ@. Y que las prisas, los miedos y las inseguridades, no hacen más que entorpecer el aprendizaje.

Por tanto, nos debe hacer reflexionar sobre el estilo de vida de occidente, en el que vamos a la carrera constante. Donde, en la mayoría de los hogares, trabajan el padre y la madre y, como siempre hay poco tiempo, estamos metiendo prisas a los niñ@s desde que se levantan hasta que se acuestan: vamos... vístete, vamos... desayuna, vamos... lávate los dientes, vamos... la mochila del cole que llegamos tarde...

Todo eso, solo puede crear inseguridades, que se traducen en miedos. Y estos en dificultades de aprendizaje. Y si, a todo lo que emana desde casa, le sumamos las "prisas" del colegio, las actividades extraescolares... El resultado se puede ir desviando mucho, del punto al que nos gustaría llegar.

Porque, una cosa debe quedar muy clara**, todo en esta vida se contagia y se transmite**, es decir, el niño percibe la aceleración, prisas, inseguridades, problemas... de todas las personas que están a su alrededor.

Y en el colegio, son muchos los maestros que van a la carrera, fruto de todos los contenidos que se encuentran en las programaciones y que están en el "deber" que los niños aprendan. Amén de toda la burocracia que están obligados a cumplimentar (la mayoría de las veces prescindible o innecesaria) y que es el motivo principal de estrés de los maestros hoy en día (y he entrevistado a muchos). Hemos de ser conscientes que la energía y la vibración que tiene el maestro se contagia al resto de alumnos y a la clase.

Para contribuir a la solución, tomemos como ejemplo estos hábitos para trabajar con los niños desde pequeños (insisto en que también los mayores):

- **Ver las dificultades, problemas o desafíos, como oportunidades.** Cada problema es un maestro encubierto, que siempre nos va a enseñar algo. Hay que aprender a "bailar bajo la lluvia", a "estar cómodo estando incómodo".

- **Aceptar las dificultades o el fracaso en algo como parte de todo proceso.** De los errores se aprende, así que debemos dejar atrás el castigo por error, porque entonces muchos niños no hacen las cosas por miedo a fallar o hacerlas mal.

- **No enfocarse en el problema sino siempre en la solución.** Para esto es muy importante hacerse preguntas capacitadoras ¿cómo puedo superar esto?

- **Tener una alta adaptabilidad al cambio y no resistirnos a él.** Ante cualquier desafío lo primero es la aceptación. Ya lo decía Bruce Lee "Be water, my friend", lo que quería decir que fuéramos tan adaptables como el agua... Hay que adaptarse, sí, pero siempre confiar en nuestros sueños y metas.

- **Vivir en el presente:** es el único punto en el que podemos prosperar. Recordar el pasado trae consigo depresión. Y pensar continuamente en el futuro trae consigo ansiedad. Así que la mejor medicina es la consciencia, la presencia en el momento actual.

- **Ser un optimista realista.** Debemos ver siempre el vaso medio lleno y no medio vacío. Pero sabiendo tener los pies en la tierra.

Para finalizar, 2 ideas más, importantes en este apartado.

1. DEBEMOS CUIDARNOS A NOSOTROS MISMOS SI QUEREMOS CUIDAR A LOS DEMÁS. Es decir, hemos de **preservar nuestra identidad**, no herir nuestros sentimientos o hacernos de menos por complacer a otros. No es arrogante decir "yo soy el 1º y más importante". Porque si no es así, corremos el riesgo de despersonalizarnos y esto trae consecuencias muy negativas tanto para la persona que lo padece como para los que están alrededor.

"Cuando nos amamos realmente a nosotros mismos, todo nos funciona en la vida".

Louise Hay.

"Cuando me amé de verdad, comencé a liberarme de todo lo que no fuese saludable: personas, situaciones, todo lo que disminuía mi energía. Lo llamaron egoísmo, yo lo llamé amor propio".

Charles Chaplin.

Pongamos como ejemplo una encuesta que habla de que el 50% de enfermeros y psicólogos tienen ansiedad y/o depresión por agotamiento profesional, lo cual sucede porque, cuando te centras tanto en el otro, acabas por descuidarte tú. Esto les ocurre a muchos padres por cuidar de sus hijos o de otros familiares a su cargo.

Por supuesto que está bien ayudar a los demás, sobre todo si es tu vocación (maestro, médico...) o eres padre (y amas a tus hijos), pero debes hacer algo para preservarte tú. Porque eres una persona también. Eres único, especial, importante... Y si caes en depresión, ya no serás útil para los demás.

Por tanto, apliquémonos el cuento de "aprender a vivir", mostrémonos con más resiliencia, confianza, autoestima, seguridad... De tal modo que podamos transmitirlo a todos los que nos rodean.

2. El segundo punto habla sobre el análisis de la frase de Boris Cyrulnik que dice: "**EL DOLOR ES INEVITABLE. EL SUFRIMIENTO ES OPCIONAL**". Y, para que los más pequeños la entiendan a la perfección, voy a recomendar un brillante cuento, "**El secreto de Milton**", de Eckhart Tolle. Este cuento vendría a ser la explicación de "El poder del ahora", su obra más reconocida, pero para niños. Y en donde explica de forma genial el sentido de la frase, haciéndola más entendible (desde los 6-7 años un niño lo puede leer y antes, incluso, se lo pueden leer sus padres).

Para aclarar la frase, debemos entender que todos los mamíferos sentimos el dolor igual (por los mismos mecanismos), pero no todos sentimos el sufrimiento de la misma forma. Y para ello voy a contar un mini resumen del cuento "El secreto de Milton". Milton es un chico alegre que un buen día se vuelve triste en casa, debido a que otro niño, mayor que él, lo ha acosado en el colegio. Se encierra en sí mismo, en una espiral de sufrimiento y no es capaz de comunicar lo que le sucede a sus padres.

Pero un día, su mascota, un gato al que adora, recibe una paliza del perro del vecino y se ve obligado a curarle todas las heridas. Para sorpresa de Milton, no ha pasado ni una hora después de la paliza, que el gato está feliz, ronroneando en su regazo... Lo que provoca una fuerte sacudida en la mente de Milton, que no puede comprender cómo su gato, después de una brutal paliza, es capaz de estar sereno y tranquilo, a sus pies.

Esto es así porque el gato es capaz de estar en el ahora (tan a gusto junto a su dueño) y no en el sufrimiento (recordando la paliza recibida). De este modo, Milton entra en un proceso de autodescubrimiento que le lleva a comprender el significado más profundo de esta frase. De verdad, un cuento fantástico.

Si un mamífero, o un bebé humano, ha recibido seguridad durante su desarrollo (por su madre, padre, la familia, el colegio, los amigos, el vecindario...), a través de las palabras, el deporte, sus experiencias... Cuando reciba un golpe (literal) o se caiga, le dolerá (eso es dolor). Pero **el sufrimiento es otra cosa. Es cuando le sumamos miedo, inseguridad, sin sentido, negación**... Si el niñ@ ha tenido una infancia segura, sufrirá mucho menos que alguien que no la haya tenido y que percibe la sensación del dolor de forma exacerbada, amplificada.

"A menudo tenemos más miedo que dolor; y sufrimos más en la imaginación que en la realidad".

Séneca.

El dolor sin sentido aún duele más. Ahí está el magnífico libro "El hombre en busca de sentido", de Víctor Frank. El cual nos muestra la cruda realidad acerca de la gran diferencia que hay entre tener un sentido por el que vivir y no tenerlo. Es la diferencia entre vivir o morir.

Los seres humanos vivimos en un mundo de sentido. Necesitamos tener sueños y tener recuerdos para darle una dirección a nuestra vida. Si nuestra dirección viene de un dolor no superado, sin resiliencia, al recibir un golpe sufrimos muchísimo más y, lo que es peor, sin posibilidad de modificar ese sufrimiento.

"El tiempo que tardas en dejar de sufrir es exactamente igual al tiempo que tardas en aprender a aceptar".
Anxo Pérez.

Por eso, si hemos crecido fortalecidos y con seguridad, recibimos el mismo golpe (una tragedia, pérdida de un ser querido, pérdida del trabajo, de la pareja...) pero hemos aprendido a ser más fuertes que el dolor. Y, entonces, aceptamos y sufrimos menos. Sufrimos una sola vez, como los animales. Y, además, si hacemos algo y aprendemos de ese dolor, habremos transformado el sufrimiento en algo muy valioso.

Es por ello, que muchas personas consiguen grandes logros después de pasar un período de mucho sufrimiento, elevándose mucho y contribuyendo a la sociedad. Así como podemos observar grandes obras de diferentes artistas que, al haber sido heridos, han encontrado un medio para transformar esa herida y convertirla en producción artística.

Podrías empezar a considerarte realmente inteligente en base a cómo escojas sentirte al enfrentarte con circunstancias difíciles.

1.4 Filosofía estoica de la vida.

Seguimos configurando el marco mental más óptimo para mejorar tu salud. Y para ello, los principios de la Filosofía estoica pueden sernos de gran ayuda. De hecho, podemos considerarlos un remedio contra la adversidad y la insatisfacción, ese mal que tanto daño hace hoy en día, y que está provocando estragos en la salud de muchas personas.

Aquí te recomiendo la lectura del libro "Invicto", de Marcos Vázquez, en donde podrás profundizar más, si así lo deseas.

Veamos algunos de los principios, que más nos pueden ayudar:

1. NUESTRO BIENESTAR NO DEBERÍA DEPENDER DE LO QUE OCURRE EN EL MUNDO, SINO DE LO QUE OCURRE EN NUESTRO INTERIOR.

La mayor parte de las cosas que nos afectan no tienen que ver con lo que nos sucede, sino con la manera en que evaluamos lo que nos sucede (la interpretación que hacemos).

Por tanto, el bienestar humano hemos de edi sobre:

- Qué cosas **dependen de mí**: pensamient acciones, deseos...

- Qué cosas **no dependen de mí**: lo que hacen los demás, las críticas, el tiempo (la lluvia, el viento...),

La idea es no malgastar ni un ápice de energía en lo que no depende de nosotros, para centrarnos solo en lo que sí depende

"No nos perturba lo que nos sucede, sino nuestra interpretación acerca de lo que nos sucede".
Epicteto.

Por ejemplo, el cantante que se siente tranquilo cuando canta para sí mismo, pero siente ansiedad si desea agradar al público. Aquí vemos que ha puesto el foco fuera de él (en el público) y eso no lo puede controlar, por lo que provoca en él estrés y un desgaste de energía. Esto lo podemos aplicar a casi cualquier ámbito de nuestra vida (si hablamos en público, jugamos un partido importante o nos enfrentamos a un examen crucial).

2. MODERACIÓN Y SERENIDAD.

Los estoicos buscan la autorregulación emocional, actitudinal y de comportamiento. Tratan de eliminar las emociones negativas o disruptivas (miedo, rabia, odio o envidia) y sustituirlas por emociones positivas o constructivas (alegría, gratitud, amor o esperanza).

En este sentido, recomiendan el desapego de objetos y personas, pues recuerdan que nada es eterno y hay que estar preparados por si se pierden. Así como moderar las expectativas sobre lo que queramos conseguir o tener, porque así nos frustraremos menos en caso de no alcanzarlas. En el equilibrio y la moderación está la virtud.

3. FORTALEZA ANTE LA ADVERSIDAD.

El estoico trata de examinar y controlar sus pensamientos y emociones para poder dominarlos. De este modo, tener mejores herramientas para mantener la calma ante las tentaciones, engaños, enfermedades, críticas, enfados, etc.).

4. VIVIR CONFORME A LA NATURALEZA.

Lo que quiere decir es que los estoicos se preguntan qué nos diferencia de otros seres vivos. Y en base a esto, la Naturaleza de los humanos es que **somos seres sociales** y, por tanto, solo podemos prosperar cuando interactuamos con otros en sociedad (aunque podríamos vivir solos, pero eso no es natural ni tampoco saludable).

Y la segunda premisa es que **tenemos la capacidad de razonar** a niveles mucho más elevados que cualquier otra especie en el planeta. Por tanto, una vida que merece la pena, es aquella en la que aplicamos la razón para vivir en sociedad, contribuyendo y aportando al bienestar de la comunidad.

Para los estoicos, **libertad es la capacidad de actuar guiados por la razón, de no ser sometidos por los deseos que surjan en cada momento**. Si, por ejemplo, necesitas tabaco o bollería para disfrutar de la vida, eres en realidad esclavo de esa necesidad, pues estás encadenado por tus pasiones y azotado por tus emociones.

Como decía Séneca, "**la esclavitud más denigrante es la de ser esclavo de uno mismo**". Tendemos a pensar que la libertad viene de hacer lo que nos apetezca en cada momento, pero paradójicamente esta puede ser la peor forma de esclavitud. Cuando subordinamos la razón a nuestras apetencias, nos convertimos en esclavos de estas.

De hecho, Marco Aurelio afirmaba que la batalla más importante era la que libramos constantemente en nuestro interior. Creía que ningún enemigo nos podía hacer tanto daño como nosotros mismos, de ahí la necesidad de **dominar nuestro principal activo: la mente**.

Por último, uno de los ejercicios más emblemáticos que proponían los estoicos es **llevar un diario**, tal y como hacía

Séneca, en donde antes de dormir se respondieran estas tres preguntas:

¿Qué he hecho hoy mal? Pero no con el sentido de sentirnos mal, sino de aprovechar nuestra experiencia y ayudarnos a no cometer los mismos errores.

¿Qué he hecho hoy bien? Para tener un refuerzo positivo y, al mismo tiempo, tener dos posiciones que contrastan: lo que queremos hacer y lo que no queremos volver a repetir.

¿Qué podría haber hecho de otra manera? De tal modo que nos ayude a planear el futuro. Reflexionar sobre las estrategias que podemos emplear para reaccionar mejor ante una situación en particular, nos puede ayudar enormemente.

Espero que tu mentalidad se vaya forjando en la fortaleza y la salud, capítulo tras capítulo.

1.5 Las creencias marcan tu destino. Acrónimo CPEAR (Creencias, Pensamientos, Emociones, Acciones, Resultados).

Desconozco si has visto antes este acrónimo (porque muchos autores han hablado antes de esta fórmula), pero debes saber que es fundamental en los resultados que estás obteniendo en tu vida.

De entrada, todos tenemos una serie de **Creencias**, que pueden ser limitantes o potenciadoras. En base a estas creencias formamos unos determinados **Pensamientos**, que nos generan unas **Emociones** (positivas o negativas), que a su vez nos llevan a tomar **Acción** en base a ellas. Puedo actuar con confianza, actuar con miedo o simplemente no hacer nada y no actuar. Y como consecuencia obtendré unos **Resultados**. Por tanto, los resultados que obtengo en mi vida (en cualquier área, salud, dinero, amor) son fruto de la clase de creencias que he tenido.

Creencias → Pensamientos → Emociones → Acciones → Resultados

De ahí que podamos afirmar lo siguiente:

"si lo crees, lo creas".

Por tanto, si queremos cambiar algo de nuestra vida actual (los resultados que estoy obteniendo), debo cambiar antes las creencias y los pensamientos. Es decir, aquello en lo que estoy poniendo foco. Y esto implica **cambiar el YO SOY, la identidad que tengo**, puesto que lo que creo y cómo me comporto definen lo que hago y lo que obtengo.

LA INFANCIA ES LA EDAD CLAVE. PERO NUNCA ES TARDE

Todos estamos marcados por nuestra infancia, a un nivel más o menos inconsciente. ¿Por qué nos comportamos de determinada forma? Habría que buscar en quiénes y qué entorno han influido en mí. ¿Quiénes fueron las personas de referencia? ¿A quién estuviste apegado? ¿Te sentiste querido, protegido y valorado? ¿Tuviste un ambiente conciliador?

Según cómo te educaron y cómo fue tu entorno, ahora se ven condicionadas tus relaciones, tu salud, tu economía o tu autoestima.

¿Cuántas creencias limitantes, solo relacionadas con la salud, te metieron en el subconsciente de pequeño? Ojo, no digo que fueran con mala intención. Seguramente te lo decían por tu bien.

Por favor, haz el esfuerzo de escribirlas.

-
-
-
-
-
-

En mi caso particular, algunas de esas creencias fueron las siguientes:

- No camines descalzo que te vas a resfriar.
- No salgas a la calle sin abrigo y bufanda (en invierno) porque cogerás un buen resfriado.
- Toda la familia de tu padre tiene miopía así que tú acabarás teniéndola hagas lo que hagas. Está en tu genética.
- Si estás malo, lo mejor que puedes hacer es comer para recuperarte cuanto antes.
- No está permitido dejarse comida en el plato porque hay niños en África que no tienen para comer.

Tengo algunas más, pero estas en concreto me han traído no pocos problemas. Y siempre me las dijeron por mi bien. Pero al final lo que hicieron fue debilitarme y hacerme más vulnerable.

Respecto a las dos primeras, contribuyeron sin querer a debilitar mi sistema inmunológico, al tratar de sobrevivir en la normotermia (misma temperatura). Por no hablar de privarme de practicar la “toma de tierra”, “grounding” o “earthing”, que son innumerables beneficios los que supone entrar en contacto con superficies naturales (césped, arena...) al conectarnos con el magnetismo de la tierra.

La creencia de la miopía genética, pues... Más adelante contaré mucho de lo que podemos hacer para tratar de prevenirla y que no vaya a más, aunque haya de por medio algún componente genético. Pero no por eso hay que resignarse a ello.

Sobre tratar de comer para recuperarse cuando estás malo, sabemos que, en la enfermedad, al menos en los primeros síntomas, lo que el cuerpo necesita es descanso. Y eso también implica un descanso del sistema digestivo para que el inmunitario pueda actuar con eficiencia.

Y la última, la que me decía que no me dejara comida en el plato, pudo haberme salido caro años más tarde, creándome un gran problema de relación con la comida. Concretamente cuando fui a estudiar fuera de casa a una residencia de estudiantes. Resulta que al ser ciclista y tener que entrenar en las horas centrales del día, para aprovechar la luz del sol, me veía obligado a comer más tarde que el resto. A veces lo hacía con las cocineras y otras veces yo solo.

Lo doloroso era saber que podía comer toda la comida que quedaba en las bandejas que me dejaban las cocineras, porque lo que no me comiese era para tirarlo a la basura... Hoy día no sé cómo se seguirá haciendo, pero puedo asegurar que hace años no se daba la comida a ningún banco de alimentos, ni ONG, ni nada por el estilo. Sino que la comida que sobraba en la residencia, iba directamente a los cubos de basura.

Esto hizo que muchos días comiera mucho más de lo que mi cuerpo necesitaba, por el sentimiento de culpa de que aquello se iba a tirar y había muchos niños en el mundo pasando hambre. Fue una época difícil, porque, aunque no engordaba ya que hacía mucho deporte, yo notaba que mi cuerpo no estaba bien al comer tantas cantidades de comida.

Esta creencia limitante tardé años en superarla, para poder relacionarme como se debe con la comida.

Estoy seguro que tú, querido lector, también has tenido alguna de estas u otras creencias que han condicionado tu forma de relacionarte con el mundo. No olvides que siempre debemos respetar a todas las personas porque no sabemos la cruz con la que cargan a cuestas.

No conozco nada de tu infancia, si te trataron bien o no, si sufriste alguna pérdida de un familiar querido, si te acosaron en el colegio, si te sentiste querido, respetado, valorado. Pero, en cualquier caso, TODO SE PUEDE MEJORAR.

A veces nos encontramos con el obstáculo de que algo no se puede medir y entonces ponemos en duda su validez.

La calidad de vida, la salud o la felicidad, pueden parecer conceptos subjetivos. Pero, no nos engañemos, apoyados en realidades ciertamente objetivas.

Afortunadamente, los seres humanos hemos sido bendecidos con la capacidad de contar, pero también con la capacidad de medir la calidad.

¿Qué más da que haga 10 grados centígrados si tengo calor? ¿Me abrigo según la temperatura, o según el calor o frío que sienta? Escucha a tu cuerpo y deja que los niños/as se escuchen a ellos mismos.

LAS CREENCIAS Y LA CULTURA MARCAN NUESTRO DESTINO.

El escritor David Foster Wallace empleó una parábola para explicar una verdad imborrable:

Había una vez dos peces jóvenes que, mientras nadaban, se encontraron por casualidad con un pez mayor que avanzaba en dirección contraria. El pez mayor los saludó con la cabeza y les dijo: "Buenos días, chicos. ¿Cómo está el agua?".

Los dos peces jóvenes siguieron nadando un trecho. Finalmente, uno de ellos miró al otro y le dijo: "¿Qué demonios es el agua?".

<u>Cada cultura, tanto la de una nación como la de una familia es, al menos parcialmente, invisible para quienes</u>

participan de ella. **Existen sobreentendidos, juicios de valor y prácticas importantes que crean "el agua" en la que nadamos sin que nos percatemos ni estemos necesariamente de acuerdo con ellos.**

Estas características culturales afectan prácticamente a todo en nuestras vidas. Unas veces de forma positiva, pero otras, apuntando en dirección opuesta al bienestar y la felicidad. De modo que hemos de observar las "aguas culturales" en las que nos movemos.

Definimos creencia como "Idea o pensamiento que se asume como verdadero". En nuestra sociedad, es algo muy común la existencia de **creencias colectivas** sobre diferentes temas y ámbitos de la vida. Según el punto del planeta en que nos encontremos y los grupos de personas con los que nos juntemos.

Solo **los niñ@s**, al nacer y durante los primeros meses y/o años, tienen la mirada (y la mente) "limpia". Lo que quiere decir libre de creencias y LIBRE DE PREJUICIOS (un prejuicio es una opinión preconcebida, generalmente negativa, hacia algo o alguien), de tal modo que son los que más se acercan a ver la **realidad** "TAL CUAL ES".

Pero en el momento que los padres, herman@s, familiares, maestr@s... empiezan a verter opiniones sobre el mundo, ellos, las cosas, los acontecimientos, etc. La mirada del niño va dejando de ser tan auténtica porque va asimilando (haciendo suyas) esos juicios y creencias de los que le rodean y que, en la mayoría de ocasiones, da por buenas sin plantearse si son convenientes o no para él.

Por tanto, **la única manera de poder "ver el mundo de forma objetiva" es retirando los prejuicios** y muchas de nuestras **creencias culturales**. Porque no vemos las cosas como son, sino según como somos. Por eso, **cuando aprendemos algo nuevo, podemos cambiar la perspectiva de ver el mundo y cómo éste se comporta, cambiándolo todo. El conocimiento nos da la libertad**.

Conocemos la limitación porque nos la contaron. Tu creencia de si es posible o no, ya está limitando tu hacer.

Cuanto más tiempo lleves en una creencia, más grande será el muro de protección mental alrededor de ella y más difícil será que penetre una nueva idea.

En nuestra sociedad, la creencia fundamental con respecto a la salud es: **A MÁS EDAD, MENOS SALUD**. Lo creemos y lo creamos. Como decía el gran poeta latino Virgilio "pueden porque creen que pueden". Lo que es aplicable también a la inversa "no pueden, porque creen que no pueden".

Cada vez que cumplimos años, nos decimos el número que tenemos... Y cada década lleva implícita una serie de creencias y de presuposiciones. Por lo que quien asume esto, tendrá muy difícil escapar del destino, amén de sentirse una víctima de las circunstancias (hoy en día hay muchas personas de 70 años con mejor salud que algunos de 40 años).

Además, **esto se traslada al resto de áreas** de la vida: **forma física** (es que mi genética es muy mala), **dinero** (vengo de familia pobre y no puedo prosperar...), **amor** (soy demasiado viejo, alto, gordo, calvo... para encontrar el amor), t**rabajo** (en mi país no hay oportunidades, mi jefe me tiene manía...) y así podríamos seguir.

Jorge Bucay (médico, escritor y terapeuta gestáltico), tiene un cuento titulado "**el elefante encadenado**" (dentro de su obra "cuentos para pensar" que es fabuloso para entender el poder "limitador" de muchas creencias. La historia narra cómo un bebé de elefante de un circo, es atado con una pequeña cuerda a una estaca de madera anclada en el suelo, al poco de nacer. De este modo, el elefante trata en sus primeras semanas de vida de librarse de la estaca, pero en esos instantes sus fuerzas aún no se lo permiten.

Hasta que, un día..., un día terrible para su historia, el animal aceptó su impotencia y se resignó a su destino. El elefante enorme y poderoso que vemos en el circo no escapa porque, pobre, cree que no puede. Tiene grabado el recuerdo (la creencia) de la impotencia que sintió poco después de nacer (cuando no podía deshacerse de la cuerda). Pero que ahora mismo si lo intentara, le sobrarían fuerzas para poder librarse. El problema, es que cree que no puede... **Es la creencia en la incapacidad... Una de las peores sin duda.**

Como podemos deducir, las creencias marcan todo en nuestras vidas, tanto si nos creemos capaces como si no. Por tanto, hemos de alentar, apoyar, motivar, creer en ellos, favorecer, respaldar... Todos los sueños e ilusiones que tengan los niñ@s. Y podemos ver que hay muchísimos cuentos e historias inspiradoras capaces de ayudarnos a conseguir ese objetivo.

"Tanto si crees que puedes, como si no, llevas razón". Confucio.

En el último capítulo de este apartado, veremos como LA CREENCIA TIENE PODER CREADOR, cuando hablemos del Efecto Pigmalión, el Efecto Placebo o el Efecto Observador. Y, debido a esto, hemos de asegurarnos que no asumimos ni nos identificamos con lo que otras personas dicen mal de nosotros ("tú eres... tonto, gafotas, torpe, tartamudo...Tú no puedes...Tú no eres suficientemente..."). Ya que entonces estaremos creando eso. Esto es crucial en los niñ@s.

Muchas de estas creencias son almacenadas en la mente subconsciente de las personas, de tal modo que muchos de nosotros, apenas si las reconocemos como propias y, sin embargo, vivimos de acuerdo a ellas. Como el autor contemporáneo Bruce H. Lipton escribió en su extraordinario libro *La biología de la transformación*: "La mente subconsciente controla el 95% de nuestro comportamiento y de los genes que regulan la actividad cognitiva, mediante programas obtenidos principalmente del campo de las creencias... **Cuando asumimos el control de nuestras propias creencias y emociones subconscientes**, tanto individual como colectivamente, **recuperamos la autoridad creativa de nuestras vidas**".

Hemos de aclarar que el subconsciente es toda aquella información, recuerdos, experiencias traumáticas o vivencias que están guardadas y alejadas de la mente consciente. Y que, acceder a ello, no es tarea sencilla, pero sí puede hacerse a través de estados de meditación, relajación, mediante respiraciones concretas, sueño... De ahí la importancia de esto como veremos en próximos capítulos.

Debido a que este tipo de información subconsciente influye en el comportamiento de las personas ante determinadas situaciones (aunque no sean conscientes de ello), hemos de darnos cuenta que, **según nuestras creencias, cada persona reacciona de forma muy distinta ante la misma circunstancia**. Por ejemplo: ante la muerte de un ser querido, ¿sabías que hay culturas que hacen una fiesta de la muerte, haciendo énfasis en la alegría de vivir?

El Pchum Ben, que se celebra en Camboya, es el momento en que las puertas del infierno se abren y las almas caminan entre los vivos. Los monjes cantan toda la noche sin dormir, como preludio a la apertura de las puertas del infierno. Se hacen ofrendas de comida y la gente suele vestirse de blanco en señal de luto.

Famadihana, en Madagascar, cada periodo de siete años, en este lugar, sacan a los muertos de sus tumbas, al ritmo de la música y con un gran banquete, por lo que se vive como una auténtica fiesta.

Por el contrario, en la mayoría de lugares, la costumbre es velar la muerte con tristeza y colores oscuros. Misma situación y creencias muy distintas que hacen sentir de forma opuesta según la elección de cada uno.

Otro ejemplo. Si alguna vez hemos tenido una mala experiencia con un perro (o en nuestra casa nos han dicho que los perros pueden ser peligrosos), cuando veamos a uno por la calle se nos empezará a acelerar el corazón, comenzaremos a sudar, a ponernos tensos... Mientras que otra persona que confíe en el buen corazón de estos animales, se sentirá atraída para acariciarlo y acercarse a ellos.

Del mismo modo, 3 personas pueden acudir a una fiesta juntos y una vez de vuelta, habrán vivido 3 experiencias muy distintas: para uno (el más extrovertido) habrá sido una gran noche porque ha conocido a mucha gente nueva; para otro (el más bebedor) habrá sido una mala fiesta porque el alcohol se agotó a las 2:00 a.m. y a partir de ese momento se empezó a aburrir sobre manera. Y para un tercero, la fiesta no resultó agradable porque habían seleccionado muy mal el tipo de música que sonó...

Como podemos apreciar, 3 personas con distintas creencias que han hecho que hayan puesto el foco de atención en 3 aspectos completamente diferentes, a la hora de valorar qué les había parecido la fiesta.

Ten en cuenta que, S-I-E-M-P-R-E, verás, oirás y percibirás exactamente lo que quieres ver, oír y percibir. Basándote en muchos de tus propios valores, creencias, prejuicios e historia personal.

SISTEMA DE ACTIVACIÓN RETICULAR (SAR)

A caballo entre los pensamientos y las emociones, nos encontramos con el SISTEMA DE ACTIVACIÓN RETICULAR (SAR), del cual depende que centremos nuestra atención en una u otra cosa. http://www.mariselacuevas.com/2020/10/17/encontrando-oportunidades-con-el-sistema-de-reactivacion-reticular/

Este sistema está localizado en la base del cerebro donde se conecta con la médula espinal. Tiene impactos importantes en la cognición y **funciona como un filtro** de aproximadamente unos 8 millones de bits **de información subconsciente**. Toda la información externa que pasa por este filtro, entra al cerebro y puede convertirse en emociones o en pensamientos. **Es el guardián que permite la entrada de aquellos que nos interesan**.

¿Y entonces **qué pensamientos son los que el guardián permite su entrada**?

Aquellos en los que ponemos nuestra atención, es decir, en los que nos enfocamos. Tanto para lo bueno, como para lo malo. El subconsciente no sabe distinguir, ni clasificar. Si te enfocas en lo que no te gusta, entra; si te enfocas en lo que te gusta, también entra. ¿Eres realmente consciente de esto?

De ahí que ver noticias en la televisión no sea nada recomendable, puesto que la mayoría son negativas (puesto que venden más, consiguen más audiencia). Y si te centras (o enfocas) en la negatividad, atraerás más de eso para tu vida.

Pongamos que estamos en invierno, donde no paran de aparecer en televisión anuncios de antigripales o medicamentos para la tos, estornudos, picor de garganta... Si, además de ver esos anuncios, en las noticias dicen que viene el frío y la primera ola de gripe... A las primeras de cambio que te notes lo más mínimo en tu cuerpo lo vas a relacionar con resfriado, gripe... Puesto que te estás centrando en eso y es lo que vas a atraer.

Esto es muy importante para todos y, en el caso de los niños, nos lleva a la necesidad de ser muy **selectivos con la información que les dejamos absorber**, bien a través de la **televisión, redes sociales, videojuegos, cómo se comunican entre ellos**...

Puesto que, en lo que te centras, se expande y tu cerebro seleccionará y verá oportunidades en función a eso que estás enfocado. Si eso es malo (enfermedad, violencia, crisis, *bullying* o cualquier cosa negativa), atraerás de eso. Pero igualmente si es bueno (salud, amor, paz, abundancia, prosperidad...) también lo manifestarás en tu vida.

"Te conviertes en lo que le das a tu atención".
Epicteto.

Algunos ejemplos más de cómo funciona este sistema podemos verlos en casos como: si una mujer está embarazada y está pendiente de comprar un cochecito, una sillita para el coche, ropa de recién nacido... Es seguro que empezará a ver muchos cochecitos con bebés y sus mamás paseando. No porque haya en estos momentos más que en otra época, sino porque su atención la tiene puesta en eso.

Otro ejemplo sería cuando estamos pendientes de comprarnos un coche de un modelo y/o color específico. Y automáticamente empiezas a ver coches de ese modelo por la calle, cuando antes no los veías. Simplemente porque no estabas enfocado en eso y tu SAR no seleccionaba esa información.

El método para activar el SAR es muy sencillo: escribe tus metas. Si, así de fácil. O no, porque mucha gente no sabe lo que quiere. Escribe con detalle, prioriza. Y de esta manera entran a tu subconsciente. El SAR hará que lo que busques, te encuentre.

Esa «lista» de objetivos por alcanzar debe ser coherente con tu filosofía de vida, debe ser alcanzable, debes creer en ella, sobre todo: SENTIRLA.

Luego, visualízala, ponle emociones positivas y cuando menos lo esperes, comenzarán a ocurrir sincronicidades y podrás ver, como por arte de magia, las oportunidades que estás esperando. Pues esa sensación de «sentirte bien» hace que segregues un neurotransmisor que se llama Dopamina que produce placer y hace que quieras repetir esa emoción muchas veces.

Entras en un círculo beneficioso donde al conectar con emociones positivas, segregas dopamina, encuentras oportunidades, logras tus objetivos y sigue el ciclo. La neurociencia ha demostrado que un hábito se queda fijado como tal, al invertir 66 días en practicarlo (aunque esto no es inexpugnable y dependerá de la dificultad del hábito), para establecer nuevas conexiones neuronales en el cerebro y activarnos para lograr nuestras metas.

Este es el plan:

1. Meditar: para calmar la mente y encontrar el foco (ayuda centrarse en la respiración, música relajante y centrarte en el aquí y en el ahora).

2. Escribe tu objetivo y repásalo todas las noches antes de dormir y al levantarte. O en diferentes momentos de relajación durante el día.

3. Sueño reparador.

4. Visualiza alcanzando tu meta: crea una película donde te veas logrando tu objetivo y disfrutando de él.

5. Revisa y actualiza tu lista de objetivos de vez en cuando. El comprobar que vas logrando metas, se convierte en el impulso que te llevará a alcanzar las otras.

6. No dejes entrar información negativa en tu cerebro.

En resumen, **todo está en la mente y puede programarse. El SAR puede convertirse en un potenciador si se activa de la manera correcta, pero exige tener claro dónde estás y dónde quieres llegar**.

Ni tú ni yo estamos destinados, de hecho, estamos programados. Si cambiamos esa programación, cambiamos nuestro destino. Pero atento porque la programación puede ser muy difícil de cambiar porque ahí va el pensamiento colectivo de millones de personas, que han impactado en tus genes, tus experiencias y tus creencias.

Por ejemplo: el pensamiento del mundo oriental y occidental es bastante distinto. Pues eso ya se graba en el subconsciente colectivo de todas esas personas y empiezan a compartir creencias.

Luego, cada país, y cada nación, es diferente y tiene su propia idiosincrasia que sigue defendiendo el sentir general de sus habitantes. Así como una región en particular comparte formas de ver la vida de manera única.

Pero es que dentro de las propias familias también hay modos de pensar propios que se han ido pasando de generación en generación.

Y todo esto va determinando el programa mental de las personas que comparten un mismo hogar. Pero qué podemos cambiar si nos hacemos 100% responsables de lo que nos ocurre.

Yo he tardado muchos años en ser consciente de esto y durante largos años de mi vida he pensado que tenía mala suerte en algunas áreas de mi vida. De hecho, recuerdo ir a curanderos para que me quitaran "el mal de ojo". Y no digo que esto no pueda existir, porque, de hecho, como veremos más adelante, existe el efecto Pigmalión, que es la incidencia positiva o negativa que ejercen otras personas sobre nosotros, solo con sus pensamientos, creencias y expectativas.

Pero bien es cierto que cualquiera puede ser más fuerte que la incidencia de otra persona sobre uno mismo, si sabe cómo hacerlo y posee las herramientas para ello. Muchos psicólogos reconocen que hay gente que atrae relaciones tóxicas porque va en su programación y hasta que no cambian y dejan de ser ese tipo de personas, no consiguen atraer otro tipo de relaciones más sanas.

LAS CREENCIAS MEJORAN O EMPEORAN NUESTRAS RELACIONES

Hemos visto ya que el factor clave para una vida sana y feliz son las relaciones de calidad. Pues bien, **las creencias tienen el poder de mejorar o empeorar las relaciones** que mantenemos **con otras personas y con nosotros mismos**.

Según mis creencias, juzgo o emito opiniones o suposiciones (prejuicios) sobre mí mismo, los demás, las cosas, los acontecimientos, las experiencias... Esto ya supone una barrera muy importante, en cuanto está condicionando la manera en que me relaciono y lo que espero de esa relación.

- RELACIÓN CON UNO MISMO:

Según las creencias que tengo, establezco un diálogo interno con unas normas o acuerdos, sobre aspectos muy diversos que me afectan: lo que está bien o considero correcto, lo que es saludable, lo que considero justo, lo que es importante, lo que es apropiado para mí, lo que es bonito o bello, lo que es estar en forma, lo que es estar delgado, musculado... Todo, claro está, según mi propio criterio.

En relación a sentirnos bien con nosotros mismos, es fundamental que **esas normas o acuerdos que yo me autoimpongo o exijo, sean coherentes y proporcionadas**. Es decir, si, por ejemplo, un niño que se considera muy inteligente, se exige sacar más de un 9 en todos los exámenes para sentirse bien, lo más probable es que tenga un gran problema porque esa norma es demasiado estricta. Y favorecerá que, a lo largo del tiempo, sea muy probable que se den las circunstancias (sacar menos de un 9) para que se sienta mal.

Otro ejemplo podemos verlo en una persona a la que le gusta mucho cuidar su físico. Y considera que, para gustarse, debe tener menos de un 8% de grasa y más de un 50% de músculo, durante todo el año. Esto podría ser también desmesurado puesto que en ciertas épocas (como vacaciones, Navidad...) se hace más difícil controlar la dieta y el ejercicio. Por tanto, es una norma-acuerdo con él mismo, que le puede llevar a sentirse mal en más de una ocasión.

Así que pregúntate, **¿qué acuerdos he hecho conmigo mismo que me pueden hacer sentir mal?** Es necesario exigirse, con el objetivo de intentar mejorar siempre. Pero he de ser muy cuidadoso a la hora de establecer esos límites porque mi felicidad dependerá de ello.

"La felicidad se alcanza cuando lo que uno piensa, dice y hace están en armonía".

Gandhi.

- RELACIÓN CON LOS DEMÁS:

En las relaciones de pareja, relaciones padres-hijos, entre compañeros de trabajo, amigos, familiares... Se establecen acuerdos, de modo que **cada persona espera siempre algo de la otra parte**. Esto que se espera no tiene por qué ser nada material, sino simplemente **señales a nivel de comportamiento, actitud, valores, acciones, hechos, miradas**, ... Que harán que la relación funcione mejor o peor en función a si se cumplen o no, las expectativas de lo que esperan cada una de las partes.

¿Qué acuerdos tenemos con nuestros hij@s, pareja, amig@s, ...? Aquí el punto más importante es que LAS 2 PARTES CONOZCAN ESTOS ACUERDOS. Por ejemplo:

Para mí es importante (y me gusta) que mi hij@ me dé un beso antes de ir a dormir y nos demos las buenas noches (porque lo considero sinónimo de afecto y que me quiere). Pero para él (o ella) esto es un "rollo" y no le apetece nada hacerlo porque le parece una cursilada.

Para mí es importante que mi pareja sea detallista y me haga buenos regalos en los días señalados (aniversario, cumpleaños...). Pero para ella lo más importante es pasar tiempo juntos y expresar el afecto con palabras cariñosas y no con regalos.

Para mí es importante llamar a los amigos más íntimos todas las semanas. Pero para algunos de ellos esto no es fundamental, sino el hecho de saber que siempre podemos contar el uno con el otro (sin necesidad de ese contacto tan frecuente).

Así podríamos seguir poniendo muchos más ejemplos...

Hay un libro muy bueno, *Las 5 lenguas del amor*, de Gary Chapman, en el que habla de 5 formas de demostrar el amor mediante: regalos, acciones, palabras, tiempo y afecto. Dependiendo de cada persona (según sus creencias) dará más prioridad a una u otra. Por eso es muy importante una buena comunicación para saber qué es lo que más valora la otra parte.

Por tanto, la conclusión realmente importante que tenemos que sacar de aquí es la siguiente: DEBEMOS HABLAR Y EXPONER A LA OTRA PERSONA AQUELLO QUE NOS GUSTA Y ES IMPORTANTE PARA NOSOTROS. ASÍ COMO SABER QUÉ LE GUSTA Y ES IMPORTANTE PARA LA OTRA PARTE. De modo que no suframos de manera innecesaria por desconocimiento y por no tener acuerdos comunes.

Como en toda buena relación, ambas partes han de saber ser flexibles en vías de la máxima felicidad para todos.

TU ACEPTAS LO MALO EN TU VIDA PORQUE ¡LO TOLERAS!

Esta afirmación tiene mucho que ver con lo que venimos hablando, la forma en que tienen muchas personas de moverse en la búsqueda del placer y la evitación del dolor. Veamos algunos ejemplos:

- La persona que fuma lo hace porque siente más placer al fumar que dolor de pensar lo malo que es el tabaco para su salud. Y la posibilidad, REAL, de que pueda desarrollar un cáncer de pulmón u otras patologías.

- La persona que está mal físicamente, en baja forma, lo está porque le compensa más el placer de quedarse en el sofá viendo la tele, que el "sacrificio" de irse al gimnasio, a caminar o hacer cualquier otra actividad física.

- La persona que tiene malas relaciones personales, con gente tóxica que sabe que le roban la energía y no disfruta el momento. Pero que prefiere estar en esa situación porque le resulta más cómoda que romper con ellos y buscar nuevas amistades. O por el miedo a estar solo.

- La persona con sobrepeso (en la mayoría de los casos), lo tiene porque encuentra más placer en comer demasiado que en aprender de alimentación y comer de forma moderada, respetando aquellos alimentos que son más beneficiosos para su salud, energía y control de peso.

- La persona que padece muy a menudo resfriados, catarros, gripes, o cualquier otro virus o bacterias... Los sufre porque desatiende el cuidado de su sistema inmune, que implica una serie de acciones concretas (que veremos más adelante) y que no está dispuesto a hacer, porque le resulta más cómodo no hacerlo.

Así podríamos poner muchos más ejemplos. Los seres humanos nos movemos por un ORDEN DE NECESIDADES o PRIORIDADES, aunque muchos lo tienen distorsionado. Stephen R. Covey lo deja bien claro en su libro *Los 7 hábitos de la gente altamente efectiva*, en el que nos da la clave respecto a lo que debemos darle más prioridad: LAS COSAS QUE NO SON URGENTES, PERO SÍ SON IMPORTANTES.

En lo que a la salud respecta, la mayoría de personas no ve urgencia hasta que el cuerpo "grita" en forma de enfermedad. Pero lamentablemente muchas de las acciones o pecados contra la salud, no tienen una relación directa causa-efecto. Como puede ser el caso de fumar, beber alcohol, exceso de dulces... Ha de pasar un tiempo para ver los efectos negativos, por eso que muchos no le prestan atención. No planifican porque no ven más allá del corto plazo.

Todo en este libro trata de fomentar esto en la educación: SABER QUÉ ES LO IMPORTANTE. La salud, el bienestar y la felicidad en este caso. En el fondo, se trata de una cuestión de propósito. Si tengo claro lo que quiero y a dónde voy, entonces tomar las decisiones es más sencillo.

Además, el SAR me ayudará a ello filtrando la información de más utilidad para mi finalidad.

1.6 Control emocional.

Si un niño es capaz de hablar varios idiomas, hacer integrales complejas y conocer la geografía del mundo entero, pero es incapaz de manejar sus emociones, de regularse y de comprender y empatizar con el otro, ¿qué importa todo lo demás? Y lo mismo puede aplicarse a los adultos.

Invertir en el lenguaje emocional y en la interacción social es ayudarles a tener éxito porque, sin ello, tendrán mayores dificultades para comprender el mundo y el sentido de la vida. No se trata de dejar de lado las capacidades cognitivas, sino de **dar a lo emocional la importancia que se merece**.

¿Qué son las emociones? Son estados afectivos de más o menos intensidad. Son la respuesta que ofrece el cuerpo a las circunstancias de la vida. Esta respuesta podrá ser positiva (generando así emociones de alegría, gratitud o amor) o negativa (generando emociones negativas, como miedo, culpa o ira).

Los mismos hechos pueden originar diferentes emociones y éstas se relacionan con la salud física y mental. Por ejemplo, si digo "me siento bien", experimento bienestar y paz; si afirmo "me siento sano", mejoro mi salud; y si por el contrario manifiesto "me siento solo", experimento soledad.

"Una ACTITUD adecuada y sana puede ser la medicina natural más poderosa a nuestro alcance, y quizá la menos tenida en cuenta. En seis años de carrera de Medicina, no se dedica apenas un apartado a este tema". Doctora Marian Rojas.

Tus pensamientos y emociones tienen mucho que ver con tu salud. ¿Sabes qué es una enfermedad psicosomática? Es aquella que se ha generado por la influencia de la mente sobre el cuerpo.

La emoción surge en el punto donde el cuerpo y la mente se encuentran. Es la reacción del cuerpo a la mente. Emoción significa literalmente "perturbación". Por tanto, **el poder de las emociones sobre la salud es total.** La lástima es que toda la información científica que hay sobre esta relación apenas llegue a la población. Y, más aún, apenas se enseñe en las facultades de medicina, en donde, **por desgracia, apenas se habla de la importancia de las emociones en la curación y en la prevención de enfermedades.**

Hoy en día, gracias a la **psiconeuroinmunología**, sabemos que tus pensamientos influyen mucho en tu sistema nervioso, sistema inmune, sistema endocrino, riesgo de inflamación... Lo que afectará indudablemente a tu salud. Es decir, si una persona tiene mucho estrés, su frecuencia cardíaca aumenta, así como la tensión arterial, los niveles de azúcar en sangre, la respiración se acelera, las suprarrenales empiezan a producir cortisol y adrenalina que afectan el organismo y lo inflaman, al tiempo que se dan problemas de sueño, memoria, inmunodepresión... Rotura de la homeostasis (equilibrio) que el cuerpo necesita.

Para empezar a tomar el control de tus emociones debes aceptar que éstas **SON TRANSITORIAS.** Por tanto, tienes que **aprender a dejarlas pasar sin** sentir la necesidad de **identificarte fuertemente con ellas.**

Las **e-mociones son energía en movimiento**. Pero ¿qué ocurre cuando impides que la energía se mueva? SE ACUMULA. Y cuando reprimes tus emociones, estás interrumpiendo el flujo natural de energía.

"Las emociones no expresadas nunca mueren. Son enterradas vivas y salen más tarde de peores formas".

A veces se da el hecho de que tenemos emociones reprimidas de nuestro pasado que no somos conscientes de ellas pero que nos están bloqueando muchas puertas en nuestra vida actual. Si te sientes identificado con esto, quiero mostrarte otra ciencia que estudia la relación emoción y enfermedad. Se trata de la **biodescodificación,** que trata la búsqueda de los códigos biológicos inconscientes que hay detrás de todo síntoma físico, mental o emocional. Y, **a través de la toma de conciencia** que los activa, permitir desactivar los conflictos emocionales ocultos.

Pero lo que en este libro nos interesa, es **dejar bien patente que tus pensamientos y emociones tienen mucho que ver con la salud y la enfermedad**.

De ahí que estemos obligados, tanto en nosotros mismos, como en los niñ@os que pretendemos educar, a hacer un buen uso de la **gestión emocional**. Puesto que, en última instancia, podemos afirmar que es la **inteligencia más preciada.** En tanto en cuanto, **de su desarrollo equilibrado, van a depender el resto de inteligencias múltiples que tenemos.**

Hay una cosa clara, y es que, por muy fuertes mentalmente que seamos, a lo largo de nuestras vidas todos vamos a experimentar tristeza, frustración, inseguridad, vergüenza... (esperemos que no al mismo tiempo, ni de forma continuada). Debes **comprender que las emociones vienen, pero, lo que es más importante, también se van.**

Debes permitirte a ti mismo sentirte triste sin añadir comentarios o pensamientos tales como, "no debería estar triste", o ¿qué es lo que está mal en mí? En vez de eso, debes aceptar la realidad.

Recuerda esto: la forma en la que interpretas las emociones, así como el sentimiento de culpa que puede llevar consigo, es lo que crea el sufrimiento, y no las emociones en sí mismas.

Porque **incluso las emociones malas cumplen su función, que es hacerte crecer y progresar.** Te alertan sobre tu situación actual para que hagas algún cambio. Quizá necesites alejarte de ciertas personas, dejar tu trabajo o dejar atrás una historia que crea sufrimiento en tu vida.

Por desgracia, poco se nos ha enseñado a lidiar con las emociones. En consecuencia, puede que hayas estado reprimiendo tus emociones negativas durante años. A continuación, te indico unos pasos simples que puedes realizar para empezar a liberar tus emociones (según Thibaut Meurisse, en su libro "Domina tus emociones".):

1. **Observa tus emociones desde la distancia.** Cuando experimentes una emoción negativa, simplemente intenta verla desde lejos, con el mayor desapego posible. Esto implica entrar en contacto con tu cuerpo. Date cuenta de que cada pensamiento o imagen que cruza tu mente no es una emoción en sí misma, sino tu interpretación de ella.
2. **Etiqueta tu emoción, pero no te identifiques con ella:** no decimos "soy triste", sino "estoy triste", lo que nos indica que la tristeza solo es temporal.
3. **Libera tus emociones:** puedes permitirte sentir las emociones siendo consciente de su existencia, del mensaje que traen para ti y sin obsesionarte con ellas. Pero a continuación déjalas marchar, pues muchas veces por costumbre, puedes volverte

adicto a emociones negativas o historias destructivas, aun sabiendo que no te están ayudando.

Debes saber que el objetivo principal de tu cerebro no es hacerte feliz, sino asegurar tu supervivencia. Por lo tanto, si quieres ser feliz, debes tomar el control de tus emociones en vez de suponer que serás feliz con ellas porque es tu estado natural. Tu felicidad depende, principalmente, de tu ACTITUD hacia la vida, no de lo que te ocurre.

ELIGE QUÉ EMOCIÓN/EMOCIONES QUIERES EXPERIMENTAR

1. Elige las emociones que más te convienen y quieres experimentar más a menudo. ¿Ser feliz? ¿Sentirte más motivado? ¿Más saludable?
2. Pon en marcha un programa específico para permitirte experimentar esa emoción.
3. Practica el sentir esa emoción cada día.

Sentir la misma emoción una y otra vez te permitirá acceder mejor a ella. La neurociencia ha demostrado que experimentar el mismo pensamiento o emoción repetidamente refuerza las vías neuronales correspondientes, facilitando el acceso a ese pensamiento o emoción en un futuro. Es decir, que cuanto más experimentes una emoción, más fácil será que se genera. Aquí es donde entra en juego el condicionamiento.

Para condicionar tu mente para que experimente emociones positivas, puedes utilizar el siguiente método:

Interpretación + identificación + repetición = emoción fuerte

Veamos cómo utilizar la fórmula:

- **Interpretación:** visualiza ciertos sucesos o genera pensamientos específicos que tu consideres positivos, bien sea para tener más confianza, salud, gratitud, etc.
- **Identificación:** identifícate con estos sucesos o pensamientos sintiéndote de la misma manera en la que te quieres sentir. Aquí puedes usar las afirmaciones positivas "yo soy...", así como las visualizaciones (imaginándote a ti mismo como ya lo tuvieras y sintiéndote bien por ello), convirtiendo esto en una rutina diaria.
- **Repetición:** continúa repitiendo los mismos pensamientos e identificándote con ellos. Cuantas más veces lo hagas mejor. De este modo, permitirás que tu mente pueda acceder a emociones similares más fácilmente.

QUÉ AFECTA A TUS EMOCIONES

Mucho de lo que hemos visto y veremos en este libro afecta directamente a tus emociones. Te lo resumo aquí para hacerte más consciente de ello, aunque lo iré explicando en profundidad en sus capítulos específicos.

1. El sueño: fundamental para regular tu estado humor y estado de ánimo.
2. Tu cuerpo: según el lenguaje corporal y la postura del cuerpo, puedes adoptar posturas de poder o posturas de poco poder, con las que cambiar inmediatamente tu sentir. Así como a través del ejercicio físico.
3. Tus pensamientos: ya suficientemente explicado.
4. Tus palabras: ya hemos hablado de ello, pero profundizaremos más.
5. Tu respiración: capaz de activar el sistema nervioso simpático (alerta) o parasimpático (relajación).
6. Tu entorno: según la calidad de las relaciones que tengas, así como de la información que dejes entrar (televisión, redes sociales, etc.).
7. La música: utilizada por intérpretes y compositores para provocar emociones. Hablaremos de esta herramienta tan poderosa.
8. La alimentación. Así como determinados olores y sabores que pueden o no venir de los alimentos.
9. Imágenes agradables. Rodear tu espacio de trabajo con imágenes de naturaleza te puede ayudar a sentirte mejor.

Veamos ahora algunas de las emociones negativas que más hacen sufrir a las personas para ver cómo podemos utilizarlas para crecer y progresar. En vez de que sean la semilla para alguna enfermedad.

PREOCUPACIÓN:

Como afirma el famoso dicho:

"Cuando tienes veinte años, te preocupa lo que la gente piensa de ti; cuando tienes cuarenta, deja de preocuparte lo que piensan de ti; y, cuando tienes sesenta, te das cuenta de que, en realidad, nadie estaba pensando en ti".

Hazte sentir como la persona más importante del mundo, al menos para ti, porque así es. No te apegues a una imagen propia que quieres proteger. Sé consciente de que no todos te querrán y que lo que la gente piense de ti no está bajo tu control (recuerda el pensamiento de los estoicos). Por tanto, no gastes energía en ello.

Quiero compartir aquí unas reflexiones de Pablo Motos acerca de una entrevista que hizo a Pau Donés. Y son estas:

"La preocupación nunca cura nada, pero te roba la vida. Lo más inteligente que podemos hacer en la vida es:

- Tomarse todo menos en serio.
- Abandonar la necesidad de tener que impresionar a los demás.

- No huir de la nada, sobre todo de ti mismo.
- Disfrutar de la experiencia de la vida, incluso en las desgracias. No hay día, incluso en las desgracias, que no merezca la pena ser vivido".

Un último apunte. Como dice Rafael Santandreu, "no *terribilices*", Casi nada es tan grave como parece. No te "comas" (en el sentido de sufrir) los problemas de los demás, seas un mecánico, un tendero, un camarero, etc. La mayoría quiere las cosas YA, con un sentido de urgencia que puede agobiar a cualquier profesional que lo atienda. Por eso, respétate, valórate y quiérete.

RESENTIMIENTO:

"Aunque no podamos amar a nuestros enemigos, permitámonos al menos amarnos a nosotros mismos. Amémonos lo suficiente para que nuestros enemigos no puedan controlar nuestra felicidad, nuestra salud y nuestra apariencia".

Dale Carnegie.

El resentimiento persistirá siempre que tu necesidad de tener razón o tus ganas de vengarte sean más importantes que tu tranquilidad mental. Continuará creciendo mientras alimentes la emoción con más pensamientos de resentimiento. Y permanecerá en ti, aunque reprimas el sentimiento. Es por eso que es importante que hagas de tu tranquilidad una prioridad.

Que aprendas a perdonar tanto a los demás como a ti mismo. Y que aprendas a olvidar y dejar pasar.

ESTRÉS Y MIEDO

La mayoría de la gente cree que determinadas situaciones pueden ser estresantes. Pero la realidad es que el estrés no existe fuera de ti mismo y, por lo tanto, ninguna situación puede considerarse estresante en sí misma. Pero, pese a ello, supongo que experimentas estrés habitualmente. Y probablemente más de lo que te gustaría.

En muchas ocasiones el estrés no es más que miedo, es decir, inseguridad y falta de confianza de no estar a la altura.

"La vida siempre empieza dando un paso fuera de tu zona de confort" Shannon L. Alder.

El primer paso para salir de tu zona de confort es darte cuenta de que incluso la gente con más éxito tiene miedo alguna vez. La valentía no es la ausencia de miedo, es entrar en acción a pesar del miedo. Es darse cuenta de que el miedo no va a desaparecer, pero haces lo que tienes que hacer de todos modos, y te vas acostumbrando a él. Cuando te enfrentas con el miedo de forma regular, cultivas el coraje y lo conviertes en un hábito.

Recuerda la frase "estar cómodo, estando incómodo". Debes hacerla tuya y sentirte bien ahí.

Algo que puede resultarte beneficioso para lidiar con el estrés y/o el miedo, es hacer una lista con tus principales fuentes de estrés (tanto diario como semanal). Y para cada situación, preguntarte lo siguiente:

- ¿Esta situación es estresante en sí misma?
- ¿Qué necesito pensar para experimentar estrés en esta situación en particular?
- ¿Qué necesito pensar para reducir o eliminar el estrés en esta situación en particular? Ayúdate de las pautas que vimos para elegir qué emociones queríamos experimentar.

Un último aspecto que quiero destacar aquí es lo que conocemos como **"alimentación o hambre emocional"**, también llamada alimentación por estrés. Ésta no es más que una respuesta al estrés que consiste en consumir alimentos para aliviarlo, para distraerse de sentimientos desagradables o para proporcionarse un pequeño momento de placer ante la depresión o la ansiedad. En otras palabras, cuando te sientes mal, comes para sentirte mejor. Has de ser consciente de ello, porque comer por otros motivos aparte del hambre está bien de vez en cuando: para celebrar, para socializar. Sin embargo, si comer por motivos emocionales se vuelve crónico (lo haces más de una o dos veces a la semana, o incluso a diario), se convierte en un problema y puede dañar tu salud.

No estás comiendo por hambre, sino que estás comiéndote tus sentimientos, y eso no es física ni emocionalmente saludable. Cuando tienes "hambre emocional", la comida no te llena. Es solo una distracción temporal que probablemente te hará sentir aún peor más tarde, especialmente si te obliga a ir en contra de las mejoras de salud que tanto te has esforzado en lograr.

Por tanto, ten presentes estos pasos que te ayudarán a romper el hábito de comer cuando tu organismo no está preparado para la comida:

1. Decide que solo comerás cuando te sientas tranquilo. Si no lo estás, aléjate de la comida. Sal a caminar, ve al gimnasio, queda con un amigo, escucha tu música favorita, haz unas respiraciones profundas, lee, date un baño o ducha, bebe agua...

2. Sé consciente de la experiencia de la comida, concéntrate en ella y come despacio. No veas la televisión, no mires el móvil, no pienses en nada que no sea masticar y saborear el alimento que tienes en tu boca. Esto te hará centrar tu mente en el aquí y en el ahora y evitarás comer emocionalmente, pues esto es algo que, en la mayoría de ocasiones, haces sin pensar.

Ahora prosigamos, creando en ti, el marco mental óptimo para crear salud. Recuerda que la presión social de la expectativa ajena mata más sueños que ninguna otra cosa en el mundo. Así que, no lo permitas. Te invito a que seas una persona auténtica y genuina, descubriendo el siguiente capítulo.

1.7 Deja brillar tu talento. No te esfuerces en el camino equivocado.

"Todos somos genios, pero si juzgas a un pez por su habilidad para trepar árboles, vivirá toda su vida pensando que es un inútil".

Albert Einstein.

"Sé quién quieres ser. No quien ellos quieren que seas". Dijo Sócrates, el gran filósofo griego. Pero no es tarea fácil hoy en día. La sociedad, tu familia, amigos o profesores... A veces incluso con la mejor intención, van a intentar guiarte por el camino que ellos creen que es el mejor, pero que la mayoría de ocasiones no es el camino que a ti más te gusta ni en el que más puedes brillar.

Es difícil que las personas cercanas apoyen tus sueños, a veces por insensatos o difíciles. Siempre encontrarán la excusa perfecta para hacerte creer que ese otro camino es más conveniente para ti.

Cada persona es única en el mundo y posee unas determinadas habilidades, talentos y características especiales. Las personas más exitosas e ilustres han tenido la intuición, visión, olfato, clarividencia, instinto, perspicacia... De alinear correctamente su desempeño o dedicación con aquello que se les da bien de forma natural o innata, estando genéticamente mejor dotado.

Cabe recalcar que **los genes no eliminan la necesidad de trabajar duro. Pero sí nos dan más claridad sobre aquello a lo que ponerle foco,** esfuerzo y dedicación. Porque ahí, en ese campo concreto, sí que podemos conseguir mucho y bueno, ya que vamos a maximizar las probabilidades de éxito.

Los genes no pueden cambiarse, lo que significa que nos brindan una gran ventaja en condiciones favorables y una seria desventaja en condiciones desfavorables. Además, se da la circunstancia de que **tus hábitos serán fáciles de seguir cuando sean compatibles con tus habilidades naturales.** Porque, de no ser así, habrá mucha más tensión, sufrimiento y esfuerzo.

Este es un hecho que debemos tener muy presente. Pero igualmente cierto es que debemos adquirir ciertos conocimientos y habilidades (mínimos) de determinadas áreas en las que no seamos buenos o no se nos dé bien (recordar el capítulo sobre la "cadena de eslabones").

Tal y como dice Deepak Chopra en su libro "Las 7 leyes espirituales del éxito", uno de los pensamientos que más impacto positivo va a tener a lo largo de nuestra vida es si nos preguntamos **¿cuál es la razón por la que nos encontramos aquí? ¿Cuál es mi propósito?** Y la respuesta siempre debe ser "**servir a la humanidad (en una u otra forma) mediante la expresión y desarrollo de nuestros talentos singulares**".

Cuenta Deepak Chopra que, desde que sus hijos tenían 4 años, siempre les insistía en que no se preocuparan nunca por ganarse la vida porque él se ocuparía de ellos de ser necesario. Lo que realmente quiere decir es que no pusieran su intención en ello. Sino que, lo más inteligente, era que pusieran el foco en cómo podían servir a la humanidad y cuáles eran sus talentos para llevarlo a cabo.

Evidentemente, con este planteamiento que hizo a sus hijos, les abrió las puertas a que fueran ellos los que guiaran su destino y no cayesen en lo que tantas personas sufren por haber encaminado sus vidas a lo que otros (familia, amigos, maestros, sociedad en general) querían que fueran.

El peor error del ser humano es renunciar a la identidad propia por encajar en una identidad colectiva. Siempre, siempre..., debemos escuchar nuestro instinto, nuestra alma y nuestra propia naturaleza.

PRIMERO ES EL SER, LUEGO EL HACER Y POR ÚLTIMO EL TENER.

Dice el aforismo de Marcel Proust "Aunque nada cambie, si yo cambio, todo cambia". Mientras que el mahatma Gandhi lo expresa del siguiente modo: "Debemos ser el cambio que deseamos ver en el mundo".

¿Nos damos tiempo para reflexionar lo que somos y la persona que queremos llegar a ser? Nos perdemos en el ajetreo del hacer, y por el camino vamos perdiendo la autenticidad y la creatividad. Nos apegamos a un resultado y lo queremos ¡YA! Nos equivocamos en querer tener (resultados) y la gratificación inmediata, sin caer en la cuenta que son esas prisas lo que mata que consigamos algo mejor y más grande.

Sabemos que cuando dedicamos tiempo a escucharnos, podemos contactar con nuestra propia visión. Somos más creativos y es más posible que vivamos momentos "eureka" o momentos "ajá" (de pura inspiración).

"No existe viento favorable para el que no sabe dónde va". Séneca.

Para esto, hay que quitar el ruido y ajetreo de nuestras cabezas (que están constantemente estimuladas). Y generar un entorno que facilite ese no hacer mental (o actividad sencilla y/o rutinaria, sin hacer varias cosas a la vez) que te ayude al fluir de las ideas.

En definitiva, centrarse primero en **SER**, luego en **HACER** y por último en **TENER.**

Para cambiar el ser (y con ello cambiar los resultados, el tener), una de las estrategias más efectivas es la utilización de **declaraciones positivas**, **decretos** o **afirmaciones**. YO SOY…, que es la suma de pensamiento, emoción y acción. Bien elegidos por cada persona, de modo que cambiemos la limitación por la capacitación.

Algo que tienes que tener en cuenta para que sean mucho más poderosas es que deben estar:

1. En tiempo presente.
2. En primera persona.
3. En positivo.

Estas declaraciones hay que trabajarlas con los niños desde pequeños y decirlas justo antes de dormir (porque así se fijan en la mente subconsciente que, como vimos, controla el 95% de nuestros pensamientos). Algunos ejemplos podrían ser:

- Soy un niñ@ feliz y contento.
- Me siento relajado y tranquilo
- Tengo confianza y seguridad en mí mismo.

- Soy saludable y entusiasta.
- Me siento poderoso, capaz y lleno de energía.
- Soy inteligente, creativo, sociable.
- Soy simpático y divertido.
- Soy constante y trabajador.

Estos son solo algunos ejemplos a desarrollar con los niñ@s, pero todos deberíamos tener las nuestras y tratar de enfocarnos en ellas. Puesto que, en lo que te enfocas, se expande y atraes más de eso.

¿CÓMO PUEDO ENCONTRAR Y SABER CUÁLES SON MIS TALENTOS O HABILIDADES NATURALES?

Desde que éramos pequeños, todos hemos hecho cosas que se nos daban mejor y otras peor. En esas cosas que se nos dan mejor ahí podemos ver que tenemos un **área de oportunidad.** Ahora el segundo punto es ver si esa área que se me da bien coincide con la que: **me gusta y disfruto** haciéndola.

También podría preguntarme, **¿cuándo disfruto mientras otras personas se están quejando?** Esto lo podemos ver desde niños: a unos les gusta pintar, otros dibujar, otros la música, el deporte, las manualidades, la expresión oral o escrita, las matemáticas, la historia, las ciencias, la naturaleza... El trabajo o tarea que cansa menos a cualquier niño que a la mayoría, es el tipo de trabajo o habilidad hacia la que debería encaminar su vida.

¿Qué me hace perder la noción del tiempo? Aquí sería cuando entraríamos en ese estado de fluidez haciendo algo que se me da bien y me gusta. De modo que, estoy tan centrado que parece que se para el tiempo y el resto del mundo se desvanece. Recomendaría el libro "Fluir: Una psicología de la felicidad", de Mihaly Csikszentmihalyi.

¿Qué se me da bien de manera natural? Ignorando todos los condicionamientos que pueda tener (familia, amigos...). Debo mirar dentro de mí, ser auténtico y genuino, no juzgarme ni tratar de complacer a nadie, salvo a mí mismo. Sólo ahí sabré que estoy en la dirección correcta.

Un aspecto muy importante aquí es que huyas de la comparación. **No te compares con otros** porque en un mundo con 7000 millones de personas siempre encontrarás a alguien mejor (o que tu pienses que es mejor). Como dice el gran Anxo Pérez, "Una mitad del mundo piensa que el resto tiene más amigos, más dinero, un cuerpo más bonito y más éxito que ellos. Pero... ¿sabes que piensa la otra mitad? Exactamente lo mismo.

Es muy probable que esa persona a la que admiras porque crees que tiene lo que te hace falta a ti, esté ahora mismo compartiendo ese mismo pensamiento y admirándote porque opina que tú tienes justo lo que le hace falta a él". Aquí volvemos a entrar en el tema de la confianza y las inseguridades, que ya hemos hablado extensamente.

Pero, incluso aunque no puedas ser el mejor en algo, si eres capaz de combinar tus habilidades o inteligencias (tenemos muchas), reducirás la competencia y te será mucho más fácil destacar.

Con respecto a estas diferentes habilidades o inteligencias cabe destacar a **Howard Gardner**, conocido como el **padre de la teoría de las inteligencias múltiples.** Las clasifica en 8 tipos y dentro de ellas sigue habiendo variantes. Las más importantes serían:

- Inteligencia lingüística.
- Inteligencia lógico-matemática.
- Inteligencia visual-espacial (dibujar, interpretar mapas...).
- Inteligencia musical.
- Inteligencia cinético-corporal (quien destaca en deportes, danza...).
- Inteligencia intrapersonal (conocimiento de uno mismo).
- Inteligencia interpersonal (conocimiento de los demás).
- Inteligencia naturalista (observación y clasificación de las cosas).

¿Cuál de estas inteligencias es más importante? Podríamos responder que **NINGUNA y TODAS.** ¿Acaso es menos importante Rafael Nadal, con una inteligencia cinético-corporal, que el Premio Nobel de Literatura, cuya inteligencia más destacada es la lingüística?

El problema es que seguimos empeñados en conservar un Sistema Educativo que ignora la pluralidad de la inteligencia humana, pues se da una destacada prioridad a las inteligencias lingüísticas y lógico matemáticas. Y tampoco digo que todas deban tener la misma relevancia, pero sí que habría que poner unos mínimos de cada una para que todos tengan oportunidades de poder brillar.

Muchos maestros y profesores de Lengua y Matemáticas me han confirmado y coinciden en que enseñan demasiados contenidos (porque aparecen en las programaciones). Y que sería mejor dar menos (los más importantes) y profundizar más. Así habría cabida para otros aprendizajes de los que carece la escuela.

Que un chico con 16 años salga de la Educación Obligatoria sin saber interpretar una nómina de trabajo, y apenas sepa nada del mundo laboral y de los negocios, nos está diciendo mucho.

Hay rigurosos estudios, como el Proyecto Zero, llevados a cabo por Gardner y otros muchos reconocidos investigadores a nivel mundial (psicólogos, neurólogos, científicos...), que abogan por la importancia capital que tiene para cualquier ser humano, detectar cuál o cuáles son sus inteligencias múltiples más desarrolladas.

Solo de este modo, la persona podría desarrollar su verdadero talento, dedicándose al campo adecuado según su capacidad innata y encontrar su verdadero propósito. Esto tendría unas repercusiones y beneficios enormes.

Por una parte, habría menos sufrimiento y frustración en muchas personas a las que se les valora en ámbitos que no le son favorables. Y, por otra, **la contribución positiva a la humanidad sería mucho más grande si cada persona puede seguir creciendo, desarrollándose, expandiéndose... dentro del campo que mejor se adapta a sus cualidades**.

Esto último debería ser el objetivo de todos nosotros. Y la escuela, familia, amigos, educadores... Deben servir de apoyo y guía para todos, alentando a cada uno y no "cortando las alas" e ilusiones de la gente diciendo frases como "eso es muy difícil para ti", "nunca lo conseguirás", "no merece la pena intentarlo", "te llevará mucho tiempo lograrlo", ...

Porque sabemos que el pronóstico de personas con cierta autoridad puede hundir las ilusiones de mucha gente y llevarlos a una vida de frustración (por no hacer lo que su intuición les decía que debían hacer).

Recapitulando, ¿Cómo sé si estoy en ese campo "que se me da bien", "en mi propósito"? He aquí algunas claves:

- Ha de ser algo que disfrutes haciéndolo.
- Además de disfrutar, tu nivel de desempeño debe estar por encima de la media del de otras personas.
- Ese trabajo/actividad te debe cansar menos que a la media.
- Debes sentirte auténtico y genuino mientras lo desempeñas.

- No hacer caso a lo que digan los demás sobre tu propósito. No compararte.

- La motivación fundamental de tus esfuerzos, no debe ser el deseo de gratificación o recompensa, puesto que te estarías guiando por tu ego. Pero, irónicamente, las recompensas personales se multiplicarán cuando te centres en dar y no en recibir.

- Enamórate de lo que sea que estés haciendo. Entonces podrás "vender" el sentimiento de entusiasmo y alegría que generan tus esfuerzos.

- Mantén tus pensamientos y sentimientos en armonía con tus actos.

Reducir o incluso ELIMINAR EL VACÍO entre quienes somos y quienes aparentamos ser, es seguramente el mayor RETO de nuestra vida. Y esto debe empezar dentro de cada uno de nosotros.

De llegar a conseguirlo, **toda la ENERGÍA EXTRA que tengamos nos ayudará a que ningún pensamiento, emoción o conducta subconsciente nos pase desapercibido y recuperemos la LIBERTAD en nuestras vidas.**

En palabras de Wayne Dyer,

"DECIDÍ CREER que cuando llegué a este mundo de límites y formas no había nada que me impusiera restricciones. Un campo expansivo que no sabe de limitaciones ni encasillamientos dispuso que yo viniera aquí".

1.8 Efectos: Pigmalión, Placebo, Nocebo y Observador.

Si el capítulo anterior no ha dejado suficiente huella en ti, y todavía no has asimilado profundamente el impacto de las creencias en tu vida, con este espero que el objetivo se consiga con creces. Y que no vuelvas a vivir de la misma forma a como lo has hecho hasta ahora.

Definíamos creencia como "Idea o pensamiento que se asume como verdadero". La creencia va muy ligada a la fe (más allá del componente religioso) pues ésta es también "la confianza que se tiene en alguien o en algo".

En el capítulo anterior, me esforcé en explicar el siguiente hecho **"eres lo que crees que eres"**. Pues bien, el Efecto Pigmalión hace referencia al poder que las expectativas y creencias de otras personas tienen sobre nosotros. Es decir, también **"somos lo que los demás esperan que seamos".**

Este conocimiento, tiene un impacto brutal en la vida de todos, pues si recapitulamos, hemos afirmado lo siguiente: yo soy lo que mis creencias dictaminan. Recuerda el acrónimo CPEAR -Creencias → Pensamientos → Emociones → Acciones → Resultados-. Y recordemos que la mayoría de las creencias venían de la mente subconsciente, que controlaba más del 95% de los pensamientos. Si ahora, además, le sumamos que también soy lo que los demás esperan de mí... ¿En qué posición me encuentro? **¿Me queda algo de libertad?**

¿Eres libre de hacer lo que deseas? En cierta medida es cierto, pero ¿de dónde vienen esos deseos? Desde luego, no los has elegido con libertad. Son fruto de **tus genes, tus experiencias, tus creencias y también de las creencias de los demás**.

Por suerte, podemos responder con esta célebre frase de Jesús de Nazaret **"LA VERDAD OS HARÁ LIBRES"** o la atribuida a Sócrates, **"EL CONOCIMIENTO OS HARÁ LIBRES"**, para referirse a la importancia del aprendizaje y la formación para entender el mundo (tan cambiante y dinámico) y saber moverse en él.

A lo largo de la historia se ha comprobado que **se puede manipular colectivamente a las personas a través de la propaganda y la desinformación** con fines principalmente políticos y económicos. Esta afirmación se mantiene vigente hoy en día, potenciada a su vez por la tecnología que permite personalizar dicha manipulación a través de noticias falsas, bulos y fraudes dirigidos a colectivos específicos.

Las nuevas generaciones son los mayores consumidores de información. La reciben y utilizan teniendo ésta una gran importancia en su pleno desarrollo como personas y ciudadanos. Por ello, es fundamental ayudarles a desarrollar un pensamiento crítico. Y diferenciar la información veraz y de calidad de aquella que solo quiere manipularles. Así como discernir el impacto de las creencias colectivas sobre su persona, del mismo modo que las expectativas de personas cercanas sobre uno mismo.

Veamos de dónde viene el Efecto Pigmalión:

Rosenthal (profesor de psicología en la Universidad de Harvard) y Jacobson hicieron un experimento en 1968. Al principio del curso, hicieron un test de inteligencia a un grupo de alumnos. Y, sin conocer los resultados por parte de estos, ni tan siquiera los profesores, los investigadores señalaron que algunos de esos alumnos (aproximadamente un 20%) tenían una gran capacidad (o altas capacidades). Y muy probablemente sacarían unas notas excelentes ese año. Y así se lo hicieron saber a sus profesores.

Pero, en realidad, ese 20% había sido elegido completamente al azar, por lo que no tenían capacidades innatas. Pero, a final de año, se comprobó que los que pertenecían a ese grupo habían mejorado su rendimiento y su cociente intelectual en mayor medida que los que no.

De este modo, Rosenthal y Jacobson desarrollaron la teoría de que los profesores, a pesar de hacerlo de forma inconsciente, habían actuado de manera diferente con los alumnos que creían que tenían ventajas sobre el resto. De esa forma, **sus expectativas (creencias, al fin y al cabo),**

habían influido sobre los resultados de sus estudiantes, incluso aunque no hubiese existido una intención de que esto ocurriese.

Según Rosenthal existen 4 factores que influyen en el efecto Pigmalión:

- **El clima:** se tiende a crear un mejor clima con aquellos estudiantes sobre los que se tienen mayores expectativas. Un clima emocional más cercano, a través del **lenguaje no verbal** (gestos, miradas, sonrisas, tono de voz...). Profundizaremos en esto más adelante.
- **El input:** Debido a que el profesorado tenía la creencia de que estos alumnos presentaban altas capacidades, el contenido que se les intentó transmitir también fue mayor, presentando un nivel de exigencia por encima de lo normal, obligándoles a esforzarse más.
- **La oportunidad de respuesta**: se observó que estos profesores lanzaban más preguntas a los alumnos que creían más inteligentes. Otorgándoles también un mayor tiempo e intentos para dar una respuesta.
- El *feedback*: a mayor expectativa, existirán mayores alabanzas por parte del profesorado y habrá un mayor refuerzo positivo. Creándose una especie de relación protectora en la que los maestros y maestras guiaban constantemente al alumnado para alcanzar mejores resultados.

Podríamos decir que este es el lado positivo del efecto Pigmalión. Pero no debemos olvidar que las mismas expectativas o creencias **también pueden darse en negativo.** Cuando es así, es muy probable que los estudiantes obtengan peores calificaciones y su desarrollo se vea mermado.

Cuando un profesor observa que un alumno se comporta de forma disruptiva, que no responde correctamente, o viene con una valoración negativa del año anterior, en el docente se crea la idea de que este niño es un pasota. E inconscientemente, a lo largo del curso, el maestro actuará de tal forma que otorgará un menor número de oportunidades a este alumno. Le dará menos tiempo para responder, le preguntará menos veces, no le dará oportunidad para rectificar, etc.

Fuera de las aulas, este efecto negativo también se da. Y seguramente a ti también te haya ocurrido en alguna ocasión, donde te has propuesto alguna meta y ante la falta de expectativas de tu entorno de llegar a alcanzarla, han acabado influyendo en ti, abandonándola.

Es por ello fundamental ser conscientes de este efecto, porque nos refleja la importancia de rodearnos por personas que confíen en nosotros. Y crean que somos capaces de alcanzar nuestras metas.

Las expectativas positivas de las personas cercanas nos hacen ser mejores, más eficaces y eficientes. Y así lo respaldan múltiples estudios científicos. Por lo que**, para**

alcanzar tus metas, además de esfuerzo, rodéate de personas que confíen en tu capacidad de conseguir lo que te propongas.

Cosa que es bastante difícil, sobre todo si esas personas que nos rodean no han conseguido aquello que nos estamos proponiendo. Puesto que, en su subconsciente, creerán que no es posible (ya que ellos no lo consiguieron). Y, aunque lo hagan sin mala intención, esto tiene consecuencias negativas en nosotros.

Este efecto deberían conocerlo todas las personas en el mundo, pero por desgracia no es así. Y todavía se sigue escuchando a padres diciendo a sus hijos "no vales para nada", "no vas a ser capaz", "eres muy torpe y por eso te caes". O profesores que dicen a sus alumnos "no vas a llegar a nada en la vida", o frases del estilo.

Te invito a investigar más sobre este efecto y cómo de aplicable es a tu vida, en donde tú mismo puedes potenciarte, creando unas expectativas relevantes sobre tu futuro. Como dijo una vez Michael Jordan "Debes esperar cosas de ti mismo, antes de que las puedas hacer".

Y sé consciente de cuándo y cuánto otras personas (profesores, padres, amigos...) han podido influirte, positiva o negativamente, para conseguir o no tal o cual cosa. Del mismo modo, **sé tú el transmisor de esas altas expectativas para todos los que te rodean.** Crea el efecto Pigmalión en los demás. **Llena de elogios y cualidades a la**

gente de tu entorno y observa cómo cambian su actitud para amoldarse a ellas.

Si, por ejemplo, quieres que tu hijo ordene sus juguetes, aprovecha cualquier oportunidad para comunicarle lo bien que lo está haciendo y lo mucho que aprecias que sea tan ordenado.

Hay una responsabilidad ineludible en cómo hablamos, en cómo tratamos a los demás. Porque nuestros gestos y palabras tienen un poder más grande de lo que nunca hubiéramos imaginado. **Cada día tienes la opción de cortar las alas de los demás hablando del miedo y de la incertidumbre, o puedes dejar que tus palabras les empujen hacia sus metas, confiando en la capacidad infinita que hay dentro de todo ser humano.** Se conoce como efecto Pigmalión, y funciona en cualquier momento de nuestras vidas.

Vamos a hacer un inciso para profundizar en uno de los aspectos que más influye en el Efecto Pigmalión, que es el clima que se genere, a través del lenguaje verbal y no verbal (gestos, miradas, sonrisas...), hablando en concreto de: la mirada apreciativa y la teoría de la economía de las caricias.

LA MIRADA APRECIATIVA. Álex Rovira, escritor y divulgador, hace referencia a lo siguiente: "nuestra mirada condiciona las posibilidades de realización no solo de todo ser humano sino de toda forma de vida". El escritor afirma que, creyendo en cada uno de nuestros hijos, podemos ayudarlos a florecer, a sacar lo mejor de sí mismos y a que superen cada una de sus metas. Esto se puede lograr mediante el respeto, la admiración mutua, la confianza y el afecto verdadero.

Para ello es muy importante observar y escuchar a nuestros hijos. Debemos parar y cuestionarnos por qué hacen una actividad u otra. Si realmente les gusta lo que están haciendo o están invirtiendo tiempo en algo que, simplemente, lo hacen porque se lo hemos impuesto. Además, **debemos dejarles espacio para que se expresen o sientan, sin prejuicios y respetando sus ideas.**

¿En qué ayuda a tus hijos que en el colegio y en casa, se aplique la Mirada Apreciativa? Desde una perspectiva pedagógica tus hijos lograrán:

1. **Potencializar su crecimiento y desarrollarse** en función a su trayectoria, así como por su situación actual. Como padres es importante ver a tus pequeños en su todo, lo que realmente son, no por lo que tienen o dejen de tener.
2. **Se comprometen y brillan**, teniendo un **desempeño de calidad**.
3. Una vez que tus pequeños sienten esta mirada apreciativa, comienzan a ser **más extrovertidos, ayudan y cuidan a sus compañeros, se sienten motivados desde el interior.**
4. Tus pequeños pueden lograr todo lo que se propongan ya que parten de un lugar donde **conocen sus alcances y limitaciones.**

5. **Es posible descubrirse a uno mismo**, encontrando los aspectos en los que se pueda mejorar.

TEORÍA DE "LA ECONOMÍA DE LAS CARICIAS". https://www.ideasimprescindibles.es/economia-caricias/

Es una teoría formulada por el psicoterapeuta estadounidense Claude Steiner (1935-2017), que defiende la idea de que **el desarrollo intelectual y emocional del ser humano depende en gran medida de la abundancia o escasez de signos afectivos que recibe a lo largo de su vida, sobre todo en su primera infancia.**

La «economía de las caricias» establece que nuestra forma de interpretar el mundo que nos rodea y también la manera que damos sentido a nuestras vidas, no sólo se moldea a base de conceptos filosóficos, sociales o económicos, sino que también se construyen a través de la influencia de las miradas, las palabras, los gestos y los silencios que percibimos desde que nacemos. Según esta teoría, **la sensación de vivir dentro de un vacío emocional es infinitamente más insoportable que cualquier dolor físico.**

"Entre el dolor y la nada, prefiero el dolor".
William Faulkner.

Esto explicaría muchos comportamientos en jóvenes y adultos. De hecho, tanto en casa como en la escuela, se puede dar el siguiente caso: "entre que me ignores y que me grites, prefiero que me grites" es lo que podría pensar un niñ@ que está falto de afecto y de caricias. Y esto se da con mucha más frecuencia de la que imaginamos y está detrás de muchos comportamientos.

Cuando una persona no sabe cómo tener caricias positivas (ya sea en el sentido literal o figurado, por medio de atención, afecto, palabras, miradas... que le hagan sentir bien), **pone en marcha mecanismos inconscientes para tener caricias negativas** (que vendrían a ser los gritos, reprimendas, castigos...) **ya que prefiere estas últimas a sentirse ignorado y/o no valorado.**

Muchas de las situaciones de conflicto que vivimos en las relaciones interpersonales no obedecen a un conflicto real, sino que obedecen a este mecanismo. "Necesito que me beses, que me abraces, que me mires, que me des la mano..." Pero muchas veces no sabemos cómo pedirlo o nos da vergüenza". De ahí que muchos niñ@ llamen la atención constantemente y hagan enfadar a sus padres o maestros. O que haya mujeres (u hombres) que aguanten cierto maltrato físico o psicológico por preferir esto último a sentir el vacío emocional.

Según Claude Steiner, el «apetito de caricias es similar al apetito de comida. Lo tenemos y no lo podemos evitar. Si no tienes suficientes caricias, te vas a deprimir hasta poder morir de una depresión». Por tanto, debemos reivindicar **la ternura como elemento fundamental de la calidad del vínculo humano.**

Tanto en casa como en el colegio, padres y profesores, debemos **enseñar a elogiar y halagar** a los que nos rodean (compañeros, amigos, familiares, etc.). Si así fuera, luego de unas semanas actuando así, los niños se reconocerían unos a otros por sus logros y sintiéndolos también como propios. Se reducirían los insultos, envidias y amenazas, y trabajarían activamente para ayudarse entre sí. Esto acabaría con el *bullying* (acoso escolar) o, al menos, lo reduciría drásticamente.

En una sociedad tan acelerada como la actual, donde las jornadas laborales y los compromisos ocupan la mayor parte de nuestras agendas, **la teoría de «la economía de las caricias» nos obliga a reflexionar sobre el papel que ejercen las madres y los padres durante las primeras etapas de la vida**. ¿Estamos menospreciando el poder que tiene el cariño para el desarrollo de nuestros hijos? ¿Pasamos suficiente tiempo con ellos como para proporcionarles la huella afectiva que necesitan? ¿Podemos estar dificultando su desarrollo intelectual o emocional?

He aquí unos consejos para la abundancia en caricias:

1. Da las caricias que corresponden: "Te quiero mucho", "muchas gracias por tu cariño", "estás haciendo un gran trabajo, enhorabuena".
2. Acepta las caricias que merezcas: "Gracias, he hecho un gran esfuerzo", "agradezco que reconozcas mi trabajo".

3. Pide las caricias que necesites: "Hoy necesito que me echéis una mano", "hoy necesitaré ayuda para gestionar este asunto".
4. Date caricias positivas a ti mismo: "Me merezco un descanso", "he hecho un gran trabajo".
5. Rechaza las caricias negativas destructoras: "No debo tener en cuenta sus comentarios, son dañinos". "Si me quisiera, no me haría pasar estos malos ratos".

En Educación, podemos afirmar que las claves del aprendizaje son múltiples: el entusiasmo, la motivación, el contagio, la pasión, el esfuerzo... Pero el esfuerzo en sí mismo no es un valor final, sino que es un instrumento que ha de ir vinculado a la alegría, el reconocimiento, el amor y el afecto. Y en esto, tiene mucho que ver el Efecto Pigmalión.

EFECTO PLACEBO

Continuando con el poder de las creencias, toca hablar del efecto placebo y nocebo. O **cómo las expectativas, la confianza y la fe** (en un medicamento, operación, tratamiento, profesional médico...), **tienen su importancia en la curación de enfermedades.**

Y esto, con independencia que la pastilla no tenga ningún principio activo que justifique su eficacia, ni el profesional sea el encargado último de la curación o mejora. Puesto que, en última instancia, siempre es la relación cuerpo-mente de cada uno el responsable de dicha curación.

Tal y como decía Louise Hay, "usted puede sanar su vida. Yo no arreglo mis problemas, yo arreglo mis pensamientos, porque estos son los que arreglan mis problemas".

La confianza extrema o el sentimiento profundo de su recuperación es todo lo que el paciente tiene en sus manos para iniciar su respuesta curativa.

Se estima que el 30% de las curaciones en medicina son por el efecto placebo. Hay gran cantidad de estudios sobre ello y, cuantas más altas son tus expectativas de que te estás curando, o te vas a curar, más te curas.

Por ejemplo, se dan muchos hechos curiosos, puesto que se ha medido incluso la eficacia de lo falso. Así, se sabe que, si el tratamiento es etiquetado como novedoso, cura mejor. Si se administran 2 pastillas en vez de una (aunque tengan la misma cantidad) también curan mejor. Si se comparan 2 comprimidos placebo, si uno lleva grabada la marca de unos conocidos laboratorios farmacéuticos y el otro se administra sin marca, los resultados en la reducción del dolor son superiores en el que lleva la marca.

El color también es un hecho diferencial, y en este sentido, curarían mejor las pastillas de color rojo y/o azul, así como el hecho que sean pequeñas y con una letra en el centro ayuda a potenciar el efecto. Y las inyecciones de nada (suero) curan más que las pastillas, porque duelen.

Por tanto, los diferentes niveles de confianza, convicción o creencia que cada paciente pone en el resultado de un fármaco, pueden explicar la amplia variedad de respuestas que han observado directamente médicos del mundo entero.

¿Cómo es posible que, a través de la sugestión, nuestro cuerpo ponga en marcha sus propios procesos de curación internos?

Nuestros pensamientos no son inofensivos y tienen todo el poder. Hoy se sabe que una de las regiones cerebrales implicadas en estos procesos es la corteza prefrontal (parte ventromedial), que es una zona muy involucrada en los procesos de hipnosis y sugestión, así como en la meditación. Como habrás advertido, la meditación siempre aparece, por eso la respiración correcta y consciente es tan importante.

Por supuesto, también se ha medido el tipo de intervención que tenga el médico, rehabilitador, fisioterapeuta, psicólogo..., en su relación con el paciente, observándose algunas conductas que maximizan el efecto terapéutico del placebo:

- Aplicar el tratamiento inspirando confianza y seguridad.
- Informar al paciente con convicción de los resultados favorables esperados.
- Generar un ambiente cálido y afectuoso.
- Escucha activa, brindando empatía y comprensión.
- Tocar al paciente.

En este sentido, en un artículo editorial de la revista médica Lancet preguntaban por qué sería erróneo administrar placebos si los medios terapéuticos esenciales modernos no consiguen mejores resultados que los placebos, en algunas patologías concretas.

La conclusión era que el objetivo principal de una facultad de medicina (y otras como la fisioterapia, psicología...) debería consistir en **formar médicos afectuosos, honestos y optimistas.** Que fueran intuitivos y sintieran amor y compasión por los seres humanos. Habría que examinar a los estudiantes de medicina sobre esos valores, y a los que no superaran el examen se les debería prohibir practicar la medicina.

Así pues, **el médico como placebo en sí mismo puede ser más efectivo que su tratamiento, y, además, carente de efectos secundarios nocivos.**

Dicho esto, he de decir que lo mismo sería aplicable a cualquier profesional que trate con personas y que busque una mejora en ellas, sea un maestro, profesor, educador, entrenador, nutricionista, asesor... Es decir, el objetivo de todo profesional, es buscar un efecto Placebo (o efecto Pigmalión) en la otra persona.

Se ha podido observar, que en el efecto placebo se activan las mismas regiones cerebrales que en el consumo de opiáceos y además se ha asociado a una liberación de endorfinas.

Es bien sabido que las heridas pueden causar o no dolor, dependiendo de si la persona considera la lesión "buena" o "mala". Según informes médicos, muchos soldados heridos en las batallas de la Segunda Guerra Mundial, cuando estaban en los hospitales, ni siquiera necesitaban analgésicos, pues se sentían a salvo y de vuelta a casa. Para ellos, estar heridos era lo mejor que les podía suceder, pues ya estaban lejos del campo de batalla.

Nuestros pensamientos y emociones tienen la capacidad de modificar sensaciones físicas como las de

dolor y pueden incluso alterar el funcionamiento del sistema endocrino e inmunitario.

Por otra parte, una herida de la misma gravedad sufrida en la vida civil a causa de un accidente puede causar un tremendo dolor y un gran trauma cuando se asocia a la pérdida de salud, movilidad y medios económicos. Esto indica que la interpretación que damos a una situación concreta determina el efecto que ésta tendrá en nuestras vidas. Es la diferencia entre el dolor y el sufrimiento que también vimos.

EFECTO NOCEBO

Las expectativas negativas en forma de miedo y ansiedad pueden producir el efecto nocebo. Hay datos que muestran que informar sobre las intervenciones dolorosas aumenta la intensidad del dolor percibido. Existe una delicada línea que separa la información adecuada de la excesiva.

Por ejemplo, cuando un médico da un diagnóstico de una enfermedad con un pronóstico desfavorable, está llenando de miedo e incertidumbre al paciente, haciendo que el efecto nocebo se apodere de él.

Igualmente ocurre cuando vemos información de epidemias, virus, gripes o alergias. En invierno, cuando proclaman que viene la ola de gripe y en los anuncios no paran de salir medicamentos para paliar los síntomas, muchas personas se ven contagiadas por este efecto nocebo (de miedo y preocupación). Y empiezan a manifestar, todos, eso que han visto en la televisión.

Por tanto, no podemos dejar que el efecto nocebo se apodere de nosotros, ni mucho menos de los más pequeños. Como venimos diciendo por activa y por pasiva a lo largo de este libro, hemos de ser sembradores de confianza y seguridad en los niñ@s. Y, conociendo el poder del efecto placebo, podemos utilizarlo a nuestro favor en diferentes situaciones, generando constantemente expectativas positivas, así como evitando el miedo y la inseguridad.

Una expectativa positiva ha de ser adecuada a la edad, nivel de desarrollo y características individuales del niño. Es decir, **es creer en el niño dentro de sus posibilidades.** Algunas pautas que, como padres o educadores, podemos tener en cuenta son:

- Conoce al niño, sus características y posibilidades. Y encuentra, de acuerdo con ello, el equilibrio en el nivel de exigencia. Diferencia entre expectativa realista y poco realista.
- Analiza las expectativas y creencias que tienes sobre ell@s, y sé consciente de cómo actúas guiado por las mismas.
- Préstales atención, aprende a creer en ell@s y a transmitirles esas expectativas positivas.
- Cambia sus "no puedo" o "no soy capaz", deja que se relajen y diles "sí puedes, yo te voy a ayudar".
- Refuerza sus logros a la mínima oportunidad.

- Ayúdales a cumplir sus expectativas, mostrándoles el camino. No se trata de hacerlo por ellos, pero sí de guiarles.
- Hazles saber que han de centrarse sólo en aquello que pueden controlar, pues esperar cosas que están fuera de su control es la antesala de una decepción.

EFECTO OBSERVADOR

En la física cuántica se ha descubierto el **efecto observador**, el cual nos dice lo siguiente: <u>cuando alguien observa la realidad, la modifica.</u> Y si observamos la realidad es porque le prestamos atención. Por lo que cabría preguntarnos... **¿A cuántas cosas en tu vida le prestas o no atención?** Quizá a tu salud, familia, economía, amigos, pareja... **"Donde va la atención, va la energía y en eso te conviertes",** Laín García Calvo.

Vivimos en la era de la información por exceso... Así que estamos en la obligación de **canalizar esa atención hacia lo verdaderamente importante.**

Pero veamos cómo se ha llegado a esas conclusiones. La física cuántica ha descubierto que:

- **Los átomos** (de lo que está formada toda la materia) se componen de protones, neutrones y electrones muy muy pequeños. Tanto, que la mayor parte del volumen de un átomo -**más del 99%- es en realidad espacio vacío**, lo que quiere decir que es ENERGÍA.

Es decir, todo lo físico no se compone sobre todo de materia, sino de campos energéticos o de patrones de frecuencia de información. La materia es más nada (energía) que algo (partícula).

- A nivel subatómico los elementos básicos del átomo no se rigen por las leyes de la física clásica. Los físicos cuánticos descubrieron que es la persona que está observando las infinitesimales partículas del átomo, la que afecta la conducta de la energía y la materia.

Cuando los lectores de la revista *TIME* le preguntaron a Neil DeGrasse Tyson (astrofísico, escritor y divulgador científico estadounidense) por el hecho más asombroso que conocía sobre el Universo, su respuesta fue la siguiente:

"Cuando miro al cielo y sé que, sí, somos parte de este Universo y estamos dentro de este Universo, sé que quizá más importante que esos dos hechos es saber que el Universo está en cada uno de nosotros. Y cuando reflexiono sobre ello, miro arriba, mucha gente se siente pequeña porque el Universo es gigantesco y nosotros somos diminutos, pero **yo me siento grande porque cada uno de mis átomos viene de esas estrellas.** Hay un grado de conectividad".

"Cambia tu forma de ver las cosas y cambiarán las cosas que ves"

Los experimentos cuánticos demostraron que una partícula no puede manifestarse en la realidad, es decir, en el espacio-tiempo, tal y como lo conocemos, hasta que no es observada. La física cuántica llama este fenómeno "colapso de la función de onda" o "efecto observador". O sea que, a nivel subatómico, la energía responde a tu atención y se convierte en materia. O lo que es lo mismo, toda materia ha sido antes energía y esa energía la podemos cambiar modificando los pensamientos (o lo que es lo mismo, la atención y la intención).

Por tanto, si tu mente puede influir en la aparición de un electrón para hacerse materia, en teoría también puede influir en la aparición de cualquier posibilidad.

Esta información es crucial para entender cómo puedes producir un efecto o hacer un cambio en tu vida. Cuando aprendes a usar tu atención y a vivir en el presente, cruzas la puerta que lleva al campo cuántico, donde habitan todas las posibilidades.

Aquí es donde radica la fuerza de las afirmaciones o declaraciones. Si dices, "tengo la intención de sentirme bien", entonces será lo que suceda.

¿Puedes aceptar la idea de que cuando cambias tu estado interior no necesitas que el mundo exterior te dé una razón para sentir alegría, gratitud, aprecio o cualquier otra emoción elevada?

Hay que constatar, que todos observamos y manifestamos la realidad según nuestro lenguaje, pues son las palabras las que nos sirven para etiquetar la realidad (sentimientos, emociones, acciones, colores...). Por tanto, es muy importante tener un vocabulario lo más extenso posible, pues podríamos afirmar que **nuestra realidad, es tan extensa como lo es nuestro vocabulario.**

En el momento en que tú cambies el lenguaje con el que describes la realidad, automáticamente estás cambiando la realidad misma. Así que, háblate bien a ti mismo, háblale bien a los demás (sobre todo a los más pequeños) y ten cuidado con lo que otras personas dicen de ti y con la información que dejas entrar en tu mente (el ambiente que te rodea).

Pongamos un ejemplo, ¿Cuántos blancos conoces? Probablemente la mayoría conozcan 3 o 4 tipos (blanco puro, blanco hueso, blanco marfil, blanco tiza...). Pero ¿cuántas tonalidades de blanco ven los esquimales? Ellos, que viven rodeados de nieve, reconocen más de 30 tipos de tonalidades del blanco, siendo una capacidad muy importante para ellos.

Este hecho se conoce como "sinaptogénesis", que es el aumento del número de conexiones entre neuronas o creación de sinapsis ante la estimulación. Igualmente, podemos observar que "el músico que se expone a la música percibe una realidad diferente. Por el hecho de practicarla y entenderla, puede detectar cambios muy sutiles en notas que pasan desapercibidos para la mayoría". Por tanto, **cada persona ve la realidad según es él y según las palabras con las que puede etiquetarla.**

Más adelante, veremos cómo puedes aumentar tu vocabulario en positivo para poder definir tu realidad de una forma mucho más rica y saludable.

Arrancábamos este capítulo hablando sobre el efecto Pigmalión, las creencias y expectativas. Y hemos ido profundizando en diferentes efectos que nos han mostrado el poder tan grande que tienen las palabras en nuestra vida. De ahí que sea fundamental trabajarlas desde pequeños y a lo largo de nuestras vidas.

Ser conscientes en todo momento de a qué le estamos prestando atención es clave a la hora de dirigir nuestras vidas. De ahí que procurar un entorno tranquilo y seguro cobre especial relevancia. Además de bloquear, en todo lo posible, la entrada de información negativa (*fake news*, cotilleos, violencia, catástrofes...).

Por esto, limitar mucho el consumo de televisión es una de las mejores decisiones que puede tomar cualquier persona. Y más aún los más pequeños. Puesto que las televisiones saben que el morbo y lo negativo vende mucho más que lo bueno y positivo, es a lo que dedican la mayoría de su programación. Y si lo vemos, ya sabemos que estaremos llevando nuestra atención (pensamientos y emociones) hacia eso, creando así nuestra realidad.

Espero que, llegados al final de esta primera parte, "Marco mental para crear salud", te encuentres en una posición muy distinta de la que estabas al comenzar el libro. Tengas una mentalidad mucho más fuerte, clara y definida, en beneficio de tu salud y la de aquellos que más quieres.

Vivimos en un mundo psicosomático en el que la mente afecta al cuerpo, siendo capaz de sanar y de crear enfermedades. Pero, por otro lado, está la parte de nuestro cuerpo físico-fisiológico que debemos entender para asegurar su mejor funcionamiento posible. A esto le prestaremos atención en la segunda parte del libro, "Conociendo la inflamación para poder controlarla".

La tercera parte, será llevar a la práctica, a través de tus hábitos, lo aprendido en las dos primeras, para construir una salud a prueba de enfermedades.

¡Vamos a ello!

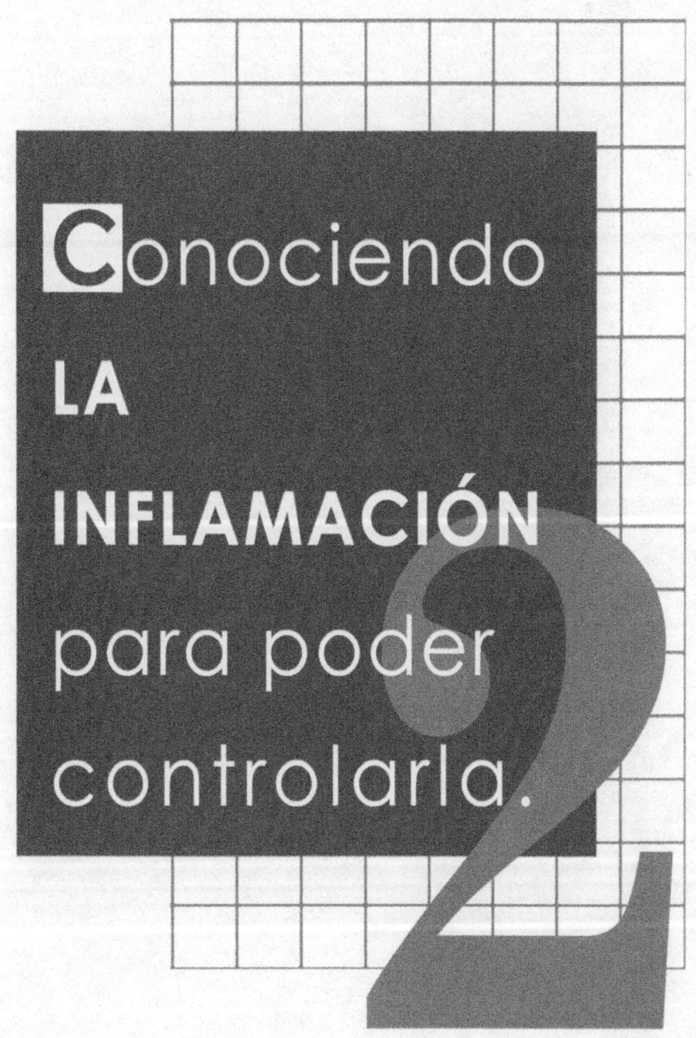
Conociendo
LA
INFLAMACIÓN
para poder
controlarla.
2

*"No es saludable
estar
bien adaptado
a una sociedad
profundamente
enferma"*

Jiddu krishnamurtí

2.1 ¿Qué es la inflamación? ¿Qué provoca la inflamación crónica?

Resulta curioso que, cuando compramos cualquier aparato, éste venga dotado de un manual de instrucciones. Pero, sin embargo, cuando nace un ser humano, la máquina más perfecta que habita la tierra, no haya rastro de tal manual. Hemos de ser conscientes que, si la maquinaria no funciona bien, entonces empezamos a perder salud. Y la libertad se pierde cuando se pierde la salud.

Lo llamativo es que, con los avances descomunales que se han producido en las últimas décadas a nivel tecnológico (sobre todo), no hayamos ido a la par con unos saberes sobre el engranaje CUERPO-ALMA-MENTE, que hagan mejorar la calidad de vida de la población general. Al menos estos conocimientos no llegan a todos, a la vista del estado de salud de la inmensa mayoría de la población, que vive en base a medicamentos ansiolíticos, antidepresivos, antihipertensivos, estatinas para el colesterol...

Muchas de las enfermedades crónicas que asolan a la población mundial tienen algo en común: la INFLAMACIÓN. El cáncer, alzhéimer, síndrome de fatiga crónica, fibromialgia, enfermedades autoinmunes, enfermedad cardiovascular (hipercolesterolemia, diabetes, hipertensión), gastritis, asma y alergias, dolores de cabeza y migrañas... Pero también todas las -itis (tendinitis, fascitis, sinusitis, artritis, apendicitis, gingivitis...). De ahí que este apartado vaya encaminado a tratar de entender cómo funciona este mecanismo, para cuando sea necesario controlarlo, y para cuando no lo sea, dejar que actúe y lleve su curso natural.

¿QUÉ ES LA INFLAMACIÓN?

Es un sistema de defensa mediante el cual tu organismo envía células defensoras del sistema inmunitario hacia un órgano o sistema para reparar, combatir o sanar el tejido dañado.

Cuando hablamos de inflamación, nos referimos a un proceso natural, fisiológico y plenamente necesario. Sin ella no podríamos defendernos.

Tenemos que distinguir entre dos tipos de inflamación:

- **Inflamación aguda**: esta es la que sin duda nos protege ante un traumatismo, picadura, entrenamiento muy intenso... Algo muy específico y de lo que hemos sido plenamente conscientes. Es la que cursa con hinchazón, fiebre, enrojecimiento, dolor... con el objetivo de reparar y aislar al agente dañino. Normalmente hemos de dejar su curso natural.

- **Inflamación crónica:** esta es la que te enferma sin que te des cuenta y la que tienes que evitar. En la mayoría de ocasiones está por debajo del umbral del dolor y puede ser la antesala de algo más grave (porque aquí no somos plenamente conscientes). Esta inflamación es producida por un agente estresor que ahora veremos.

Has de saber que, una vez que nuestro cuerpo ha cumplido la misión de defendernos, es totalmente necesario que el sistema inmune deje de estar activo y vuelva a su estado de calma, de forma que pueda atenuarse la inflamación. O lo que es lo mismo, que se activen los mecanismos antiinflamatorios.

Y he aquí el gran problema con que nos encontramos en la oleada de enfermedades crónicas que tiene por base la inflamación. El cuerpo no es capaz de desconectar ese mecanismo inflamatorio, sino que se encuentra en constante "defensa" sostenida en el tiempo, lo que lleva a más inflamación porque no permite al cuerpo descansar y así poder activar esos mecanismos antiinflamatorios.

Digamos que la clave es encontrar un equilibrio entre los agentes inflamatorios y los antiinflamatorios.

INFLAMACIÓN CRÓNICA = sobreexposición a agentes PROinflamatorios + poca exposición a agentes ANTIinflamatorios.

Ahora bien, es necesario que conozcas muy bien a esos agentes o **hábitos proinflamatorios** que pueden estar haciéndote daño para que puedas ponerle solución. Veámoslos:

1. **Pasar mucho tiempo sentado**: está claro que el sedentarismo y la falta de movimiento son malos para tu salud y no voy a enumerarte todos los perjuicios. Sino más bien, lo que quiero es que dejes este hábito cuanto antes.

- Programa alarmas para recordarte que tienes que moverte y levantarte. No pienses que el trabajo te cundirá menos, ya que será justo lo contrario.
- Invierte en un escritorio elevado para poder trabajar de pie. Y ve alternando entre una posición y otra.
- Mientras hablas por teléfono, conecta el manos libres y hazlo caminando.
- Programa "*breaks*" de movimiento a lo largo de tu día a día (profundizaremos en ello más adelante). El ejercicio físico, así como el movimiento, se ha vinculado a un descenso de la inflamación por múltiples factores.

2. **Exposición a tóxicos y contaminantes:** en la dosis está el veneno. Está claro que los tenemos por todos lados (en el aire, agua, en los alimentos, en los detergentes, suavizantes, ...), pero no hay que volverse un paranoico al respecto sino más bien cuidar la exposición a ellos y favorecer a nuestros

órganos depurativos para que sean máquinas eficientes de eliminación.

3. **Alimentos proinflamatorios:** el azúcar, el alcohol, los colorantes, los embutidos, las harinas refinadas, los ultraprocesados, las grasas hidrogenadas... todos ellos actúan perpetuando la inflamación.

Ahora bien, en nutrición, lo que beneficia o perjudica a tu salud no es forzosamente lo mismo que beneficia o perjudica la salud de otros. El alimento que sirve de medicina a una persona, puede ser un veneno para otra, debida a las intolerancias, alergias o sensibilidades alimenticias, que pueden provocar auténticos estragos en tu inflamación.

De ahí que sea muy difícil dar pautas totalmente concretas, para lo cual hay que acudir siempre a un profesional. Pero en cualquier caso lo más importante es tener claro unas pautas sobre qué es una alimentación saludable (las cuales veremos más adelante). Y luego ya entraremos en las individualidades. Pero antes, vienen las bases. Y este libro va de eso.

4. **Déficits nutricionales:** si cada vez la población come más, hay más sobrepeso y obesidad, ¿qué nos está pasando cuando aproximadamente el 88% de la población tiene déficit de vitamina D y magnesio? Un cuerpo con déficit siempre es un cuerpo inflamado.

Los déficits nutricionales serían el resultado de:

- Alimentos menos nutritivos: suelos más pobres, crecimiento acelerado de animales, alimentos refinados y procesados por la industria.
- Malabsorción de nutrientes: sistemas digestivos menos eficientes y microbiotas desequilibradas.
- Estrés e inflamación crónica: lo que provoca un aumento del consumo y la demanda de nutrientes.

5. **Abuso de fármacos:** como por ejemplo los antiácidos, ansiolíticos, hipnóticos, antiinflamatorios o antibióticos, que llevan a un debilitamiento de la microbiota o flora intestinal. Lo cual es un factor clave para controlar la inflamación, ya que en ella se encuentra el 70% de tu sistema inmunológico. Y, por tanto, esta puede intervenir positiva o negativamente en la regulación de dicha inflamación.

6. **El estrés crónico de la vida moderna:** gran parte del estrés y de las causas de sufrimiento del ser humano está en querer controlar lo incontrolable (el futuro o el resto de seres humanos).

Vivir en el control, en la lucha, en la no aceptación del presente nos hace estar profundamente desconectados y desnutridos a nivel personal y espiritual. Aparte de provocar un aumento de los neurotransmisores y las hormonas asociadas al estrés (adrenalina, cortisol, histamina, insulina), las cuales tienen un efecto directo en el sistema inmunológico y afectan a la salud de nuestra microbiota (provocando inflamación).

7. **Exceso de grasa corporal y déficit de músculo**: se ha visto que el tejido adiposo es un tejido metabólica e inmunológicamente activo, capaz de secretar adipoquinas, un tipo de proteína que envía mensajes al sistema inmunológico para multiplicar la inflamación.

La buena noticia es que la masa magra o muscular produce sustancias antiinflamatorias que nos ayudan a reducirla. Así que, incluso si tienes cierto exceso de grasa, contar con una buena masa muscular actuará a tu favor y reducirá el riesgo de inflamación.

8. **La negatividad:** ¿sabías que tienes alrededor de sesenta mil pensamientos cada día? Y que según un estudio de la Universidad de Stanford nada menos que el 90% de esos pensamientos son repetitivos. Y en el caso de muchas personas, estos no son solo repetitivos sino en gran medida negativos.

Así que piénsalo, los pensamientos negativos alimentan tu estrés, y eso es perjudicial para tu salud en general. Por tanto, podemos afirmar que la negatividad es inflamatoria, pues provoca la liberación de hormonas del estrés como el cortisol.

Pero la negatividad y la positividad son solo un hábito, de manera que tratar de deshacerte de uno de ellos e invitar al otro a tu vida. No se trata de ser un iluso optimista.

Más bien se trata de ser realista, pero eso no significa ser negativo. He aquí unos consejos:

- **Limita las noticias y la infoxicación en tu mente.** Recuerda que las noticias negativas venden más y por eso son las que escucharás y verás constantemente en los informativos.
- **Empieza a ser consciente de tus pensamientos.** Y cuando sean negativos, pregúntate, ¿es esto cierto?
- **Ríete más**: el humor puede ser una buena manera de desactivar la negatividad, así que busca oportunidades para reírte más y ten la voluntad de hacerlo.
- **Rodéate de gente positiva:** somos la media de las 5 personas con las que más tiempo pasamos, ya que vamos adoptando (de modo consciente o inconsciente) muchos de sus comportamientos. Así que ten esto presente para rodearte de gente positiva.

9. **Aislamiento social y adicción a las redes:** las redes sociales provocan alteraciones importantes en los sistemas de dopamina y cortisol en el organismo y esto puede afectar gravemente a tu salud.

Las redes nos mantienen en un estado de constante interrupción (alerta, estrés) ya que continuamente dejamos lo que estábamos haciendo para revisar las notificaciones. Esto nos impide participar plenamente en una actividad, provocando que cualquier relación personal sea menos empática, pudiendo llegar a deteriorarlas.

¿Cómo dejar este hábito? Hay varias tendencias populares para ayudar a la gente a dejar las redes sociales, o al menos a tomarse un descanso, que consiste en desafiarse en pasar una cantidad de tiempo (una semana, un mes, incluso un día), sin medios de comunicación social.

Al principio, quienes aceptan este desafío cuentan que se sienten perdidos, pero pronto comienzan a recuperar sus vidas y sus habilidades sociales. No se trata de demonizar las redes, sino de hacer un buen uso y, sobre todo, restringir el tiempo que pasamos en ellas y el estado de alerta constante que supone tener las notificaciones activadas.

10. **Trastornos del biorritmo y alteraciones del sueño:** ya hemos hablado de lo dañino que pueden ser las guardias de 24 horas de los sanitarios. Pero, lamentablemente, muchas personas se ven obligadas a romper sus ciclos de sueño debido a trabajar en turnos de 8 horas, haciendo mañanas, tardes o noches según la semana. O se ven privadas de la luz solar al trabajar en oficinas interiores, expuestas a luz artificial durante toda la jornada laboral.

La alteración del biorritmo por estas causas alimentaría el círculo vicioso de estrés e inflamación, y actuaría como un factor que contribuye a un estado de inflamación crónica.

Debido a la importancia del sueño, profundizaremos mucho más en un próximo capítulo.

Como habrás podido comprobar, es un hecho que casi todo lo que haces mejora o empeora tu salud, y en muchos casos, eso significa que *todo* lo que haces aumenta o disminuye la inflamación.

2.2 Capacidad de adaptación. Homeostasis y Alostasis.

Seguimos profundizando en la inflamación y, en este apartado, vamos a ver conceptos que nos ayuden a entender cómo se generan las diferencias individuales entre las personas con respecto a la inflamación, ¿Por qué unas personas afirman vivir permanentemente inflamadas mientras que otras no?

¿QUÉ ES LA CAPACIDAD DE ADAPTACIÓN?

La Asociación Americana de Psicología (APA) define este concepto de manera muy sencilla: **es la capacidad de dar respuestas apropiadas a situaciones cambiantes.** Esto requiere, por encima de todo, ser capaces de variar nuestros comportamientos, pensamientos y emociones.

Adaptación es movimiento, es cambio y, sobre todo, flexibilidad. Pero, hoy en día, en la sociedad tan hiperestimulada que hemos creado, nos estamos adaptando (o eso intenta nuestro cuerpo y nuestra mente, la mayoría de ocasiones de forma desesperada) a estímulos cada vez más intensos y frecuentes. Véase por ejemplo tiktok, la red social de vídeos cortos donde el usuario quiere ver un vídeo tras otro y a cada cual con más intensidad (por movimiento, acción, luminosidad...).

Igualmente ocurre con la comida rápida, esa que llamamos hiperpalatable, porque produce una explosión de sabor y olor fruto de la mezcla cuidada de sal, grasas y azúcares para estimular al máximo el paladar de los consumidores.

El ser humano ha ido evolucionando, poco a poco, a lo largo de millones de años, gracias a esta capacidad. Pero toda adaptación a los cambios requiere su tiempo. Y esto es precisamente lo que nos estamos saltando: EL TIEMPO NECESARIO PARA QUE NUESTRO CUERPO SE ADAPTE. Y el ser humano enferma, cuando algo se desajusta.

No obstante, **hay un hecho indiscutible: la vida es cambio**. Como dijo Heráclito una vez, nadie toca el mismo río dos veces, porque no es el mismo río y no es la misma persona. Saber adaptarnos a ese flujo constante es clave para la salud y bienestar. Esto explica por qué en los últimos años el campo de la psicología se ha centrado con especial interés en esta área: la de la adaptación humana.

"Lo único constante en la naturaleza es el cambio".
Heráclito de Éfeso.

El ritmo de vida frenético nos está llevando por el camino de querer todo rápido. Y si no lo consigo así de rápido, entonces ya no me compensa. Profundizaremos más adelante sobre el exceso de dopamina y cortisol.

Por ahora, y llegados a este punto, quiero que conozcáis **"EL CUENTO DE LA RANITA"**, o por qué la **capacidad de adaptación** del ser humano puede ser un arma de doble filo: **muy buena en muchas ocasiones** (como cuando mejoramos nuestra forma física a base de entrenar o vemos crecer nuestros músculos), pero también **muy mala en otras** (y es justo lo que debemos evitar).

Nadie puede dejar que las malas relaciones, el sedentarismo o la enfermedad, le dejen de doler. NUNCA debes acostumbrarte a eso. Al contrario, debes dejar de tolerarlo en tu vida INMEDIATAMENTE.

Pero, a veces, no es nada fácil, porque nuestro cuerpo tiende al equilibrio. Y llega un punto en que las cosas no nos parecen tan malas, precisamente porque nos hemos acostumbrado a ellas. Cuando, si nos lo hubieran dicho mucho antes, no lo hubiéramos tolerado jamás. Pero lo malo es que nos hemos habituado poco a poco. Y así parece que deja de doler.

En una relación de pareja, vemos casos en que la mujer (a veces también el hombre) aguanta según qué comportamientos de su marido (voces, insultos, control del teléfono...) porque se ha ido acostumbrando poco a poco a ello. Y, desgraciadamente, ya conocemos cómo terminan muchos casos, por no haber parado la situación mucho antes.

Igualmente, en toda persona que empieza a consumir cualquier tipo de drogas (alcohol, tabaco, heroína...), al principio la tolerancia es baja y esa persona puede pensar que tiene todo bajo control. Pero pasan los meses y el cuerpo cada vez se va adaptando a tolerar más y más de esa droga... Hasta que llega un punto en que no puede parar y ha perdido su libertad en el camino.

Exactamente lo mismo pasa con los dulces, los alimentos procesados, el consumo de sal, café, bebidas de cola... Es preciso actuar siempre con moderación y mucho control mental para que no se vaya de las manos, pues **llegados a un punto, ya no podremos parar.**

Esto es lo que trata de transmitir "**el cuento de la ranita**": érase una vez una ranita que estaba plácidamente en su estanque a una temperatura del agua muy agradable, hasta que, en un momento dado, se le empezó a subir la temperatura del agua de forma casi imperceptible, según pasaban los días. Llegados a cierto punto, el agua estaba tan caliente y la rana se había acostumbrado tanto, que perdió la capacidad de tomar acción para salirse del agua y no morir achicharrada por tanto calor.

Espero que haya sido muy gráfico y esclarecedor para entender la **importancia de tomar consciencia de todo cuanto hacemos.** Y tener en cuenta este fenómeno de la capacidad de adaptación para moverte en el camino que deseas. Porque, si tu objetivo es una vida cómoda, de adaptación "a lo que venga", entonces tendrás una vida muy incómoda. Pero si tu objetivo es ponerte incómodo de vez en cuando (recuerda "estar cómodo estando incómodo"), entonces tendrás una vida muy cómoda.

Es cuestión de quererse, de amarse lo suficiente para no contentarse con poco, aunque el precio a pagar tenga que ser más alto.

Tratar de comprender cómo se desarrollará la capacidad de adaptación biológica, en un deportista, es la piedra filosofal del entrenamiento deportivo. Pues no es solo comprender todos los cambios a nivel molecular y celular, sino también a nivel de comportamiento, pensamiento y emoción del individuo.

Pero esto es aplicable al resto de mortales y en todos los ámbitos de nuestra vida. Los niños se adaptan al colegio, a los compañeros, a sus profesores... Los mayores se adaptan a la vida en familia, a los cambios en el trabajo, una mudanza, un nuevo destino para vivir, una ruptura con la pareja...

Los que mejor sepan gestionar todo esto y adaptarse (dando respuestas apropiadas a esas situaciones cambiantes), **serán los que prosperen y puedan mantener niveles óptimos de salud y bienestar.**

¿Qué es lo que preferimos como sociedad? ¿Formar ingenieros, médicos, arquitectos... que sufran de estrés, ansiedad, hipertensión u otras patologías?, ¿o realmente formar personas sanas, íntegras, con capacidad de adaptación, pensamiento crítico, buena autoestima, autoconcepto, con confianza, seguridad... y que también puedan conseguir la excelencia en su vida laboral?, ¿no será mejor lo segundo, y que la persona con todas esas herramientas, sea capaz de lograr lo que verdaderamente quiera? Porque, entre otras muchas cosas, no tendrá limitaciones, que siempre vienen impuestas cuando no hay buena salud.

Ahora cabría preguntarnos, ¿y no podemos conseguir todo eso en el actual sistema educativo? Lamentablemente, estamos viendo que no. Cada día hay más y más personas con cuadros de depresión, ansiedad, síndrome metabólico... Pero lo más preocupante es que estas personas son cada vez más jóvenes y, hoy día, hay un número preocupante de adolescentes que necesita tomar benzodiacepinas, ansiolíticos... Y otros fármacos del estilo para tratar sus problemas de estrés, ansiedad o depresión.

No pretendo ser catastrofista, sino todo lo contrario. Solo estoy dando razones de peso para introducir cambios en el currículum y que se justifiquen unos nuevos contenidos que ayuden a mejorar la salud de la población.

Para conservar algo hay que cuidarlo, mimarlo, estar pendiente de ello... ¿por qué no se promueve mucho más la salud desde el ámbito educativo, si es lo más importante? Habría que dedicar muchas más horas a fomentar hábitos saludables (de alimentación, de ejercicio físico, de descanso adecuado, de contacto con la naturaleza, de conexión social...). Pero claro, desde las instituciones siempre podrán decir que no hay tiempo, que el currículum está muy sobrecargado y que hay mucho contenido que impartir de las diferentes materias (cuando la mayoría de maestros coinciden en que sobra la mitad).

Además, habrá muchos padres y madres que no estén dispuestos a que sus hijos/as dejen de aprender a dividir, hacer ecuaciones... por realizar actividades que les ayuden a mejorar su salud. Muchos padres tienen en mente la idea de "mi hijo/a será médico, arquitecto, ingeniero..." y entonces, "¿cómo voy a permitir que mi hijo no aprenda tal o cual cosa en el momento de su desarrollo en el que tradicionalmente se ha enseñado este conocimiento?

He aquí un gran problema para la implantación de nuevos conocimientos en el currículum y que, por tanto, otros se tengan que dejar más de lado: **la CREENCIA arraigada y ¡LIMITANTE!,** tanto por parte del sistema educativo, como por muchos padres, **de que lo más importante son los conocimientos tradicionales que hemos ido aprendiendo de generación en generación.** Pero, para cambiar y solucionar esta creencia, basta con mirar sistemas educativos de otros países como Singapur, Finlandia o Canadá, que tienen mucho más éxito que España en los rankings que evalúan la calidad de la educación y el éxito futuro de los estudiantes.

El caso de Finlandia es muy llamativo, pero antes tuvo, inevitablemente, que invertir de forma masiva en educación. Y, una de las claves fue: tener excelentes profesores. En Finlandia, los maestros y profesores gozan de gran respeto en la sociedad pues, entre otras cosas, convertirse en un maestro es un proceso extremadamente riguroso y prestigioso. ¿Sabías que los profesores, tanto en primaria como secundaria, deben tener nivel de maestría? Muchos tienen doctorado.

Además, este país es reconocido también por su famoso **Proyecto Karelia.** Consistió en una de las mayores intervenciones comunitarias de salud pública jamás realizada. Iniciado en los años 70, logró reducir la alarmante mortalidad de Karelia del Norte, el área del país con más bajo estatus socioeconómico y la mayor incidencia de la enfermedad: un millar de ataques cardiacos anuales en una región de solo 180.000 personas.

Tras el período inicial de 5 años, el proyecto se extendió y sus hallazgos se difundieron por todo el país con el fin de promover la prevención por toda Finlandia. Y luego, ha sido motivo de estudio y referencia para otros muchos países. Siendo la base de este proyecto la modificación de hábitos alimenticios y de estilo de vida, como ejes vertebradores en la enseñanza, e implantados desde la escuela primaria hasta las personas mayores.

Además, los estudiantes tienen un horario escolar corto y el resto del día realizan actividades extraescolares. De esta forma, tienen tiempo suficiente para desarrollar sus intereses personales. Y consiguen adaptarse mejor al medio. ¡He aquí una de las claves!

HOMEOSTASIS Y ALOSTASIS

Podemos decir que la buena salud es una cuestión de equilibrio, o en términos de fisiología humana, de homeostasis. La homeostasis es "la tendencia hacia un equilibrio relativamente estable entre dos elementos interdependientes". O bien "la estabilidad a través de la constancia". Pero ¿qué significa esto con respecto a nuestra vida? Debe coexistir un equilibrio entre las diferentes áreas o ámbitos: FÍSICO, MENTAL, EMOCIONAL, HORMONAL, ESPIRITUAL. Y además estas áreas son interdependientes, puesto que todas se relacionan e influyen entre sí.

Sin embargo, dado que como hemos visto el ambiente en que vivimos es dinámico, solo un organismo que sea capaz de cambiar puede adaptarse a un entorno variable. Por tanto, la constancia absoluta no puede ser necesaria para la vida.

Si bien algunos parámetros han de mantenerse estables en nuestro organismo (como el PH, la temperatura o la presencia de oxígeno en el cerebro), la gran mayoría de parámetros fisiológicos (como la frecuencia cardíaca, la presión arterial o la glucosa plasmática) varían todo el tiempo sus concentraciones para adaptarse al medio.

Aquí es donde entra en juego el modelo alostático. **Alostasis significa "estabilidad a través del cambio"** y hace referencia a un proceso donde partes del organismo cambian para que su estabilidad final no se vea afectada.

Así, homeostasis y alostasis no son conceptos contradictorios, y ambos se dan a la vez en el organismo. La homeostasis es el mantenimiento de unos parámetros que son necesarios para la vida, y la alostasis el cambio adaptativo a las circunstancias externas para amortiguar el efecto que estas tengan en los parámetros que hemos de mantener estables.

El equilibrio es algo mágico en el Universo, en la Naturaleza... Todo funciona con una sincronía absoluta para que sea posible la vida en la tierra: el día y la noche, las estaciones del año, el frío y calor... Pero a veces padecemos desequilibrios en forma de tornados, huracanes, sequías... El modelo homeostático apunta a la enfermedad como un error o fallo fisiológico, que impide que el organismo funcione correctamente.

El modelo alostático o integrativo, por su parte, no ve la enfermedad como un fallo orgánico sino como un proceso. Hasta llegar al fallo orgánico (que sería la última parte del proceso), cada paso que da el organismo es adaptativo y tiene sentido. El problema radica en la suma de estas adaptaciones en direcciones incorrectas.

Ya lo decía Hipócrates: "Las enfermedades no nos llegan de la noche a la mañana. Se desarrollan a partir de **pequeños pecados diarios contra la Naturaleza.** Cuando se hayan acumulado suficientes pecados, las enfermedades aparecerán de repente".

Y lo harán por **haber roto la homeostasis durante más tiempo del tolerable por el sistema.** Por tanto, debemos ayudar al cuerpo a restaurar la homeostasis, con independencia de las adaptaciones que el cuerpo esté haciendo para mitigar el daño o error.

Por ejemplo, el caso de la hipertensión es producida por sucesivas adaptaciones a un estrés crónico sostenido. Cada paso que da el cuerpo en ese camino de adaptación tiene sentido, de forma aislada. Pero si lo miramos en conjunto diremos que se ha producido un fallo o error del sistema.

En la mayoría de ocasiones, ante estas respuestas de adaptación, la solución pasa, indiscutiblemente, por conectarnos con la Naturaleza, en lugar de alejarnos de ella como hemos hecho como sociedad. Empujados, además, por buena parte de la medicina moderna, que se empeña en tratar solo los síntomas de las enfermedades (principalmente con farmacoterapia) sin ir a las verdaderas causas.

Como dicen Carlos y Ricardo STRO "**ante la duda, enchúfate a la Naturaleza".** Que conste que no hablo de dejar de lado los avances de la medicina en ciertos casos concretos. Pero la gran mayoría de problemas de las sociedades occidentales (depresiones, ansiedad, enfermedades de la abundancia...) están causadas por desconectarse de la naturaleza y estar hiperconectados a la tecnología, romper los ritmos circadianos normales de luz (día, actividad, comida) y oscuridad (noche, descanso, sueño), comer comida no natural... Y la Naturaleza no es más que el sistema operativo bajo el que debe funcionar el Ser Humano. Sobre este hecho, un apunte para las escuelas (y para la gran mayoría de hogares): más clases fuera del aula, donde a los niñ@s les de la luz natural y el aire fresco, así como más actividades en familia donde todos estén al aire libre (parque, paseos por la naturaleza, deporte al aire libre...).

Habrá latitudes o épocas del año donde esto no sea posible, pero habría que intentar por todos los medios salir más del aula, excursiones, paseos donde se expliquen conceptos de ciencias naturales, geografía, historia, monumentos... Más clases en el patio... No olvidemos los efectos de la helioterapia (beneficios del sol para la salud, como es su efecto relajante, mejora del estado de ánimo, fortalecimiento de los huesos, músculos, el sistema inmunológico...).

Así como tenemos que equilibrar nuestra alimentación, horas de sueño, ejercicio físico, relaciones personales, trabajo, familia, emociones... Apostando por la flexibilidad y la coherencia. Es decir, que es posible comer comida basura de vez en cuando, saltarse el gimnasio para ver alguna serie y trasnochar más de la cuenta, o tomarse un par de copas ocasionalmente... ¿Por qué? Porque la buena salud es cuestión de equilibrio.

2.3 Sistema Inmunológico. Inflamación. Eje intestino-cerebro.

Inflamación y sistema inmune van cogidos de la mano, pues este sistema, además de defendernos, tiene por función principal mantenernos desinflamados. Y ya hemos visto la relación existente entre inflamación y enfermedad.

En la Educación Primaria en España, se estudian la mayoría de sistemas o aparatos del cuerpo humano: circulatorio, respiratorio, nervioso, locomotor, digestivo, excretor, reproductor... Pero... ¿DÓNDE ESTÁ EL SISTEMA INMUNITARIO? No es, cuanto menos paradójico, que el principal sistema responsable de mantener la salud en nuestro cuerpo sea al que menos importancia se le preste, tanto en la Educación Primaria como en Secundaria.

No creo que se trate de un problema de complejidad, porque, sin lugar a dudas, se podría enseñar de forma didáctica y atendiendo a los aspectos más relevantes para que los niños/as aprendan su funcionamiento básico y cómo cuidar de este sistema. Cuando yo era pequeño crecí viendo la serie "Érase una vez la vida" y ahí se explicaba de forma magistral el sistema inmunológico haciendo entendible para los más pequeños. Esta serie se puede buscar y ver hoy día así que si tienes niños pequeños te recomiendo que la veas con ellos porque les encantará.

¿Qué es el sistema inmunitario? Es el sistema de defensa del cuerpo contra las infecciones. Este sistema, ataca a los gérmenes invasores y nos ayuda a mantenernos sanos. Existen unas barreras en nuestro organismo, que constituyen la primera línea de defensa del cuerpo humano. Que nuestra piel, intestino, boca, ojos...estén sanos y con una microbiota (conjunto de microorganismos que viven en nuestro interior, principalmente en el intestino, pero también en genitales, piel...) en equilibrio, es importante para que el sistema inmunitario funcione correctamente.

Somos únicos, nadie tiene la misma microbiota que otra persona. Y es ya universalmente aceptado que, **para gozar de un buen estado de salud, es imprescindible tener una microbiota sana.** Y he aquí otra de las claves por las que dos personas que, aparentemente llevan el mismo estilo de vida, una puede enfermar a menudo y la otra no hacerlo nunca. Precisamente por la diferencia que presentan en estos microorganismos, que se ven influenciados por:

- El tipo de alimentación.
- El género: si eres hombre o mujer.
- Si has nacido por parto natural o por cesárea. Y si has tomado leche materna o no.
- La genética.

- El entorno (si vives en ambientes más o menos contaminados).
- Si has tomado más o menos medicamentos, entre ellos antibióticos, que debilitan mucho la diversidad de bacterias.
- El ejercicio físico que practiques.
- Las relaciones sociales que disfrutes en tu vida.

Podemos decir que, la microbiota, es un espejo que refleja cómo es nuestro estilo de vida. Y, como tal, se lo comunica al sistema endocrino, al sistema inmune y al sistema nervioso

En el intestino está el inicio de más de un 90% de toda inflamación (de la que no es aguda) y, por tanto, la raíz de muchísimas enfermedades. La buena noticia es que en el intestino está también la solución.

Se ha comprobado que existe una relación bidireccional entre el intestino (a través de estas bacterias) y el cerebro, en lo que se conoce como EJE INTESTINO-CEREBRO. Y se sabe que esta relación es bidireccional, es decir, que ambos se influencian. Por tanto, dependiendo de cómo se encuentren nuestras bacterias, se verán también influidos:

- Los procesos de aprendizaje.
- El estado de ánimo, cómo me encuentro, el humor que tengo.
- La energía que dispongo.
- La capacidad de atención.

- **Cómo me relaciono con los demás...**

Creo que ha quedado suficientemente claro la importancia de cuidar la microbiota, que es una parte fundamental del sistema inmunológico. Pero también debemos cuidar nuestra piel, ojos, boca, oídos... pues son las primeras barreras de defensa que tenemos. Ahora bien, **¿qué es lo que más influencia tiene en el cuidado del sistema inmunológico?**

- Una buena **alimentación**, así como una buena salud bucal.
- La práctica regular de **ejercicio físico.**
- Unas buenas prácticas higiénicas, de cuidado de ojos, oídos, piel... pero sin caer en la asepsia absoluta.
- Un correcto **patrón respiratorio.**
- **Contacto con la naturaleza**, lo que implica contacto con plantas, animales, sol, agua...
- Buena **higiene de sueño** (respetar en lo posible los ritmos circadianos de luz y oscuridad, respetar unos horarios estables...).
- **Conexión social**: el ser humano necesita de contacto con sus iguales (pero lamentablemente el mundo actual nos lleva cada vez más al contacto "*online*").
- **Desconexión digital**: pasar demasiadas horas pegado a las pantallas nos acerca a la enfermedad, porque nos está privando de todos los demás factores que nos benefician.

- Niveles de **contaminación:** a mayor nivel de contaminación, peor estará el sistema inmunitario.
- Niveles de **estrés:** a mayor nivel de estrés, menor y peor calidad de las bacterias intestinales.

Profundizaremos en todo esto a lo largo de los próximos capítulos.

Pero, como decía Hipócrates (conocido como el padre de la medicina) hace unos 2400 años, y sigue estando de pleno vigor "antes de curar a alguien, pregúntele si está dispuesto a renunciar a las cosas que le enfermaron".

Cuando somos pequeños, en casa y en la escuela principalmente, es donde adquirimos la mayoría de hábitos que vamos a llevar de la mano según vayamos creciendo. Por lo que trabajar en los hábitos, como veremos, será fundamental.

SIMBIOSIS INTESTINAL: MICROBIOTA EN EQUILIBRIO

Se estima que en nuestro cuerpo conviven 39 trillones de microbios, la mayoría bacterias que conforman la microbiota y habitan en el intestino. Por lo que puedes hacerte una idea de la importancia que tiene que nos llevemos bien con ellas y apoyemos su variedad y calidad, poniendo cuidado en los hábitos que hemos descrito más arriba.

El ser humano ha vivido siempre en simbiosis con su microbiota. Eso quiere decir que ambos organismos (microbiota y humano), al unirse, salen beneficiados.

Una de las principales barreras de nuestro intestino, su barrera y la microbiota, es permitir la absorción de nutrientes. Nosotros entregamos a las bacterias un hogar donde hospedarse, reproducirse y evolucionar. Y ellas, en un estado de equilibrio (eubiosis) o de cooperación (simbiosis), favorecen la buena salud de nuestro intestino y su barrera, por la cual absorbemos nutrientes.

También las propias bacterias participan en la producción de ciertas vitaminas (B12, A, D, E y K), y minerales como el hierro y zinc. ¿No te parece sospechoso que con frecuencia tengamos un déficit de estas mismas vitaminas y minerales? Esto ocurre por las múltiples alteraciones que presentamos en nuestra microbiota y en nuestra salud intestinal.

Además, existen bacterias capaces de producir metabolitos y, uno de los más importantes es la producción de ácidos grasos de cadena corta (AGCC), con potencial antiinflamatorio.

DISBIOSIS INTESTINAL: DESEQUILIBRIO DE LA MICROBIOTA

El estado de disbiosis intestinal surge o bien cuando hay un crecimiento anómalo de microorganismos potencialmente patógenos u oportunistas. O bien cuando existe una disminución de las cepas o especies microbianas de defensa y protección. O bien, lo más común, cuando hay un aumento de las primeras y una disminución de las segundas.

En la mayor parte de los casos de disbiosis intestinal, a veces se pone mucha atención en buscar el culpable (la bacteria, el parásito o el hongo), pero se deja de lado el reparar el sistema inmunitario y reforzar los mecanismos de defensa y protección (con una buena higiene de sueño, una buena respiración, ejercicio físico, control del estrés...).

Siempre vamos a priorizar la prevención, así que lo mejor es trabajar en fortalecer nuestras propias bacterias buenas, de modo que seamos más eficientes en esa búsqueda del equilibrio o eubiosis. **Hay que sembrar la flora "buena".**

Y para ello, el contacto con la naturaleza es clave. El ser humano necesita tener contacto con la naturaleza todos los días (y esto es harto complicado con el estilo de vida de la mayoría de las personas en una gran ciudad).

Se han estudiado los beneficios de los "baños de bosque" que no es otra cosa que pasar tiempo rodeado de naturaleza (plantas, árboles, corrientes de agua, animales...). En un bosque se respiran sustancias inmunorreguladoras secretadas por las plantas (las llamadas fitoncidas), las cuales regulan la producción de citoquinas antiinflamatorias, mejoran el estrés oxidativo, pueden inducir fenómenos de autofagia...

Piensa ahora en un bosque, quizá en un arroyo o un lago, respirando aire fresco, los aromas a pino... Escucha ¿qué se oye? El canto de unos pájaros, el zumbido de algún insecto, el viento en las copas de los árboles, el murmullo del arroyo... Todos ellos son sonidos calmantes.

Lo que no debería haber en un bosque es ruido, precisamente otro factor perjudicial para el sistema inmunitario, pues lo altera.

Un dato más a tener en cuenta: **la vitamina D es clave** para el buen funcionamiento de este sistema y para el control de la inflamación. Y **sabemos que el 88% de la población actual tiene déficit de esta vitamina.**

Así que sospecha si puede ser tu caso y obtén el mayor aporte que puedas de la exposición al sol, porque ya hemos visto que este sistema es clave no solo para defenderte, sino también para mantener la inflamación a raya, así como para modular tu estado de ánimo, tener niveles óptimos de energía, o mejorar tus procesos de aprendizaje al conseguir más foco y concentración.

Un último apunte, ten en cuenta que nos alimentamos más del aire, el agua y la luz que de la comida. Podemos vivir sin comer por más de 40 días, sin beber más de cinco días, pero no viviremos más de unos pocos minutos sin respirar. Así que vete preparando para poner más atención en ello.

Y como decía Hipócrates, pregúntate si estás dispuesto a renunciar a las cosas que te enfermaron. Pon tu esfuerzo y tu intención en ello. Toma la decisión mental y dite: "me voy a cuidar. Y voy a prestar atención a todos los factores que me acercan a la salud y me alejan de la enfermedad".

Y esto, a cuanta más temprana edad empiecen los niños/as a tomar conciencia, más repercusión tendrá en su salud. Y, sobre todo, estudiarlo y entenderlo en el seno de la comunidad educativa forjará unas bases muy sólidas, unos cimientos fuertes. Puesto que, sabemos, en el seno de una comunidad social es más fácil adoptar cualquier hábito, en este caso saludables.

2.4 Alimentación e hidratación.

Ahondamos en un capítulo muy importante para controlar o no tu inflamación, y con ello la repercusión que tendrá sobre tu estado de salud físico, mental y emocional. Se trata de la forma de alimentarte e hidratarte que, como veremos, tiene mucho que ver con lo que has visto e interiorizado desde que eras pequeño y continúas haciendo ahora de mayor.

Porque comer ha dejado de ser solo una necesidad fisiológica del ser humano, para convertirse en un acto que la mayoría de las personas llevan a cabo porque "es la hora" o porque "hay que celebrar y, por tanto, hay que comer", desvirtuando la sensación real de hambre y saciedad que son las que deberían gobernar esta acción.

No voy a ofrecerte aquí una dieta ideal según tus necesidades, gustos, horarios y demás. Porque, para eso, debes acudir a un profesional que te la haga estudiando tu caso particular. Pero lo que sí haré será dotarte de muchas herramientas y tips, atemporales y que valen para todo el mundo, de forma que puedas mejorar tanto tus elecciones alimenticias como tu relación con la comida.

Está claro que todos queremos mantenernos delgados porque entendemos que, más allá del aspecto estético, es más saludable. Al estar en un peso óptimo, me siento más ligero, flexible, enérgico, mejorará mi calidad de sueño, probablemente si roncaba dejaré de hacerlo, etc.

A veces vienen a la consulta porque quieren adelgazar, pero yo sé que lo que necesitan primero es mejorar su autoestima, o es dormir mejor... Y esto va a determinar sin duda las elecciones alimenticias que están adoptando, así como el que tengan éxito en adelgazar. Por tanto, debes ser consciente que la mente juega aquí un papel fundamental (por eso hay una parte entera creando el marco mental óptimo), así como tu entorno, educación, valores, etc.

Ahora sí, coge papel y boli y ve anotando todos los tips.

PESO ÓPTIMO.

Esto es lo que buscan la mayoría de personas, un peso que les haga sentirse bien. Y para ello, se suelen basar en el Índice de Masa Corporal (IMC), entre otras cosas porque muchas básculas electrónicas te hacen el cálculo, ya que se basa en una fórmula: dividir el peso corporal en kg, entre la altura en metros al cuadrado.

El resultado te posicionaría según la siguiente tabla:

IMC

<18.5	18.5-24.9	25-29.9	<30	30-34.9	35-39.9	<40
Bajo peso	Normal	Sobrepeso	Obesidad	Obesidad I	Obesidad II	Obesidad III

Pero el IMC es una herramienta poco fiable ya que no tiene en cuenta ni la cantidad de grasa ni de músculo que tenemos. Ya que lo más importante es la composición corporal, es decir, de qué está compuesto ese peso. Así, podemos ver el caso de grandes deportistas con un IMC por encima de 25, debido sobre todo a su masa muscular, pero que en absoluto presentan sobrepeso (como nos indicaría el IMC).

Así que, en su defecto, hay otra fórmula que nos da mejor información que el IMC. Se trata de la **masa relativa de grasa, cuyo resultado nos indica el porcentaje de grasa corporal y es fácil de realizar:**

- Hombres: 64 – (20 x altura/circunferencia de la cintura).
- Mujeres: 76 – (20 x altura/circunferencia de la cintura).

No obstante, no te obsesiones con pesos concretos o fórmulas. Solo la he puesto para los que quieran un control más riguroso y para que vean que el IMC tiene sus fallos, sobre todo en los que entrenan fuerza de forma regular.

Para mí lo mejor es no pesarse ni medirse, sino atender a cómo nos sienta la ropa o el cinturón. Esos son los mejores testigos de si estamos engordando o adelgazando. Pero como dije antes, el peso óptimo es el que te haga sentirte bien, ágil, enérgico, etc.

AMBIENTE ADECUADO. LO MÁS IMPORTANTE.

Esta viñeta de Flavita Banana me parece fantástica para explicar cómo adoptamos los hábitos y el comportamiento de la gente que nos rodea. Y esto es algo que hacemos de forma natural y sin que nos cueste excesivo trabajo y energía. Simplemente nos limitamos a imitar a la otra persona y damos por bueno que eso está bien.

Es así como cada uno de nosotros hemos construido la mayoría de hábitos que tenemos, por lo menos en un primer momento y cuando somos pequeños actuamos así.

Luego ya será cuestión de cada uno preguntarse si esos hábitos son buenos y convenientes o es mejor sustituirlos por otros. Pero mucha gente ni tan siquiera llega a plantearse esto, sino simplemente actúa según lo que ve hacer a los demás.

En lo que refiere a los hábitos alimenticios sucede un poco lo mismo. La gran mayoría de las personas saben lo que está bien comer y lo que no, (o eso creen), pero están influenciadas por el ambiente en que se mueven. Y éste es el responsable último de sus elecciones.

Y el ambiente y la sociedad en general, son poco propicios para comer de forma saludable, pues parece que hemos normalizado muchos comportamientos que distan bastante de serlo.

Es un hecho cierto que **tu entorno es el causante de casi todos tus problemas (y también de tus aciertos y alegrías),** puesto que ellos tienen un estándar promedio que tratan de mantener (en la salud, el amor, las relaciones, el trabajo...). Y si tú bajas y te colocas por debajo de su promedio, serás aceptado sin problemas e incluso te ayudarán. Pero... ¿qué ocurre si quieres elevarte por encima del promedio? Muchas veces te encontrarás con hostilidad y rechazo. Y aquí, precisamente, es cuando hay que mantenerse firme, decidido y ser auténtico. Es cuando debes ser coherente con tus valores y con lo que quieres conseguir. Por eso es muy importante rodearte de gente que esté donde tú quieres estar y que apoye estas decisiones.

En este caso hablo de hábitos alimenticios, pero es extrapolable a cualquier otro aspecto de la vida. Es más, aunque pueda parecer utópico, **se puede seguir una vida saludable sin ni siquiera ser consciente de ello.** El medio para lograrlo sería educar a niños y jóvenes en un entorno en el que se ha normalizado la actividad física, el contacto con la naturaleza o la alimentación saludable.

En mi consulta, cuando recibo a gente que quiere cambiar de vida y mejorar sus hábitos, empiezo por preguntarles ¿Cómo organizas el día a día? ¿Qué sueles desayunar? O ¿qué sueles cenar? Muchos se delatan en la primera palabra porque me dicen "lo normal", "un vaso de leche con galletas" o "lo normal, un poco de embutido con pan y un tomate". Ahí ya me están diciendo que eso es el estándar de su entorno, es lo que han visto, han normalizado y, por tanto, es difícil que se planteen cambiarlo (entre otras cosas porque dan por hecho que eso está bien).

Por tanto, un niño puede comer de forma saludable o insana sin siquiera saberlo. Las personas acabamos interiorizando los hábitos del entorno que nos rodea. De este modo, si queremos crear en nuestro hogar el gusto por una alimentación saludable, será tan sencillo como **rodearse de opciones sanas y aceptarlas de forma "normalizada".**

FLEXIBILIDAD Y ADHERENCIA.

En tu vida en general, y en la alimentación en particular, considera que, a veces, es mejor no hacerlo del todo mal que hacerlo perfecto. Sobre todo, si por intentar esa perfección te dejas mucha energía en el camino y luego resulta que descuidas otros ámbitos igual de importantes como son hacer ejercicio, controlar el estrés o dormir bien.

La perfección es tu enemiga porque lleva a lo que se ha llamado "parálisis por análisis". Si me agobio y estreso pensando que tengo que controlar demasiadas variables, entonces lo más probable es que acabe pasando de todo y no haciendo nada.

"Un viaje de mil millas comienza con el primer paso".

Lao Tse.

La idea es que no sientas prohibiciones. No debería haber alimentos prohibidos en las dietas, porque eso genera más ansiedad. Debe haber alimentos de consumo habitual y otros de consumo ocasional. Incluso alguna comida libre (o varias) a la semana para que todos podamos comer aquello que anhelamos y que no consumimos a menudo. Esto es la flexibilidad.

Cuando mucha gente oye hablar de la palabra dieta asocia inmediatamente una serie de prejuicios (pasar hambre, restricciones, dejar de tener vida social, fuerza de voluntad y sacrificio...). Y es por eso por lo que ni me he planteado hablarte de ninguna dieta. Las hay a montones, algunas mejores y otras peores, unas más pasajeras según la moda y otras más atemporales, cada una con sus seguidores y sus detractores. Pero cualquier dieta está abocada al fracaso si lleva emparejados cualquiera de esos prejuicios.

Da igual la que hagas, pero debes conocer y seguir, en la medida de tus posibilidades, los principios que te voy diciendo aquí. Además, **cada uno debe comer acorde con su realidad, circunstancias y necesidades.**

Puesto que sabemos que nos movemos en la búsqueda del placer y en la evitación del dolor, cualquier acto que lleve consigo sentimientos o emociones negativas lo vamos a terminar dejando de lado, sea antes o sea después.

Por tanto, no te plantees hacer dieta, entre otras cosas porque TODOS ESTAMOS A DIETA, puesto que la dieta se refiere a la FORMA HABITUAL DE ALIMENTARNOS. Y estarás de acuerdo conmigo, en que todos nos alimentamos (porque si no, no podríamos vivir), y por tanto todos tenemos nuestra dieta.

Lo que necesitas no es cambiar 10 hábitos seguidos en tu rutina de alimentación, sino ir cambiándolos poco a poco. Tomar conciencia primero de qué es lo que puede estar afectando más negativamente a tu salud o está haciendo que no consigas bajar de peso. Puede ser que te excedas con el alcohol los fines de semana (en ese caso tratarás de reducir la cantidad). O puede que comas pan en todas las comidas (en este caso te puedes plantear mejorar la calidad del mismo, integral, y espaciarlo a comidas más puntuales). O tomes un trozo de chocolate después de la cena (podrías pasarte al de cacao de más del 85%).

Recuerda que, lo que va a marcar la diferencia entre el éxito y el fracaso de tu cambio de hábitos es la adherencia o no a una pauta posible predeterminada. Es preferible, por tanto, **incorporar cambios que seamos capaces de mantener en el tiempo** y no embarcarnos en un plan demasiado ambicioso que sea imposible mantener.

Muchos de los que vienen a mi consulta, se sorprenden de lo buenas que están las comidas que integran su menú de comidas. Incluso, claro está, cuando quieren bajar de peso. Y es que una cosa no está reñida con la otra. Se puede comer rico y sano al mismo tiempo.

Escaneando el siguiente código QR podrás acceder a mi página web y descargarte 3 archivos con recetas saludables de todo tipo de alimentos que podrás incorporar, si lo deseas, a tu día a día.

REGULACIÓN DEL HAMBRE Y LA SACIEDAD: LA LEPTINA.

Si tuviéramos que nombrar una hormona como la más importante a la hora de regular el metabolismo, esta sería sin duda la leptina. Hasta hace unos años, los biólogos solían pensar que el tejido adiposo era inerte, pero ahora se considera un órgano endocrino porque produce hormonas, entre ellas la leptina.

Las células adiposas de todo el cuerpo segregan leptina para señalar saciedad y reducir el apetito y el consumo de alimentos. Según esto, podríamos pensar que las personas obesas deberían sentirse mucho más saciadas y satisfechas que las que no lo son, debido a que, al tener más grasa, sus niveles de leptina son mayores y, por tanto, la saciedad también lo es.

El problema es que hay una desregulación de este sistema en esas personas. Se ha roto el equilibrio y no funciona como es debido (recuerda la homeostasis que habíamos hablado).

Podemos afirmar que, a nivel global, tu cerebro defiende un nivel de grasa programado (que cree óptimo), a través del llamado ciclo hambre-saciedad. Y en función de esto, cuando detecta que las reservas energéticas están bajas, el apetito aumenta. Y cuando cree que has comido suficiente, te hace sentir saciedad.

En condiciones normales, este regulador debe funcionar a la perfección, pero viendo el sobrepeso y la obesidad imperante en la mayoría de las sociedades occidentales, no es así. Y **buena culpa de ello la encontramos en los alimentos procesados o industriales,** ya que son ellos los que **no disparan correctamente las señales de saciedad** (al contener químicos, potenciadores de sabor, edulcorantes...), haciéndonos comer de más y produciendo elevaciones bruscas de glucosa en sangre, generando a la vez mayor producción de insulina y acumulación de grasa.

Además, este sistema regulador, también se ve profundamente alterado cuando no hay buen patrón de sueño y descanso, así como la práctica regular de actividad física (como veremos ambos más adelante).

Por tanto, la conclusión que podemos sacar en relación a la alimentación es esta: LO MÁS IMPORTANTE ES

SELECCIONAR ALIMENTOS NATURALES Y DE CALIDAD, de tal modo que nuestro sistema regulador funcione bien y podamos mantener un peso óptimo. Debes entender que **tu comida no es sólo energía, es información que va a transmitirse a las células y hormonas de tu cuerpo.** Esto sería mucho más sensato que intentar contar calorías o porcentajes de macronutrientes. Y así mantener tu peso ideal será tan fácil como respirar.

En definitiva, si priorizas la calidad (densidad nutricional), tendrás que ejercer menor control voluntario sobre la cantidad.

¿POR QUÉ NOS ESTANCAMOS CUANDO PERDEMOS PESO? ¿Y CÓMO SALIR DEL ESTANCAMIENTO?

A estas alturas, ya debes ser muy consciente de que tu cuerpo busca el equilibrio y tu supervivencia por encima de todo lo demás. Todo aquel que se embarca en la pérdida de peso, debe saber que está enviando señales a su cerebro de que pone en peligro su supervivencia, porque esto es lo que nuestros genes han entendido durante millones de años cuando bajaban las reservas de grasa.

Es por ello, que cuando desciende el porcentaje de grasa, el cuerpo irá activando progresivamente los mecanismos compensatorios:

1. Disminución del gasto energético en reposo. Al disminuir ciertas hormonas energéticas.

2. Disminución del gasto energético por actividad física, provocando que se gasten menos calorías ante una misma actividad e incluso a medida que hacemos más actividad no aumenta más el gasto calórico.
3. Aumento de la fatiga y el cansancio, para provocar que te muevas menos y así gastes menos.
4. Aumentar el hambre, para provocar que comas más y dejes de perder grasa.

Ante este panorama cabría preguntarse, ¿me merece la pena intentar bajar grasa, o el efecto rebote que tendré será inevitable?

Desde luego si tienes sobrepeso, no te encuentras en tu peso óptimo o quieres definirte más por la razón que sea, sí te merece la pena si sabes cómo enfocarlo y qué hacer para revertir el estancamiento, o incluso el efecto rebote.

La idea es la siguiente: cuando estás en déficit calórico y te encuentras bajando de peso durante unas cuantas semanas o algunos meses, es normal que notes que cada vez bajas menos por los mecanismos descritos anteriormente. Pero entonces es el momento preciso para hacer un break, parón o descanso en el déficit calórico que has estado manteniendo, de tal modo que tu cuerpo vuelva a cierto superávit calórico y haga desaparecer todos los mecanismos anteriores:

1. Recuperes el mismo gasto calórico en reposo que tenías antes.
2. Recuperes el mismo gasto calórico en movimiento que tenías antes.
3. Desaparezca la sensación de fatiga y cansancio. Aunque esta sensación podría no ser perceptible por muchas personas, porque, aunque se diera, al estar más delgados y sentirse mejor en muchos aspectos, ni siquiera serían conscientes.
4. Disminuir el hambre, al volver a regularse correctamente el sistema de hambre-saciedad.

En conclusión, no conviene hacer de tu pérdida de peso algo lineal y continuo, pues llevará a desencadenar todos los mecanismos anteriores. Sino es mucho más efectivo, llevada cierta bajada de peso (que podrían ser 5-6 kg, dependiendo de la persona), hacer una semana de "descanso", en el que incluyas alimentos más calóricos que te lleven a estar en superávit. Incluso, aunque te hagan coger 1-2 kg de peso, pero que restablezcan tus parámetros anteriores antes de empezar la bajada.

De este modo, aunque hayas cogido algo de peso, seguirás manteniendo algo de bajada y habrás recuperado el gasto metabólico necesario para que las pautas de alimentación vuelvan a ser efectivas y puedas continuar con la bajada de grasa.

COME DESPACIO Y COME CON HAMBRE

"El hambre es el mejor condimento de la comida". Y es que nos perdemos mucho del sabor y aroma de los alimentos si nunca comemos con hambre. Por eso es tan bueno hacer algún ayuno largo de vez en cuando, porque nos vuelve reconectar con la comida de verdad. Volvemos a saborear y a agradecer por cada bocado.

Igualmente, es muy importante comer despacio y con consciencia plena. No hacerlo viendo la televisión o con otras distracciones. El acto de comer debería ser sagrado, porque estamos nutriendo las células de nuestro cuerpo y la energía que pongamos en ello influirá en el resultado final.

COME LOCAL Y ESTACIONAL

Si optamos por hacer esta elección, apostamos a lo seguro. Como dije antes, la comida es información. Y la que crece en el mismo lugar que vivimos y está bañada por el mismo sol, posibilita el buen funcionamiento de las células de nuestro cuerpo y que puedan realizar las funciones de reparación y regulación.

COME ÚNICAMENTE POR EL DÍA

Esta es una regla muy sencilla para limitar la disponibilidad alimentaria, de tal forma que tengamos unas horas de ayuno, coincidiendo cuando es de noche. Así dejamos al cuerpo descansar y repararse cuando le toca. Como también permitimos que la testosterona, prolactina, hormona del crecimiento y otras hormonas, que cumplen sus funciones principales mientras dormimos, y producen sus picos en las primeras horas de sueño, puedan hacer su misión sin que haya interrupciones porque estemos haciendo la digestión.

DISTINGUE ENTRE ALIMENTOS Y PRODUCTOS

La gran inmensa mayoría de los alimentos perjudiciales que empeoran la calidad de nuestra dieta entran dentro de la categoría de los ultraprocesados. Huya de los alimentos que tengan muchos ingredientes (más de 3 o 4 ya te debe hacer sospechar) y trata de optar por alimentos NATURALES, de los que puedes encontrar en una frutería, pescadería o carnicería, mucho mejor que en una gran superficie.

Cuidado con la publicidad engañosa y los slogans atractivos. La industria alimentaria quiere que compres sus productos y para ello los disfraza y decora de todas las formas posibles: bajo en grasas, sin azúcares añadidos, sin gluten... Que unas galletas se etiqueten como 'digestive' no significa que sean digestivas. O que una chocolatina tenga el reclamo de "bueno" no significa que sea buena para algo.

SÍMIL ORQUESTA-PATRÓN ALIMENTICIO

Cuando hablamos de estilo de vida hay que fijarse en el bosque más que en los árboles. Del mismo modo, si en una orquesta de 100 músicos, solo unos pocos no son buenos y desafinan, lo más probable es que pasen desapercibidos porque el resto lo hacen genial. Pues lo mismo podría decirse con tu alimentación. El contexto global es mucho más importante que uno o dos alimentos en particular.

Por tanto, céntrate en lo que haces habitualmente y date un capricho de vez en cuando, sin ningún tipo de remordimientos. Porque tu patrón es más importante que las individualidades.

MÁS TIPS E IDEAS RÁPIDAS:

- **La bioindividualidad determina lo que le sienta bien o mal a tu cuerpo.** Es decir, los alimentos que nos acercan o alejan de la salud pueden ser completamente diferentes para cada individuo. Existen un sinfín de alergias e intolerancias alimenticias que es lo primero que debes conocer. Las lectinas, principal proteína de las plantas (entre ellas el gluten como la más conocida), pueden ser responsables de estas alergias. Se conocen como antinutrientes y constituyen un mecanismo de defensa de las plantas frente a los depredadores.

Por tanto, has de observar, limitar o eliminar, los alimentos que no te sientan bien. Y, en todo caso, no abusar de su consumo pues podrían ser causa de esa inflamación crónica de bajo grado y de muchos problemas gastrointestinales.

- Esto sí es aplicable a todo el mundo. Uno de **los peores alimentos**, que más dañará tu salud, aumentando tu inflamación crónica, es el **consumo de grasas vegetales poliinsaturadas** (los mal llamados aceites vegetales): de girasol, maíz, sésamo, algodón o margarinas artificialmente hidrogenadas para hacerlas mantequilla. Esto lo puedes encontrar enmascarado en multitud de ultraprocesados, porque son muy baratos y, junto con el azúcar y la sal, potencian mucho el sabor. Por el contrario, el aceite de oliva, de coco o el aguacate, no entran en esa lista, pues son aceites de frutas, no de semillas.
- **Limita cereales y harinas:** de este modo, además de no sobrecargar tu organismo de las posibles lectinas, te será mucho más fácil controlar tu peso. Y, a no ser que seas un deportista o una persona con un gasto energético muy elevado, puedes prescindir o limitarlos bastante de tu dieta habitual.
- **Prioriza frutas y verduras:** si bien no existe una única dieta óptima, la evidencia nos dice que una dieta basada en estos alimentos es protectora frente a la mayoría de las enfermedades crónicas.
- **Las legumbres constituyen uno de los grupos de alimentos más saludables que existen.** Aunque debes comprobar si te sientan bien y haces bien la digestión. Si no es así, debes limitarlas o eliminarlas.
- **Añade proteínas y grasas de calidad:** huevos, pescados, mariscos, carnes magras, aguacate y

frutos secos, deben formar parte de tu dieta habitual.

- **No existe un número concreto de comidas al día** para optimizar tu salud. Simplemente, adáptalas a tus necesidades.
- **No limites tu dieta a lo que comas o bebas.** Lo que piensas, lo que lees y lo que sientes también forman parte de ella. Así que sé muy consciente de lo que dejas entrar en tu mente.
- **Evita comer demasiado entre horas.** El ser humano está diseñado para comer, ayunar, y después volver a comer. Lo opuesto al ayuno intermitente es la ingesta continua. Establecer descansos entre tus comidas, de mayor o menor duración, sin duda te beneficiará.
- **Alimenta tu intestino:** ya hemos visto que ahí habita un altísimo número de bacterias y para mejorarlas hemos de consumir alimentos probióticos (que aumenten la variedad de nuevas bacterias) y prebióticos (que alimenten a esas bacterias).

▪ Probióticos: son alimentos fermentados como el chucrut, yogurt natural, kéfir, kombucha, miso, kimchi, encurtidos o queso crudo (que provenga siempre de animales de pasto).

▪ Prebióticos: podemos encontrarlos en los granos integrales, las hortalizas de hoja verde, las cebollas, el ajo o las alcachofas. Principalmente en alimentos ricos en fibra.

En condiciones excepcionales o si sospechas que puedes tener la microbiota deteriorada, por ejemplo después de tomar antibióticos o antiinflamatorios, puedes recurrir a tomar un suplemento de probióticos con prebióticos para acelerar el proceso de recuperación, sobre todo se te notas molestias gástricas, diarrea, estreñimiento, inflamación. Aunque lo mejor aquí sería acudir a un profesional.

- **Cocina:** invertir tiempo en cocinar es hacerlo en salud, porque eso implica comer alimentos más naturales y de mejor calidad. Recuerda que "quien no tiene tiempo para cuidar de su salud hoy, tendrá que dedicar tiempo a cuidar de su enfermedad mañana".
- **Invierte en alimentos de calidad:** Aquí se aplica lo mismo que antes. Si no te gastas el dinero en buenos alimentos, más tarde te lo gastarás en medicinas, con la desventaja de que te habrás dejado la salud en el camino.

HIDRATACIÓN

Si la comida es un pilar fundamental de nuestra salud, del agua podemos decir que es incluso más importante todavía. Nacemos siendo un 75-80% de agua y morimos con un 55% aproximadamente, así que esto ya nos da una idea de que el agua es fundamental para la vida y la salud.

Que optes por consumir un agua de la mejor calidad puede marcar la diferencia entre la salud y la enfermedad.

¿CUÁNTA **agua necesito?** Pues depende de la complexión, edad, actividad física, temperatura, humedad... Pero siguiendo esta recomendación estarás muy próximo al ideal, aunque éste, a veces, sea difícil de precisar. Toma la tercera parte de tu peso en decilitros de agua cada día, hasta un máximo de 3 litros. Esto supone que, cada 30kg de peso, deberías beber un litro de agua. Por tanto, una persona que pesara 75 kg, necesitaría 2,5 litros.

Esto se aplicaría a una persona más bien sedentaria con algo de actividad ligera. Pero si programamos una sesión de entrenamiento (por ejemplo una clase de ciclo *indoor*, pilates, una hora de pádel, de gimnasio...), entonces deberías sumar el agua que consumas durante ese ejercicio (pongámosle otro medio litro, por ejemplo). Además, si estamos bajo condiciones climáticas de mucho calor o humedad, también deberíamos sumar algo más al cálculo basal que hemos dicho al principio.

No puedes llevarte mal con el agua (y ser de los que apenas bebe agua) y pretender tener buena salud.

¿CUÁNDO **es mejor beber agua?** En ayunas es ideal, porque así ayudas a tu cuerpo y órganos en las labores de desintoxicación y activas la circulación sanguínea. Y si pones unas gotas de limón y un poco de jengibre potencias mucho más esas tareas. Luego, durante el día, es preferible hidratarse fuera de las comidas principales. Trata de dejar pasar 30-40 minutos antes de comer sin que bebas agua y otro tanto después. Además, intenta limitar la ingesta de agua durante la comida, puesto que, si ingieres mucho líquido, estarás diluyendo los jugos gástricos y las enzimas que apoyan el proceso digestivo, y harás que se vuelva más costoso y difícil.

Mucha gente comete el error de no beber durante el día y limitar el consumo de agua a las horas de las comidas y esto es un grave error. En las comidas está bien acompañar con medio vaso de agua, pero si no lo sobrepasamos mucho mejor. Tu digestión lo agradecerá y lo más probable es que tengas menos gases e hinchazón tras haber comido.

¿CÓMO debo beber agua?

El estado emocional en que te hidratas es de suma importancia. Ante todo, debes hacerlo **con CONSCIENCIA y de una forma lenta y relajada.** Esto es fundamental porque el agua es transmisora y amplificadora de energía. Por tanto, si tú bebes con estrés y prisas, vas a perpetuar ese estado en tu organismo. Si lo haces con preocupación, pasará lo mismo. Pero todo cambiará si lo haces desde la calma y la tranquilidad.

Puedes **etiquetar** tus botellas de agua con palabras bonitas: yo las etiqueto con "salud", "vitalidad", "energía", "calma", "armonía", "paz", etc. De este modo, el simple hecho de verlo escrito en la botella, ya hace que mi estado emocional se empiece a conectar con el de esa palabra. Y al beber el agua, ésta amplifique esa energía a todo mi cuerpo.

Hay muchos experimentos científicos que prueban que el agua se ve de forma diferente al microscopio, según la separamos de un mismo recipiente, según la vibración de la persona que la está observando, ...

El científico japonés Masaru Emoto lleva años haciendo estudios sobre el agua y se ha centrado en fotografiar cómo cambia la estructura molecular de la misma, al etiquetarla con palabras bonitas o palabras feas. Puedes ver algún libro suyo o buscar en internet las diferencias y son alucinantes.

Hay un experimento muy chulo que propone y que se puede hacer con niños para hacerles conscientes de la importancia del agua y de las palabras. Y del peligro que supone etiquetar a alguien con palabras negativas. Búscalo en internet para hacerlo y compruébalo por ti mismo. Pon en Google "Masaru Emoto, experimento con arroz". Si lo haces con los peques, será una forma genial de fomentar la empatía con ellos.

Si nos centramos en los beneficios que tiene el agua para tu organismo, sería imposible explicarlos aquí. Te dejo solo algunos de los más importantes.

- Alivia la fatiga.
- Ayuda a reducir el dolor de cabeza y migrañas.
- Ayuda a reducir o eliminar el estreñimiento.
- Ayuda a mantener la temperatura corporal.
- Mejora el sistema inmunológico, con todo lo que ello conlleva.
- Mejora el estado de la piel.
- Reduce el riesgo de problemas cardíacos.
- Y podríamos seguir sumando, porque no acabaríamos.

Pero si hay algo por lo que el agua es importante es porque soporta la red de comunicación celular y forma la zona de exclusión necesaria para **soportar las reacciones químicas del cuerpo.** Por tanto, es IMPRESCINDIBLE para que tu cuerpo funcione correctamente.

Más datos importantes, que debes conocer:

- Cuando tu cuerpo oxida 100g de hidratos de carbono (provenientes de cereales, patatas...), estás generando 55g de agua en tus mitocondrias. Mientras que cuando oxidas 100g de grasa, estás generando el doble de agua (110g) en tus mitocondrias. De ahí que podamos deducir que quizá la grasa no sea tan mala como nos la han contado. Pues la labor más importante de las mitocondrias es producir agua (incluso más que producir ATP).
- Cuando nos exponemos a la luz infrarroja solar (la del amanecer y el anochecer), estructuramos el

agua de nuestro cuerpo. Científicamente se dice que aumentamos nuestro potencial redox, es decir, las posibilidades de que se produzcan eficientemente las reacciones químicas en nuestro cuerpo. Lo cual posibilita que podamos detoxificar mejor, pues esa agua actuará como antioxidante. Esto es fundamental, porque si hay poca agua en nuestro cuerpo y no está estructurada, nuestro cuerpo empieza a acumular metales pesados.

- **La luz azul (o luz blanca de nuestras casas) nos deshidrata**, nos está oxidando y aumenta el número de radicales libres en nuestras células (porque está destruyendo la melatonina al hacer creer al cerebro que es de día y se suprime el programa de recuperación al suprimir la melatonina). Por el contrario, **la luz roja del sol también genera agua.**

Esta es la razón por la que los inuit (esquimales de los polos) comen mucha grasa, ya que apenas pueden exponerse a la luz roja e infrarroja en esas latitudes. Por eso no estructuran su agua y están obligados a comer mucha grasa (de ballena o de foca) para hidratarse. **La madre naturaleza lo tiene todo pensado.** Si estos inuit comieran carbohidratos (que no crecen en el lugar donde viven), enseguida generarían diabetes.

Sin embargo, en el Ecuador la dieta debe ser diferente, porque allí hay mucho más sol, que puede estructurar el agua del cuerpo sin problema y, por tanto, hacer que estés mucho más hidratado. Por tanto, aquí sí pueden comer carbohidratos (cereales, frutas, patatas...) sin problemas, ya que esos alimentos crecen bajo el mismo sol que está bañando a sus habitantes. De ahí que sea tan importante la recomendación de comer local y estacional.

En este capítulo he tratado de que sigas sumando en tu mochila hacia la verdadera salud, pero huyendo del dietocentrismo, pues la dieta no es el único factor que influye en la salud, ni siquiera el más importante.

Para mejorar tu salud tienes que incorporar muchas otras variables como son la calidad del agua, las relaciones interpersonales, las creencias, la mentalidad adecuada, la autoestima, la espiritualidad, el ambiente, la genética, la epigenética, la resiliencia o la cantidad y la calidad de movimiento.

De esto último, de movimiento, es de lo que hablaremos en el próximo capítulo. ¿Estás listo? ¡Pues a por ello!

2.5 Aprende a ser una persona activa. Diferencias entre Actividad Física y Ejercicio Físico.

Contaba Pablo Motos (reconocido presentador de "El hormiguero"), en una entrevista a Valentín Fuster, uno de los más aclamados cardiólogos a nivel mundial. El único que ha recibido los máximos galardones de investigación de las cuatro principales organizaciones internacionales de Cardiología, le confesó que, cuando tienes a una persona a corazón abierto, lo único que se ve es, si ha hecho deporte y se va a salvar, o si no ha hecho deporte y se va a morir. Y que si le tuviera que dar un solo consejo a alguien le diría "HAZ EJERCICIO TODOS LOS DÍAS". Siendo este uno de los mejores consejos que ha recibido en su vida por todo lo bueno que le ha aportado.

Pero no solo están en el **corazón** los beneficios del ejercicio. Muchos médicos afirman que, si tenemos que elegir el mejor entrenamiento para nuestro **cerebro,** la actividad más relevante es el ejercicio físico. Sabemos que éste influye en la neurogénesis (producción de células del sistema nervioso central, neuronas y células gliales).

Carl Cotman, director del Institute for Brain Aging and Demential de la Universidad de California concluye, tras numerosas investigaciones, que las personas que realizan ejercicio aprenden más rápido, recuerdan mejor, piensan de forma más clara, se recuperan antes de un accidente cerebral y tienen menos probabilidades de padecer depresión y otras disfunciones cognitivas relacionadas con la edad.

Además, las principales acciones para activar la telomerasa (enzima de las células que regenera los telómeros, es decir, ayuda a que las células se mantengan "vivas y jóvenes") son el ejercicio físico y la meditación o *mindfulness*, de lo cual hablaremos más adelante.

El movimiento es también la mejor medicina y sabemos que reduce de manera significativa el riesgo de todos los males crónicos modernos, desde enfermedad cardiovascular a cáncer, pasando por diabetes, osteoporosis e hipertensión.

Por no hablar de las mejoras a nivel muscular, óseo, articular, de composición corporal...

Hemos de diferenciar los conceptos de:

- **Actividad física:** se refiere a cualquier movimiento corporal que realizamos, sea andar, realizar tareas domésticas (barrer, tender la ropa, ...), levantarme de la silla, subir escaleras, hacer la compra... Es decir, es todo movimiento voluntario que tiene como resultado un gasto de energía, más allá del estado de reposo.

- **Ejercicio físico:** es una actividad planificada, estructurada y repetitiva que busca mejorar el funcionamiento del organismo (normalmente mejorar la forma física, tener más energía y vitalidad, mejor movilidad, sentirse mejor a nivel emocional, ...). Aquí entraría salir a caminar, correr, bailar, montar en bicicleta, ir al gimnasio, hacer unas clases de pilates, zumba, tonificación, ... Si la persona quiere asegurarse de conseguir todos los beneficios del mismo, debería estar asesorado por un especialista, que dicte el tiempo óptimo de cada sesión, la intensidad, la frecuencia...

- **Deporte:** es un ejercicio físico sujeto a reglas o normas concretas (llámese tenis, fútbol...), en donde se busca competir contra un adversario. Por tanto, requerirá de un entrenamiento programado, con el fin de mejorar el rendimiento y desempeño.

Según esto, en una sociedad cada vez más sedentaria como la actual, llamar a una persona activa por practicar 3-4h semanales de ejercicio físico, puede ser un tanto atrevido. Sobre todo, si el resto de horas apenas se mueve.

Podemos diferenciar 4 tipos de perfiles de personas, según sus características de movimiento:

1. **Sedentarios que no hacen ejercicio:** es decir, personas que en su trabajo apenas se mueven y/o están mayoritariamente sentados en una oficina (informáticos, banqueros, administrativos,

estudiantes...). Y que luego tampoco entrenan ni salen a caminar, correr, montar en bici. Es, sin duda, el grupo que más problemas de salud tendrá.

2. **Sedentarios que hacen ejercicio**: este grupo sería muy amplio, puesto que englobaría a la mayoría de las personas que tiene un trabajo sedentario, pero que luego van al gimnasio, salen a correr o a andar de forma habitual. O quedan para jugar al pádel 3-4 veces a la semana. Con lo que se mueve este grupo, pueden mejorar mucho la salud y la composición corporal, pero podría no ser suficiente a largo plazo para tener una salud óptima.

3. **Físicamente activos que no hacen ejercicio (no entrenan)**: aquí englobamos a personas con trabajos físicamente activos, como un obrero de la construcción, un mecánico, un carpintero, un pintor de brocha gorda... Este grupo, pese a tener un gasto energético elevado, no llega a beneficiarse de aquello que nos aporta el ejercicio físico, por tanto, no llegan a optimizar su salud.

4. **Físicamente activos y que, además, entrenan**: sería el grupo ideal, porque es el que más se acercaría a la salud óptima. Aquí estarían las personas con trabajos activos y que, además, van a entrenar o realizan ejercicio físico también.

El problema para muchos de nosotros es que tenemos trabajos sedentarios y esto no lo podemos cambiar. Por eso quiero mostrarte un concepto para que le pongas remedio, en la medida de tus posibilidades.

Se trata de introducir "**breaks de movimiento**", que son diferentes momentos de activación física, de forma intencionada y por un corto período de tiempo, a lo largo de la jornada habitual de trabajo o estudio de la persona.

Recuerda que para que la implementación de un hábito nuevo sea llevado a la práctica con garantía de éxito, una de sus características más importantes es que debe ser sencillo (fácil y simple). Por lo que tener como hábito 1h de actividad diaria, para la mayoría de las personas, es algo que exige demasiado en las ya de por sí apretadas agendas de casi toda la población.

De ahí que sean tan importantes los "breaks de movimiento", de 2-3 minutos de duración, pero repetidos varias veces al día (por ejemplo, cada 90 minutos o 2h). Esto supondría hacer 2-4 breaks por la mañana y otros tantos por la tarde.

No es mucho tiempo y está al alcance de todo el mundo (incluido, por supuesto, dentro de las aulas de colegios e institutos). Algo distinto es cómo implementarlo en la rutina diaria. Hay personas que trabajan en oficinas o despachos individuales, otras desde casa... Y para ellos sería algo fácil de realizar.

Otra cosa diferente puede ser aquellas personas que trabajan en oficinas comunitarias (compartidas con más gente), quien trabaja en un banco cara al público, en una tienda... Pero habría que sacar el ingenio de cada uno. Se puede hacer un break de movimiento cuando aprovecho para ir al baño, cuando hago la parada para el café, antes del desayuno o la comida, cuando me levanto a rellenar la botella de agua o espero a que salgan las copias de la impresora.

Imaginación y poca vergüenza es lo que hace falta para ser activos, sin importar el lugar en que nos encontremos. NUESTRA SALUD BIEN LO VALE.

¿Qué ejercicios podemos hacer durante esos "breaks de movimiento"? Sentadillas, zancadas, planchas, flexiones, saltos de diferentes tipos, ejercicios de movilidad, subir y bajar escaleras, equilibrios en plataformas inestables o balón de *fitball*, abdominales, colgarnos si tenemos una barra cerca (las hay para poner en interiores), diferentes ejercicios con mancuernas, bandas elásticas, saltos a la comba... todo vale si permite activar nuestro sistema cardiocirculatorio, linfático, respiratorio, muscular...

¿Y cómo hacemos para que los niños adquieran este hábito desde muy pequeños? Como ya hemos hablado de la importancia del ambiente, lo ideal sería que esto lo hubieran visto en casa desde pequeños. Así les saldría de modo natural.

En mi caso así ha sido, desde que eran bien pequeños, veían a su padre subir por las escaleras (sin usar el ascensor) o hacer constantes "breaks de movimiento" en diferentes momentos del día (haciendo flexiones, sentadillas, estiramientos, ejercicios de movilidad...) y sea cual fuera el lugar o contexto en el que nos encontrásemos (en casa, en la calle, en el parque, esperando para coger el metro, el autobús... en el trabajo, en vacaciones...).

He perdido la cuenta del número de fotografías que mi mujer me ha hecho haciendo movilidad o algún que otro ejercicio, ya fuera estando de vacaciones (con la Torre Eiffel de fondo, el Big Ben, en los Alpes...). Daba igual el lugar.

Sabemos que los niños son esponjas y que aprenden, mayoritariamente, por imitación, por lo que es bien seguro que van a seguir siendo personas activas (les gusta subir por las escalares, hacer estiramientos, ejercitarse...).

En neurología, se descubrieron en la década de 1990 las **neuronas espejo.** Estas neuronas detectan emociones, movimientos e intenciones de las personas con quienes interactuamos, y reeditan en nuestro cerebro dicho estado, creando un "contagio emocional".

Así que la responsabilidad que tenemos cada uno de nosotros con las personas que nos rodean es enorme. Pues gracias a las neuronas espejo servimos de referente tanto para lo bueno como para lo malo.

Y si debemos empezar a dar ejemplo en casa, en las escuelas también podrían adquirir este valiosísimo hábito, de un modo fácil y sencillo. Obteniendo un gran beneficio no solo el alumno, sino todo el proceso de enseñanza-aprendizaje.

Lamentablemente, las horas dedicadas en Educación Primaria a la Educación Física son más bien escasas (3h semanales y son menos aún en secundaria). Pero implementando estos "breaks" en las clases no "robaría" tiempo a otras materias. Y, además, haría las clases más amenas y divertidas (con lo que mejoraría la capacidad de aprendizaje del alumno/a, además de ayudar a controlar el peso, fomentar la cohesión del grupo y un sinfín más de beneficios que aporta el movimiento a la salud y calidad de vida).

Sé de buena mano, que algunos maestros y profesores ya ponen en práctica dinámicas de grupo antes de empezar las clases, otros se atreven a hacer algo de ejercicio (fuera de la clase de Educación Física) o con algunas técnicas de yoga para relajarlos. Pero es que estos hechos aislados deberían pasar a ser continuos y programados en las clases.

Sabemos que, para que haya aprendizaje (al menos el significativo, que es el que cuenta, porque es el que retengo y no se me olvida) debe haber **EMOCIÓN**. Y esta emoción es difícil despertarla cuando los niños, de forma pasiva, van viendo pasar un profesor tras otro que les "cuenta" la "lección magistral" que está prevista ese día. Con los "breaks" (adaptados según las edades) conseguiremos despertar las emociones. Y con la emoción, se abrirán las ventanas de la **ATENCIÓN**, foco necesario para la creación de conocimiento.

Sabemos que, incluso para los adultos, es muy difícil mantener la atención constante en una tarea y los psicólogos aconsejan dividir las tareas en bloques (o pomodoros) de 25-35' entre los que convendría hacer un breve descanso (3-5') para proseguir con las tareas. Más aún, tratándose de niños hemos de saber que esta capacidad de atención es más limitada.

Educadores y psicólogos constatan que ésta varía entre 10 y 20 minutos (Tokuhama, 2011), lo que implica que, para incrementar la capacidad atencional de los estudiantes deberían utilizarse bloques que no superasen los 15 minutos. Esto nos da una oportunidad fantástica para introducir breaks de movimiento en todas las clases.

Sobre todo, estos breaks tienen sentido cuando se cambia de una materia a otra, o de un profesor a otro, pero incluso también dentro de la misma clase en cuanto el maestro advierta que la curva de atención de los alumnos/as está muy baja. Lógicamente después del recreo, no será lo más conveniente un "break" de movimiento, sino más bien una sesión de relajación, respiración, estiramientos... En todo momento, podemos ayudarnos de música a la hora de hacer estos descansos (hablaré de la música más adelante) y con ello incrementaremos aún más la motivación-atención.

Aparte de los ejercicios que he comentado son muy útiles para los adultos (sentadillas, zancadas, saltos, escaleras...), en las clases podrían hacerse **DINÁMICAS DE GRUPO**, adaptadas a cada edad. Pueden hacerse desde diferentes juegos hasta hacer cosquillas al compañero, darse abrazos, hacer mimos (gestos y movimientos para expresar algo que el compañero debe adivinar), bailar... Todo con el fin de crear un ambiente más relajado y distendido. Que consiga despertar la emoción y, con ello, mejorar la capacidad de aprendizaje.

Si cualquier niño/a hace esto en la escuela, luego seguirá haciéndolo en su casa. Dividiendo su horario de tardes (en los que hace sus deberes) en **períodos o bloques de tiempo cortos (pomodoros),** con descansos programados y activaciones para favorecer su capacidad de atención, motivación y con ello su aprendizaje.

Estos "breaks", que no deberían faltar en las aulas, del mismo modo deberían permitirse en todos los trabajos predominantemente sedentarios. Algunas de las empresas más punteras del mundo (como Google o Apple) ya han implementado técnicas para los descansos de sus trabajadores puesto que han visto las mejoras en la productividad. Por tanto, hagámoslo desde niños y seguro que los futuros adultos lo agradecerán. Inculcar el gen del movimiento desde pequeños tendrá un valor incalculable en la mejora de la calidad de vida de todos aquellos a los que les acompañe a lo largo del tiempo. Y no hay mejor manera, que empezarlo desde la escuela y en la propia familia.

ESTAR DELGADO, ESTAR EN FORMA Y ESTAR SALUDABLE.

Es preciso aclarar algunos conceptos para que no haya confusión: una cosa es estar "delgado" y otra es "estar en forma", que a veces pueden coincidir, pero otras muchas no. Así como tampoco es lo mismo estar "musculado" que "estar en forma" (entendida como la capacidad de uno para ejecutar las actividades diarias con un rendimiento, resistencia y fuerza óptimos, con el manejo de la enfermedad, la fatiga y el estrés, y la reducción del comportamiento sedentario). En la reducción del comportamiento sedentario está la clave...

El problema que quiero plantear, justamente para que pueda ser evitado y corregido, es que hay una cantidad ingente de personas que "habitualmente" hacen ejercicio (van al gimnasio, salen a correr, juegan al pádel...) y que, independientemente que estén más o menos delgados o musculados, NO ESTÁN EN FORMA. Precisamente porque NO SON PERSONAS ACTIVAS.

Y esto es así porque:

1. Su capacidad de movimiento es bastante limitada. Bien porque se dedican solo a unos determinados ejercicios (el que solo sale a correr, el que solo va

al gimnasio y no combina con ejercicio aeróbico, el que solo juega al pádel...).
2. En su día a día, son personas totalmente sedentarias. Y solo dejan de serlo cuando "salen a correr", "juegan al pádel" o "van al gimnasio". Estarían en el perfil 2 que vimos antes.

Hoy en día, la mayoría de las personas tiene trabajos sedentarios. Muchos pasan 8 horas sentados y otros en actividades con poca exigencia de movimiento (dependientes en tiendas, profesores, educadores, informáticos, administrativos...). Si a esto le sumamos que buena parte del ocio (ver televisión, consultar redes sociales, jugar videojuegos, navegar por internet...) u otras actividades del día a día (comer, tareas de la casa, planchar...) son sedentarias. Nos daremos cuenta del altísimo % de la población que reduce su exigencia de movimiento o ejercicio única y exclusivamente a esos momentos, cuando "van al gimnasio", "van a correr", etc.

Entonces, si resulta que de 24h que tiene un día, 8h estamos durmiendo, 8h en trabajos sedentarios + 6-7h en actividades varias (comer, ver tv, redes sociales, planchar...) pero igualmente con poco movimiento, podemos concluir que ir 1h al gimnasio o 1h a caminar, o 1h a jugar al pádel, o 1h de Educación Física en el colegio... Poco pueden hacer para ponernos "en forma".

Esto es especialmente crítico en los más pequeños, que muchas veces tienen cargadas las tardes con actividades extraescolares sedentarias como inglés, música, informática... Es necesario que tengan cabida los deportes o actividades que impliquen movimiento, como aprender a patinar...

¡Ojo! No estoy diciendo que hacer 1h de ejercicio no valga para nada, por supuesto es mucho mejor que no hacer nada. Pero debemos movernos más tiempo que 1h al día y 3-4 veces por semana.

Lo importante, además, es encontrar una actividad que nos sea apetecible, que nos guste y nos motive durante todo el año y no únicamente cuando nos sentimos culpables de no movernos del sofá.

Lo que trato de transmitir, es que muchas de estas personas encuentran dificultades a la hora de disfrutar plenamente de esa hora de actividad física que se dedican al día, o no consiguen sus objetivos, por diversos motivos:

1. Debido al sedentarismo reinante en su día a día, al cuerpo le **cuesta mucho entrar en calor y activarse lo suficiente para entrar de lleno en el ejercicio-actividad-deporte que estén practicando.** Pasan de 0 (sedentario) a 100 (ejercicio intenso) en un margen de tiempo demasiado pequeño. A estas personas les diría que lo más conveniente para su salud sería dedicar 40' de esa hora al calentamiento-activación-ejercicios de movilidad y 10-15' de intensidad más elevada, de la actividad que sea que hagan.

2. Muchas veces **son propensos a lesionarse,** precisamente por lo comentado en el apartado anterior, la mayoría no calienta lo suficiente antes de aumentar la intensidad. Y como vienen de horas y horas de sedentarismo, su cuerpo no está preparado para ese aumento repentino.

3. Muchas veces **no consiguen su objetivo** (aumentar masa muscular, bajar % de grasa, mejorar movilidad, sentirse en forma...). Debido a que el estímulo que ejercen en su cuerpo cuando hacen ejercicio es demasiado intenso para lo que éste podría tolerar y asimilar. Y esto se debe a que está acostumbrado a demasiadas horas de sedentarismo.

4. Se encuentran con **problemas para mantener la constancia en el entrenamiento,** por motivos muy diversos. 1h al día, 3-4 veces por semana, puede parecer algo asumible como objetivo de actividad física por la mayoría de personas. Pero esto, en realidad, es difícil de conseguir y sostener a largo plazo por la mayoría de ellas.

En el día a día nos surgen mil y un contratiempos que impiden que seamos constantes con nuestros objetivos. Por ejemplo, quienes van al gimnasio se encuentran con períodos festivos o vacacionales en los que, quizá, el propio gimnasio (o instalación deportiva) está cerrado. Incluso, uno mismo se va de vacaciones y deja de ir. Y al volver de estas resulta que "para dos semanas que restan del mes…" decido esperar al mes siguiente para renovar la cuota. O quien juega al pádel (o cualquier otro deporte) ya no depende de él mismo, sino que también depende del compañero/a para coincidir y quedar (con sus posibles imprevistos).

En resumen, esto nos lleva a pensar en la dificultad para ser constantes y los problemas que ello conlleva a la hora de volver a empezar (todos sabemos que la "buena forma física" se gana poco a poco y con constancia, pero se pierde muy rápido…). Como las temidas agujetas, disminución del nivel de desempeño…

De ahí que integrar los "*breaks*" en tu día a día te aporte un sinfín de ventajas. Por lo tanto, **sé creativo, imaginativo y, sobre todo, una persona activa.**

2.6 Hormesis. Incomodidad voluntaria. Antifragilidad.

HORMESIS

El término 'hormesis' fue acuñado por Mattson, y hace referencia al proceso por el cual **exponemos nuestro cuerpo a estresores** evolutivos (frío, calor, ayuno intermitente, ejercicio físico, suciedad natural, retos cognitivos, determinados nutrientes...) **en una dosis terapéutica, para activar en nuestro organismo vías protectoras contra multitud de patologías.**

El mensaje de fondo es claro: si vivimos instalados en la comodidad de la vida moderna (volviéndonos sedentarios, evitando el frío, comiendo demasiado...). Y desconectados de nuestra verdadera naturaleza (movernos mucho más, exponernos a las inclemencias del tiempo, más aire libre, luz natural, sueño reparador...), esto hará que acabemos volviéndonos frágiles de mente y cuerpo.

El concepto terapéutico de la hormesis se ha convertido en una de las **líneas de investigación más novedosas y esperanzadoras de los últimos años para revertir la epidemia de enfermedades crónicas que asola nuestra civilización.** Así, se ha podido constatar cómo incorporar en nuestro día a día pequeños desafíos ancestrales (frío, caminar descalzos…), para los que nuestros genes están preparados a responder, funciona como verdadera medicina contra los efectos nocivos de la vida moderna. Pues la hormesis actúa:

- Contrarrestando los efectos de la inflamación crónica sistémica de bajo grado y del estrés oxidativo (regulando el Sistema Nervioso Autónomo).
- Activando las vías regeneradoras de nuestro organismo, activando la Nrf2 (regulador clave del correcto funcionamiento celular, entre ellos, la función y el número de nuestras mitocondrias, claves en los niveles de energía).

¿Por qué es importante que los niñ@s y mayores conozcan esto? Y ¿Cómo hacer para beneficiarnos del concepto de hormesis en el día a día?

Es fundamental para preservar la salud. En el día a día hay que ser conscientes de que la sociedad moderna va tendiendo a moverse cada vez menos, a estar más encerrados en casa (con una temperatura cómoda y constante, con luz artificial), a usar calzado que desconecta a nuestros pies de la tierra, a comer a nuestro antojo sea la hora que sea… Es un hecho que estamos sobrealimentados, sobrecalentados y sobreestimulados.

Por tanto, hemos de frenar esa inercia porque sabemos que lleva a la enfermedad, y volver a:

- **Reconectarnos con la tierra, andando descalzos siempre que sea posible** y por superficies que transmiten la carga electromagnética de la tierra (arena de playa, césped, tierra, cemento u hormigón).
- Pasar **más tiempo al aire libre y rodeados de árboles y naturaleza.** Esto es fundamental ya que existen unas sustancias en las plantas, las fitoncidas, que nos ayudan a bajar la inflamación.
- **Exponernos al frío y al calor** de forma controlada, por ejemplo, acabando las duchas con agua fría (ver los beneficios del método Wim Hof, para quien quiera profundizar más) o evitando salir a la calle muy abrigados de casa (lo mejor es irse poniendo gorro o guantes, según vayamos notando la sensación de frío).
- Mantener unos **buenos ritmos circadianos**, evitando usar la tecnología por la noche y el exceso de luz antes de ir a dormir.
- **Comer de forma moderada y saludable.** Vivimos en la era de las enfermedades de la abundancia. Hay que comer menos y cuando sea de día (porque es cuando el cuerpo requiere de energía). Son innumerables los estudios que exponen los beneficios del ayuno intermitente para nuestra salud. No hay que olvidar que éste actúa por hormesis, es un pequeño estresor que nos fortalece. Pero si tienes muchos estresores adicionales en tu vida, como preocupaciones en el

trabajo y poco descanso, quizá no sea el momento de empezar a experimentar con el ayuno intermitente. Déjalo para un momento de menos ajetreo.

- **Movernos mucho más:** realizar ejercicio aeróbico (de resistencia) y de fuerza, así como ser una persona activa, que provoque diferentes mejoras y adaptaciones en nuestro organismo.

Aquí van algunas ideas que deberíamos aplicarnos y trasladar a nuestros hij@s y menores para que las pongan en práctica y se protejan, de este modo, ante los peligros de la vida moderna.

Por supuesto, no abogo por desterrar todos los avances tecnológicos de la humanidad (ni tampoco los descubrimientos médicos, científicos... que puedan resultarnos útiles). Pero sí hacer un uso inteligente de ellos para usarlos en beneficio y no en detrimento de nuestra salud. Y solo cuando lo natural, no ofrezca la solución al problema. Como decía Hipócrates "las fuerzas naturales que se encuentran dentro de nosotros mismos son las que de verdad curan nuestras enfermedades".

INCOMODIDAD VOLUNTARIA.

Si priorizo comodidad y seguridad, acabaré teniendo una vida difícil. Porque todo lo que facilita en exceso también debilita. Mientras que, si priorizo crecimiento e incomodidad voluntaria, probablemente acabe teniendo una vida más fácil. Por tanto, ¿por qué no incentivar desde niños para ponernos incómodos de forma consciente y controlada? Si sabemos que con ello se va a fortalecer la mente y el carácter, para que tomemos mejores decisiones, nos desenvolvamos mejor y afrontemos mejor los desafíos de la vida.

Fíjate que aquí la clave es el adjetivo "voluntaria", puesto que la vida está absolutamente plagada de incomodidades involuntarias.

Desgraciadamente, a veces la vida trae consigo sufrimiento y no podemos evitarlo. Aunque a veces ese sufrimiento cumple una función que, solo con el paso del tiempo, acertamos a poder descubrir.

Entre tanto, como nuestra mente se mueve en la búsqueda del placer y la evitación del dolor, nos vamos dejando arrastrar hacia una vida lo más cómoda posible, agarrándonos a cualquier elemento de placer que tengamos a mano. Total, ya que lo malo llegará en cualquier momento, disfrutemos mientras podamos. Y así nos "premiamos" de forma justificada con esa bola de helado doble, o haciendo compras innecesarias y compulsivas o ese viaje al caribe para acabar exhibiéndolo en redes sociales.

¿Es esto un error? Cada cual puede hacer con su vida lo que le parezca. Pero a la larga, esa actitud genera más sufrimiento, ansiedad, angustia y pérdida de control.

Así que, **exponerte a situaciones incómodas porque lo has decidido, te cambia por completo y, en muchos sentidos, te facilita la vida.** Ya comenté al principio del libro, que para mí algo que me ha hecho evolucionar muchísimo a nivel físico, mental e incluso diría espiritual, es ducharme todos los días del año con agua fría. Creo que el día en que decidí firmemente que lo haría, empecé a tener el control sobre mi mente. Y eso se lo debo a la lectura del libro "El método Wim Hof".

Además, en última instancia, el beneficio de la incomodidad voluntaria reside en que, cuando llegue la involuntaria, estarás mucho más preparado. Serás más resiliente y estarás más preparado para afrontar los golpes, puesto que lo llevarás haciendo durante años por tu cuenta y riesgo.

Es muy probable que la incomodidad voluntaria te acabe pareciendo placentera a largo plazo, pues te aporta mucho más de lo que te resta.

No obstante, no quiero transmitirte la idea de que es necesario renunciar completamente al placer, y que no puedas disfrutar de unas cervezas o una tarta de vez en cuando. Sino de lo bueno que sería que incorporases en tu día a día pequeñas dosis de incomodidad de forma totalmente consciente y voluntaria. Como, por ejemplo: entrenar cuando no tienes ganas, levantarte temprano, aunque hayas trasnochado el día anterior, irte a la cama con un poco de hambre o saltarte alguna comida de vez en cuando, no mirar el móvil durante un día completo, ... Son solo algunas ideas.

ANTIFRAGILIDAD

Para cerrar este capítulo, vamos con el concepto de ANTIFRAGILIDAD, término acuñado por el filósofo y economista Nassim Taleb. Como no existe una palabra que designe exactamente lo contrario de frágil, él lo llama antifrágil, con el matiz de que, lo contrario de frágil, no es fuerte, sino antifrágil.

Algo fuerte simplemente resiste ante lo negativo. Sin embargo, algo antifrágil se beneficia, e incluso mejora, ante estímulos negativos, es decir, se fortalece ante la adversidad. Igual que una persona resiliente.

Nassim habla de que los objetos inanimados, en situaciones de estrés se desgastan de forma totalmente irreparable (se oxidan, rompen, debilitan...), pero los organismos vivos y los sistemas complejos, si superan un momento crítico, se vuelven más resistentes y mejoran de cara al futuro. Por ejemplo, nuestros músculos, pulmones, corazón e incluso nuestro cerebro se hacen más fuertes cuando son sometidos a estímulos estresantes para los que están bien adaptados genéticamente. En biología, este fenómeno de antifragilidad es conocido como hormesis, de ahí su relación.

Nuestro mundo moderno, estructurado y facilitador de todo, hace que muchos aspectos de nuestra vida queden adormecidos, porque no nos encontramos ante la necesidad de resolverlos, pues ya hay alguien o algo que lo puede hacer por nosotros.

Pero ¿Cómo funciona la antifragilidad? **Son las situaciones críticas las que crean la necesidad de actuar, solucionar el problema y, además, posiblemente innovar y superarnos.** Podemos afirmar que, en no pocas ocasiones, la creatividad surge de la verdadera exposición al peligro. De la necesidad de actuar sí o sí. Es ante situaciones críticas que aprendemos sobre cómo salir de ellas y nos volvemos más fuertes.

Esto nos hace reflexionar lo siguiente: la formación a través de una educación formal es muy eficaz en algunas áreas, pero quedarnos sólo en este tipo de conocimientos y creer que de ellos va a surgir la maestría es un error: la creatividad, la espontaneidad y la autenticidad, natural e ilimitada, que poseemos como seres inteligentes pueden quedar anuladas ante las limitaciones lógicas. Ya lo decía Einstein "es un milagro que la curiosidad sobreviva a la educación reglada". Por tanto, **para aprender y avanzar, lo mejor es experimentar. Y experimentar supone fallar y aprender de los errores, que son los que nos hacen mejores.**

Para finalizar este apartado y tratando de arrojar luz sobre cómo afecta la antifragilidad en los más pequeños, podemos decir que es necesario que los niñ@s no vivan en una "burbuja" en la que todo sea predecible para ellos, todo su día a día esté perfectamente estructurado y sepan en todo momento lo que tiene que hacer. Esto es aplicable a casa y al colegio.

Se hace necesario, para avanzar y progresar en el desarrollo, que el niño se vea sometido a algunos episodios de incertidumbre, caos o descontrol. De tal modo que pueda vivenciar diferentes sentimientos de angustia, miedo o preocupación (de forma controlada), que le hagan superarse y sacar lo mejor de sí mismos.

Como bien dice Toni Nadal (tío del gran campeón Rafael Nadal) "para que una persona pueda ser mínimamente fuerte no queda más remedio que soportar algo de dureza y no ser tan protector con ella. Es muy difícil que alguien se desarrolle bien con un exceso de protección. Estamos en un mundo competitivo, por lo tanto, nos tenemos que preparar para ello"

Pero una cosa debe quedar muy clara: **en LA DOSIS ADECUADA está la mejoría, es decir, lo habitual para el niño debe ser el sentimiento de seguridad. Pero para que haya progreso y saque lo mejor de sí, son necesarios los estresores de forma controlada.**

¡Seguimos sumando en la mochila de la salud! Y a lo largo de las próximas páginas, iremos profundizando más en otros aprendizajes, que nos acerquen a la verdadera salud.

2.7 Exceso de Dopamina/Cortisol.

DOPAMINA

Tal y como veíamos en el capítulo anterior, encontrar equilibrio entre placer e incomodidad es clave si quieres tener las riendas de tu vida. Y para ello hay un neurotransmisor en nuestro cerebro que se conoce como "la molécula de la motivación y del placer".

Hemos de ser conscientes que no solo producimos dopamina cuando obtenemos una recompensa esperada (un helado, unas vacaciones, un capricho que me he comprado, etc.), sino que ésta empieza a liberarse mucho antes de obtener la recompensa. Es decir, que la búsqueda de esa recompensa es lo que más dopamina parece generarnos.

A lo largo de la historia, el ser humano ha mantenido en equilibrio sus niveles de dopamina, pero esto es algo que se ha visto alterado en los últimos tiempos. Tradicionalmente, para conseguir una recompensa, siempre había sido necesario cierto tipo de esfuerzo y sacrificio (conseguir comida era complicado), pero en los últimos años esto ha dejado de ser así. Y no solo con la comida, sino que tenemos a mano una ingente cantidad de opciones que nos ofrecen placer inmediato a cambio de nada de esfuerzo.

Aunque todo en la vida tiene un precio o un peaje que pagar. No hay algo a cambio de nada y eso está provocando una serie de consecuencias. *Tiktok*, los videojuegos, las redes sociales, la comida rápida hiperpalatable, el consumo de contenido para adultos, etc., nos están alterando el sistema de recompensa.

Muchos picos de dopamina repetidos en cortos intervalos de tiempo, disminuyen nuestros niveles basales de este neurotransmisor. A lo que hay que sumar que se **inhiben los niveles de serotonina**, otro neurotransmisor muy relacionado con el control de las emociones y el estado de ánimo. Ante este panorama (niveles basales reducidos de dopamina y de serotonina), nos encontramos con **ansiedad, depresión, desmotivación y apatía, todos ellos males de las sociedades modernas y que son el precio a pagar por el hedonismo desenfrenado y la adoración a la inmediatez.**

¿La razón? Cuando nos vemos expuestos a la búsqueda y disfrute de elementos tan placenteros como las redes sociales, la pornografía o la comida basura, la gran liberación de dopamina desensibiliza los receptores haciendo que cada vez necesites estímulos más intensos para producir placer. Y, **en consecuencia, las actividades menos placenteras te resultarán insoportables.** Te

convertirás poco a poco en adicto al estímulo, perdiendo muchas cosas por el camino, entre ellas la libertad.

Todos tenemos tendencias adictivas que menoscaban nuestra salud. Pero el elemento común que debes buscar es el alivio que ese elemento genera en ti y que hará que vuelvas a exponerte en el futuro a esa misma cosa, reforzando las autopistas neuronales que dan soporte a tu adicción. Recuerda que puedes ser adicto a casi todo: personas, alimentos, ideas, sensaciones, comida, móvil, conductas, etc.

¿Cuál sería la solución ante este panorama? Hacer un reseteo en tu cerebro con lo que se ha venido en llamar **"ayuno de dopamina".** Es decir, tratar de pasar unos cuantos días (de 3 a 7 dicen que sería lo ideal, pero esto dependerá de cada uno), sin esos estímulos que nos desequilibran el sistema (móvil, redes sociales, comida basura, compras compulsivas, etc.).

También podrías incorporar **actividades para producir esa incomodidad voluntaria** que veíamos en el capítulo anterior, como pueden ser la exposición al frío, el ejercicio físico intenso, una dieta más ligera, natural y menos procesada, alejarnos de los azúcares, refrescos, alcohol...

Además, las actividades que pueden contribuir a unos niveles adecuados de dopamina son todas aquellas que disminuyan el estrés, como, por ejemplo: deporte y actividad física, yoga, meditación y actividades con componente social.

De este modo, volveremos poco a poco a niveles basales óptimos de dopamina, consiguiendo:

- Recuperar nuestra motivación intrínseca.
- Mejorar la productividad,
- Priorizar cosas importantes para nosotros,
- Ser capaces de concentrarnos en tareas menos estimulantes, pero que sabemos que tenemos que hacer, etc.
- Recuperar la calidad del sueño.
- Mejorar el estado de atención y la memoria.

En conclusión, debemos buscar el delicado equilibrio en donde coexistan las acciones "difíciles" o menos estimulantes, con aquellas otras más placenteras. Ahí está la virtud.

BENEFICIO INMEDIATO/BENEFICIO A LARGO PLAZO

Sabemos que, una de las claves del éxito en la vida, está en **saber posponer la gratificación inmediata,** por lo que esta **debería ser una de las metas de la enseñanza.** Deberíamos entrenar a los niños en aquellas instrucciones que los lleven a donde queremos y hacerlo conscientemente.

En un estudio realizado en la Universidad de Stanford en 1972, llamado el **"experimento de la golosina".** Se midió la capacidad de niños de preescolar para regularse emocionalmente.

Se colocaba una golosina delante de ellos y se les dejaba solos en la habitación con la promesa de que tendrían una segunda golosina si podían aguantar sin comerse la primera durante 15 minutos.

Aún treinta años después, las vidas de aquellos que pudieron posponer la gratificación inmediata (una única golosina), en pos de obtener la segunda golosina (beneficio a largo plazo), eran sustancialmente mejores en muchos aspectos. Conseguían mejores notas en los exámenes, ganaban más dinero y creaban matrimonios más felices. Eran más sanos y saludables y tenían menos hábitos adictivos (Schlam, Wilson, Shoda, Mischel & Aduk, 2013).

"Sigue la vida mejor, no la más agradable, de modo que el placer no sea el guía, sino el compañero de la voluntad recta y buena, pues es la razón quién tiene que guiarnos".

"Cuantos más placeres te capturen, más dueños tendrás que servir".

Séneca.

Por tanto, la búsqueda constante de placer nunca podrá ser la base sobre la que tomes tus acciones, pues, poco después de satisfacer uno, volverá a aparecer otro, y en muchos casos más fuerte. Lo importante es no perder nunca la capacidad de disfrutar las cosas sencillas, como base para llevar una buena vida.

Esto es especialmente importante hacérselo saber a los niñ@s, puesto que, hoy día tienen de todo (ropa, juguetes, videojuegos...) y de sobra. Así que dejan de valorar las cosas, con el peligro que esto conlleva.

La educación, debe perseguir que los pequeños **aprecien y valoren mucho más las cosas**, desde lo más sencillo, simple y barato. Hasta lo más complejo, sofisticado y caro. Pues solo de esta forma, podrán ser libres y felices. Optimizar tu salud y prevenir la enfermedad tiene mucho que ver con esto: ser capaz de retrasar recompensas.

CORTISOL

El cortisol es la principal hormona del estrés. Ya hablamos un poco acerca de este mal crónico de la sociedad actual, pero ahora vamos a profundizar un poco en las consecuencias del exceso de cortisol en el organismo, puesto que el cortisol en sí no es malo, lo que es perjudicial es su exceso, lo mismo que sucedía con el estrés.

Hemos de distinguir entre dos tipos de estrés:

- **Estrés bueno o "eustrés"**, que suele caracterizarse por ser agudo y ceñirse a un corto período de tiempo. Por ejemplo, aquí entrarían los choques térmicos, un estado de alerta ante un peligro real, un fuego..., pero también de forma puntual ante un examen importante, una competición deportiva, un reto laboral... En estas situaciones, la persona es capaz de adaptarse a lo que sucede y reequilibrarse al poco tiempo. Es importante aprender a lidiar con estos momentos desde la infancia, permitiendo a los niños que se enfrenten a diferentes realidades, maduren y progresen en la vida.

- **Estrés crónico o tóxico:** es aquel provocado por situaciones más emocionales (de malestar, incertidumbre...) y que se prolonga mucho más en el tiempo. Por ejemplo, la insatisfacción por un trabajo que no disfruto o por un horario laboral que no me permite conciliar la vida familiar, o discrepancias con mi pareja que no sé cómo afrontar, o preocupación por no llegar a fin de mes o no poder pagar la hipoteca... Este estrés crónico desajusta el ciclo natural del cortisol, haciéndolo permanente en el organismo y, como consecuencia, nos hace más vulnerables a las infecciones.

¿Por qué somos más propensos a enfermar cuando el cortisol se mantiene elevado? Porque el cuerpo limita los recursos disponibles para el sistema inmune, ya que los considera prescindibles durante ese estado de alarma. Frena la capacidad de regulación inflamatoria y, por tanto, nuestro cuerpo es incapaz de defenderse contra virus y bacterias.

Algo similar ocurre con el sistema digestivo. Ante una situación de alarma, digerir comida pasa a un segundo plano, y cuando la alerta se mantiene en el tiempo empiezan los problemas: hinchazón, gastritis, colon irritable, flatulencias, ardores, estreñimiento o diarrea, disbiosis intestinal...

En definitiva, el nivel de cortisol sube en situaciones de miedo, amenaza, tristeza o frustración. Si estamos "intoxicados" por cortisol, esta hormona está inundando la sangre en lugar de la serotonina o la dopamina, hormonas que tienen un impacto positivo y de bienestar en el cuerpo y en la mente.

Un estrés puntual y controlado te hará estar más centrado y retener mejor la información, siendo más productivo. Mientras que, cuando el estrés es una constante, toda la función cognitiva se ve disminuida, siendo más propensos a los estados depresivos. En los próximos capítulos, nos centraremos en conocer herramientas para manejar mejor el estrés y controlar tus niveles de cortisol, desde la respiración, al sueño, el contacto con la naturaleza y los increíbles beneficios que tiene la música para modular tu estado de ánimo.

¡Acompáñame!

2.8 La música amansa a las fieras.

La salud y el bienestar van ligados a los estados de ánimo. Y estos van ligados a las emociones. Por tanto, ¿qué puedes hacer para mejorar tus emociones? O ¿cómo puedes replicar en tu mente emociones positivas?

Sabemos que el ejercicio físico, la alimentación, las respiraciones completas y equilibrantes, un sueño reparador, las palabras positivas, las imágenes agradables, ciertos olores, sabores, personas, entornos, situaciones... Así como la música, es capaz de hacernos sentir emociones positivas (aunque según el tipo o la persona podrían ser también negativas).

La música provoca en nosotros un determinado comportamiento y sentimiento.

Al entrar por los poros de la piel, nos hace vibrar. Nos agita, nos sacude, nos levanta, cabeceamos, brincamos, bailamos... Y también nos relajamos. Gracias a lo cual, tu salud puede verse muy fortalecida, puesto que tendrás menos inflamación y tu sistema inmune funcionará mucho mejor.

No sé si conoces que, **en las granjas de vacas**, suele haber siempre **música clásica de fondo,** puesto que es un hecho demostrado que ayuda a que estos animales reduzcan su estrés, se relajen y, con ello, reduzcan sus enfermedades y aumenten la cantidad de leche. Te lo digo de primera mano porque mi padre fue ganadero, y siempre puso música para que las vacas dieran más leche.

Digamos que la música provoca esto de una forma indirecta. Hace que el animal esté más seguro y tranquilo, con lo cual su rendimiento se ve aumentado. Y al contraer menos enfermedades, son más días óptimos para la producción de leche.

¿Te das cuenta que volvemos a lo que te contaba el principio del libro? Si nos educamos para la salud y nos alejamos de la enfermedad, vamos a ganar tiempo: G-A-R-A-N-T-I-Z-A-D-O. Porque siempre que tengamos salud, tendremos energía, vitalidad, ganas de hacer cosas... No habrá días en los que no podamos rendir bien (en un examen, un partido de fútbol, unas vacaciones, una reunión importante...). Al final se cumplirá la frase "optimiza tu tiempo. Alcanza tus metas". Todo el tiempo invertido en educarte para la salud, te será devuelto con creces y te pagará el mejor rédito. Por eso estoy seguro que este libro te ayudará de una forma u otra.

El cine, el teatro y la televisión conocen muy bien la capacidad de la música para provocar diferentes sentimientos y estados de ánimo: tristeza, alegría, júbilo, miedo, tensión, relajación, risa, suspense...

La música forma parte indisoluble de muchos espectáculos deportivos: ¿quién no conoce la música de "La Champions"? ¿O la canción "We are the Champions"? Y todo el mundo sabe que algo dentro de su cuerpo se remueve cuando oye estos himnos. La música permite coordinar comportamientos en grupo, convirtiéndose en el vector esencial de la cohesión social.

En todo tipo de celebraciones, bodas, eventos políticos o de cualquier tipo, la música es algo fundamental.

En la pasada pandemia, la canción "Resistiré" fue capaz de infundir ánimos a mucha gente en momentos delicados.

"Una canción no puede parar un tanque, pero puede partirle el corazón al guerrero que lo conduce"
Alejandro Sanz.

Fíjate hasta qué punto la música tiene fuerza creadora. Cada uno tenemos unos gustos concretos, pero la música es algo que nos acompaña a lo largo de nuestras vidas. De hecho, no ha habido ninguna cultura humana conocida, no ahora ni en cualquier época del pasado de la que tengamos noticia, sin música.

Solo en fechas relativamente recientes de nuestra propia cultura, hace unos quinientos años, surgió una diferenciación que dividió en dos la sociedad, formando clases separadas de oyentes e intérpretes. Puesto que, en casi todo el mundo y durante la mayor parte de la historia humana, la música era una actividad tan natural como respirar y caminar, y todos participaban de ella. Las salas de conciertos, dedicadas a la interpretación de música, aparecieron hace muy pocos siglos.

Hoy la música se ha convertido en una actividad reservada a unos pocos en nuestra cultura, y los demás tenemos que escuchar. Pero no por ello deja de emocionarnos.

¿Por qué escuchamos música y por qué estamos dispuestos a gastar tanto dinero para ir a un concierto? Dos entradas podrían costar fácilmente tanto como lo que gasta en alimentación en una semana una familia de cuatro miembros.

Entender eso es una ventana que da acceso a la esencia de la naturaleza humana. Es algo que nos proporciona placer. No podemos vivir sin música. A veces nos complace escuchar la misma canción una y otra vez. Y la repetición lejos de empañar el placer lo refuerza. Es como si siempre hubiera algo nuevo que descubrir, que ninguna escucha anterior nos había permitido sentir.

MÚSICA E INTELIGENCIA.

Se ha estudiado mucho la capacidad que tiene la música para mejorar la inteligencia de las personas. Es un hecho demostrado que la adquisición de habilidades motrices, como las que adquieren los músicos, provocan cambios microestructurales en el cerebelo, incluyendo un aumento del número y la densidad de las sinapsis.

Pero el hecho de que, por sí solo, escuchar música pueda hacernos más inteligentes, es un hecho que tiene muchos defensores, así como algunos detractores, que afirman que es solo un mito. Me refiero, sobre todo, a lo que se conoce como **"Efecto Mozart"**.

Los efectos positivos de la música de Mozart (o música clásica en general) en el cerebro, son para muchas personas evidentes y pueden mejorar nuestra salud mental y física. Si te sientes bajo de ánimo o necesitas mejorar tu capacidad cognitiva, escuchar algunas piezas del compositor austríaco puede ser una buena opción para estimular tu cerebro. Así lo atestiguan algunos estudios, entre ellos uno de la Universidad de Helsinki, que demostró que la música clásica estimula las neuronas encargadas de producir dopamina, así como las de regular la neurodegeneración.

Tal y como pasa con otras muchas cosas en la vida, que la ciencia no se haya puesto del todo de acuerdo, no significa que algo no sea verdad. Es más, la ciencia podría estar de acuerdo y a los pocos años demostrarse que estaban equivocados, como ha pasado tantas veces a lo largo de la historia.

Por eso, lo mejor es que lo compruebes por ti mismo. Yo sí que utilizo música clásica de fondo en diferentes períodos de mi día a día, mientras estoy trabajando con el ordenador, estudiando, o incluso mientras escribo estas líneas. Y puedo concluir que a mí me funciona para ayudarme a estar más concentrado y mantener esa concentración durante más tiempo.

En última instancia cabría preguntarnos ¿Qué es lo que nos hace más inteligentes?, ¿escuchar la música o los beneficios de estar más concentrado durante más tiempo? Sucede lo mismo que con las vacas: no dan más leche por la música en sí, sino por la relajación que les produce y la disminución del estrés.

MÚSICA Y EDUCACIÓN

Hay una frase muy famosa que dice, "somos lo que comemos y también somos lo que asimilamos". Pero esta frase se nos queda muy corta, pues podríamos seguir argumentando que "somos los que sentimos, somos lo que vemos, somos lo que oímos (noticias, chascarrillos, palabras que nos dicen, música de diferentes géneros que escuchamos...), somos también las impresiones que nos llevamos del mundo que nos rodea, y así podríamos seguir...".

Quiero decir, que todo aquello que entra por nuestros sentidos, va conformando nuestra personalidad, imagen, autoconcepto, autoestima... Yo soy una cosa y otra cosa diferente es la imagen que los demás tienen de mí, e incluso la imagen que yo tengo de mí mismo.

Y lo que yo soy es fruto de la educación que he recibido a todos esos niveles que han ido penetrando por mis sentidos y se han instalado en alguna parte de mi cerebro y de mi mente.

La **música tiene la capacidad de producir muchas mejoras para la salud de las personas** (incluso se ha demostrado que la audición de música y la terapia musical ayudan a la gente a superar una amplia gama de problemas físicos y psicológicos), **amén de ser un instrumento educativo en sí mismo.**

Pero aquí nos volvemos a topar con algo similar a lo que dijimos de la asignatura de Educación Física. Parece que la Educación Musical ha sido a menudo la hijastra pobre de las escuelas públicas, lo primero que se recorta cuando hay problemas de financiación.

Sin embargo, en la Educación Primaria puede ser una asignatura muy estimulante. Desarrolla la percepción auditiva y psicomotriz, el trabajo en equipo y la consecución de proyectos grupales, además de desarrollar un sentido crítico con la cultura que nos rodea. Quizás sea la etapa más fácil para ampliar las horas que se imparten, debido a su poder motivacional.

En educación secundaria está claro que debe ser una asignatura de desahogo para el alumnado. Nos encontramos con la dificultad de conectar con su centro de interés, pero que bien enfocada puede aportar el desarrollo de los aspectos antes mencionados.

Los contenidos son el primer punto a cuestionarse para conseguir lo anterior. El alumnado pasa muchas horas en asignaturas suficientemente densas, sobre todo en secundaria, como para intentar engrosarlos aún más. Por ello, **la parte práctica de la interpretación musical es, desde mi punto de vista, la principal vía de trabajo.**

Ya son muchos los institutos que trabajan por proyectos, haciendo versiones de sus temas favoritos mediante instrumentos electrónicos. Esto ocasiona un **trabajo en equipo** en el que cada uno de los miembros es un pilar para la consecución de un objetivo común, adquiriendo una responsabilidad con el grupo.

De esta manera, la parte teórica de la asignatura se va adquiriendo de manera implícita durante el proyecto, evitando las largas horas de teoría que muchos hemos vivido y que no son del interés de la mayoría del alumnado. Se pueden desarrollar de esta manera **actividades de educación auditiva, rítmica, melódica e incluso armónicas, adaptadas al nivel de cada curso.**

En cuanto a contenidos sobre la evolución e historia de la música, sería bueno que estuvieran enfocados a entender el **porqué de la música actual y cómo se ha llegado a ella en la actualidad.** No es de su centro de interés la música barroca, clásica o romántica, son siglos que les quedan muy lejos de lo que han vivido. Por ello deben de servir como una herramienta para entender cómo funciona la música en la actualidad.

La mayoría de alumnos se sorprenderían de lo mucho que tiene que ver un rondó de Mozart con un tema de Bizarrap, y cómo el segundo no existiría sin las innovaciones del primero, pero sería una utopía que aprecien al primero sin usar al segundo.

En la Educación obligatoria hay que centrar la música en ayudar al alumno a tener una **experiencia práctica y general** de este inmenso campo, **sin caer en el hastío y desmotivación.** Y diferenciarlo de los estudios específicos de música en escuelas de música o conservatorios, donde la metodología será diferente.

En esa asignatura idílica que tengo en mente, Educación para la Salud, la música tendría sin duda un papel fundamental. La música debe estar mucho más presente en las aulas, no solo en la asignatura de Música. Gracias a ella, podemos conseguir calmar a los alumnos cuando están inquietos. Así como podemos conseguir que se activen cuando notemos que están cansados. ¿No parece esto difícil de conseguir, tanto para padres como para maestros? ¡Y eso lo consigue la música! Además, puede transmitir alegría y seguridad, ese pilar tan fundamental que estudiamos en la primera parte del libro.

Oír una canción que te gusta es muy parecido a disfrutar de cualquier otra **experiencia sensorial agradable** (comer una chocolatina, el olor a café recién hecho...). La experiencia sensorial nos causa placer y su familiaridad, y la **seguridad** que ella aporta, nos resultan gratas. También **ejerce como cohesionador grupal.** Si una clase comparte una o varias canciones propias, la sola escucha de esas canciones pondrá a los alumnos en una situación de empatía y unión con los compañeros.

Por todo esto que te he contado, no dudes en poner música a tu vida. Y haz que tus hijos escuchen música también. En lugar de pasar tanto tiempo viendo televisión o videojuegos, la música será mucho más enriquecedora.

2.9 Respiración.

La mayoría de la población está de acuerdo en afirmar que la nutrición, la actividad física y un descanso apropiado, son pilares básicos de una buena salud. Pero que otro pilar sea, sin lugar a dudas, una respiración eficiente, no es algo que tengan tan claro. De hecho, cuando a principios de año la gente se marca propósitos de Año Nuevo, pocos son los que afirman **"este año voy a aprender a respirar mejor"**. Cuando es, a ciencia cierta, una de las cosas que más impacto positivo va a tener en sus vidas.

Cabe la posibilidad de que, algunas personas, asocien el control de la respiración con la meditación de los monjes budistas (una vez más las creencias que nos limitan). Pero, hoy en día, hay una mayor desmitificación de la respiración como algo vinculado a lo religioso. Y son cada vez más los profesionales de la salud que la recomiendan en sus consultas (médicos, fisioterapeutas, nutricionistas, psicólogos...) por los muchos beneficios que aporta.

Y es que, la medicina moderna es tremendamente eficiente cortando y cosiendo partes del cuerpo en casos de emergencia, pero tristemente deficiente al tratar enfermedades sistémicas crónicas más leves: asma, cefaleas, estrés, ansiedad, problemas gastrointestinales o problemas autoinmunes, con que lidia buena parte de la población actual.

Según un estudio de la Organización Mundial de la Salud, **el estrés es la enfermedad del siglo XXI.** Llevamos un ritmo de vida muy acelerado y desde muy pequeños hay problemas de ansiedad, estrés y depresión. Todo esto se traduce en una respiración ineficiente, que a su vez afecta a nuestra energía y rendimiento durante el día.

Tenemos muchos estímulos que demandan nuestra atención, exceso de información y tareas, miedo de no estar a la altura de las expectativas que nos hemos creado nosotros mismos. Vivimos en un mundo exigente que nos obliga a estar disponibles 24/7. Siempre debemos mantenernos activos y conectados, lo que ha derivado en un fenómeno denominado **FOMO**, acrónimo de Fear Of Missing Out, que básicamente consiste en un **miedo irracional a estar perdiéndonos algo**. Un pensamiento que, además, nos hace sentir mal.

Son precisamente los adolescentes los que experimentan el FOMO con más fuerza (aunque los adultos tampoco se libran). Las redes sociales tienen mucho que ver, ya que generan una continua necesidad de permanecer atentos a cualquier cosa que pase en internet y en el mundo (de ahí que estas redes sociales tengan *stories* que desaparecen en un tiempo determinado, para que el usuario tenga que entrar de forma recurrente por el miedo a perderse algo).

Entre los mayores, y cada vez en gente más joven, también sucede lo que ha venido en llamarse **"la apnea del correo electrónico o apnea de la pantalla"**, que viene a explicar el hecho de que cuando estamos delante del ordenador u otras pantallas (revisando correos o *whatsapps*, visitando webs o redes sociales), comenzamos a respirar de forma superficial y entrecortada.

Además, en algún momento, inconscientemente, aguantamos la respiración durante varios segundos como reacción a la leve sensación de estrés producida por la tarea en sí. **"Me olvidé respirar"**, como diría la canción de India Martínez y David Bisbal. Y esto es algo que nos ocurre al 80% de las personas, según los últimos estudios de la tecnóloga y escritora Linda Stone.

Luego de un tiempo realizando estudios sobre este hecho, Stone pudo comprobar que los niveles de estrés registrados al leer y contestar mensajes o correos eran muy similares a cuando nuestro cuerpo se siente amenazado. Y en cuanto el organismo percibe un leve indicio de ansiedad, altera la respiración. Llegados a este punto, **sabemos cómo respiramos en momentos de estrés: de forma superficial (respiración clavicular), rápida, entrecortada...** Y en el caso de la apnea del correo electrónico, **dejamos de respirar directamente**.

¿Hasta qué punto resulta preocupante?

Según estudios recientes sobre el tema, cuando el equilibrio entre el oxígeno, el dióxido de carbono y el óxido nítrico se ve comprometido, también se altera la bioquímica de nuestro organismo, y ello afecta a nuestro sistema inmune.

Básicamente nos deja más indefensos ante bacterias o posibles infecciones a las que tengamos que enfrentarnos. Estos desequilibrios también propician **el efecto dañino que provocan la luz blanca de las pantallas.** Máxime cuando miramos a ellas de noche, en el punto donde las células de nuestro cuerpo saben que deben descansar y repararse. Y cuando son afectadas por este tipo de luz producen muchas alteraciones con consecuencias muy negativas para la salud. Y si quieres saber más sobre los efectos negativos de la luz artificial en nuestro cuerpo, te recomiendo seguir a la comunidad de Carlos y Ricardo STRO y/o leer su libro "Super Vivir".

Ahora bien **¿cuántas horas dedicas a mirar algún tipo de pantallas?** Porque no es solo la gente que trabaja con un ordenador, son las horas mirando el móvil (aplicaciones, WhatsApp...), los niños la tablet realizando tareas o estudiando. Además, el exceso de luz artificial durante el día (en despachos, oficinas, fábricas, colegios...) así como por la noche (cuando deberíamos dar prioridad a la luz roja o infrarroja, mucho más tenue) tampoco ayuda mucho.

Todo este panorama nos deja poco espacio para el descanso, la relajación y la recreación, lo que a su vez aumenta el estrés y la ansiedad, y así es como se cierra esta paradoja particular.

RESPIRA CORRECTAMENTE PARA COMBATIR EL ESTRÉS

Sabemos que existe una relación muy estrecha entre nuestra mente y nuestra respiración. Y que una afecta a la otra y viceversa en una relación bidireccional. Por tanto, si sabemos qué respiraciones son las más adecuadas para calmar nuestra mente, podremos controlar el estrés, relajarnos, dormir mejor, recargarnos de energía, mejorar las digestiones, la concentración, la memoria y las respuestas que damos ante las emociones.

Todo esto lo está demostrando ahora la neurociencia, aunque hay culturas de la medicina tradicional China, el yoga y la meditación, que conocen esto desde hace siglos. Por eso es que la Ciencia, a veces, no es que vaya a la vanguardia. Sino que depende de lo que se haya priorizado en investigar.

¿Cómo son las respiraciones ideales que nos hacen controlar el estrés? Veamos las características más importantes:

1. **Respiraciones LENTAS Y CONTROLADAS.** La mayor parte del tiempo, muchas personas realizan en torno a 8-12 respiraciones por minuto (inspiraciones y expiraciones completas). Pero hay

cientos de estudios que nos dicen que el **patrón ideal** estaría en torno a **5,5 respiraciones por minuto**, por lo que está claro que debemos bajar el ritmo.

Cuando veamos las técnicas de respiración, la mayoría serán para bajar el número de respiraciones, aunque hay algunas técnicas con respiraciones más rápidas para fines concretos (activarte para hacer deporte, aumentar la temperatura...) pero no serán de las que nos ocupemos aquí.

En muchos sentidos, esta forma de respirar más lenta, aporta los mismos beneficios que la meditación para quienes no quieren meditar. Además, entrenar el cuerpo para respirar menos, incrementa el VO2max (volumen máximo de oxígeno), lo cual ayuda no solo a mejorar la potencia atlética, sino también contribuir a que vivamos una vida más sana y larga. Además de otros beneficios como son: reducir más "grasa del torso", mejorar el funcionamiento cardiovascular y aumentar la masa muscular, en comparación con quien respira más.

2. Respiraciones NASALES (por la nariz) y NO BUCALES (por la boca). "La nariz está para respirar y la boca para comer", por tanto, cierra la boca todo lo que te sea posible. Esto es especialmente importante mientras duermes. Algunas **consecuencias negativas si estás respirando por la boca** son: sequedad bucal, garganta irritada, ronquidos y mayor presencia de caries.

Las personas, en especial los más pequeños, que son respiradores bucales, por lo general se sienten más irritables, estresados, somnolientos e incluso fatigados. Además, hay varios libros que describen los efectos horribles de roncar y de la apnea del sueño (provocados por respirar por la boca). Explican cómo dichas afecciones conducen a hacerse pis en la cama, al trastorno de déficit de atención e hiperactividad (TDAH), diabetes, hipertensión, cáncer, insomnio crónico, etc. Esto se debe a que si respiras por la boca estás enviando señales al cerebro para que se mantenga en alerta (situación de estrés) y rompes el equilibrio de todo lo demás.

En contrapartida, **respirar por la nariz nos reporta una serie de beneficios:** a través de unos neurorreceptores situados en la nariz, si respiramos por esta vía, se envían señales de calma al cerebro. Además, favorecemos la entrada de monóxido de nitrógeno u óxido nítrico (NO), que es generado en los senos paranasales. Un gas que, al igual que el dióxido de carbono, actúa como broncodilatador, lo que ayuda a que el sistema cardiovascular trabaje mejor.

La nariz limpia, humidifica y calienta el aire que respiramos para que se distribuya de forma más eficiente por todo el organismo.

No cabe duda de que practicar ejercicios de respiración consciente durante el día contribuye a que por la noche el cuerpo utilice menos la boca para respirar, ya que el cerebro está siendo educado para respirar siempre por la nariz.

No obstante, son muchos los médicos y dentistas que recomiendan a sus pacientes **taparse la boca para dormir.** Basta con un trozo de esparadrapo poroso hipoalergénico, del tamaño de un sello (o menos), colocado en el centro de los labios: como un bigote de Charles Chaplin, pero un poco más abajo. Y ya está. Esto hará que respires toda la noche por la nariz con los beneficios que eso supone, amén de disminuir e incluso hacer desaparecer, los ronquidos y la apnea del sueño. Y apenas notarás sensación de ahogo.

En este sentido, hemos de hacer algunas consideraciones sobre por qué hemos evolucionado a respirar tanto por la boca, cuando nuestros antepasados respiraban mucho más por la nariz. Y es que tenemos las vías respiratorias más estrechas que nuestros ancestros. Esto es debido a que, la innovación que supuso cocinar y machacar la comida, con **la disminución en la exigencia de masticar, provocó este estrechamiento de las vías, que se volvieron menos eficientes al filtrar el aire y nos exponían a más patógenos y bacterias** transportadas por el aire.

En consecuencia, para compensar este estrechamiento de las vías respiratorias, empezamos a respirar por la boca. De ahí que, una de las recomendaciones más importantes que podemos hacer, es que no nos olvidemos de **masticar alimentos duros.** Y, por supuesto, **mantener la boca cerrada para respirar.**

3. **Respiraciones COMPLETAS, aprovechando toda la capacidad que tenemos, llevando a cabo las 3 fases como si de una ola se tratase:** En este punto, animo al lector a ver algún vídeo explicativo para que comprenda y vea cómo realizar esta respiración completa.

No obstante, muchas personas respiran solamente con las fases 2 y/o 3 de las que siguen, fruto de padecer estrés y ansiedad.

Fase 1. Diafragmática o abdominal. En el primer momento de inspiración, el abdomen se hincha. El diafragma desciende suavemente y hace que toda la parte baja de los pulmones se llene de aire. La inspiración debe ser lenta y silenciosa. Si nos escuchamos significará que estamos inspirando demasiado deprisa. En segundo momento, al espirar, los pulmones se vacían y ocupan un lugar muy restringido. Es importante vaciar al máximo los pulmones y expulsar suavemente la mayor cantidad posible de aire.

Lo ideal es ejercitar la respiración diafragmática tumbado de espaldas, ya que esta posición favorece la relajación de la musculatura abdominal.

Tanto al inspirar como al espirar se debe vivir conscientemente la entrada y salida del aire y los movimientos que se suceden en el diafragma. Se puede colocar una mano sobre el vientre, aproximadamente en el ombligo y poder así seguir el movimiento abdominal.

Fase 2. Pulmonar o torácica o intercostal. Es una respiración incompleta, que se lleva a cabo con los músculos de las costillas que expanden la caja torácica, llenando así de aire los pulmones, en su región media. Se observa al practicarla que existe una mayor resistencia a la entrada de aire, en claro contraste con lo que ocurría en la respiración abdominal, que posibilita la penetración de un mayor volumen de aire con un esfuerzo menor. A pesar de ello, entrará una cantidad apreciable de aire durante esta respiración.

Combinando ambos tipos de respiración, diafragmática y pulmonar, permitiremos la ventilación satisfactoria de los pulmones.

Para tomar conciencia de ella, podemos colocar las manos a ambos lados de la caja torácica.

Fase 3. Clavicular o alta. Es la respiración más superficial pues requiere un máximo de esfuerzo para obtener poco aire. Durante la inspiración los hombros y las clavículas se levantan mientras se contrae el abdomen. El predominio de esta respiración es síntoma de personas con tensiones nerviosas.

Esta manera de respirar, la menos eficiente de las tres, no es entendible de forma aislada. Integrada en la respiración completa, adquiere todo valor y utilidad cuando va precedida de las otras dos fases.

RESPIRACIÓN COMPLETA: es la unificación de las tres respiraciones anteriores y se produce con el total llenado de los pulmones. Hay que comenzar por una inspiración lenta intentando cubrir sus tres fases: primero, vaciar bien los pulmones con una profunda espiración. Luego, llenar los pulmones con el descenso del diafragma (abdominal) para dilatar las costillas y que entre todo el aire que pueda (intercostal). Y, por último, levantar las clavículas (clavicular). Imaginar la respiración como si el aire fuera una ola del mar que va inundando de abajo hacia arriba el cuerpo es una buena forma de sentir esta respiración.

Debemos centrar toda la atención en el acto respiratorio que siempre debe ser por la nariz. Tanto la inspiración como la espiración serán silenciosas, lentas, continuas y cómodas. Así es la respiración ideal.

4. **Respirar más, solo de vez en cuando.** Cuando hablamos del concepto de hormesis hacíamos referencia al hecho de que exponernos a ciertos estímulos incómodos (calor, frío...) podía tener efectos muy positivos en nuestra salud. Pues aquí podemos aplicar este hecho a las respiraciones rápidas en las que buscamos conseguir una hiperventilación. Está claro que no son las que necesitan la mayoría de las personas, pero practicarlas de vez en cuando, y con consciencia, puede resultar muy beneficioso si es lo que pretendo: activarme antes hacer ejercicio, por

ejemplo, o aumentar la temperatura corporal en un momento en que haga frío.

En este tipo de respiraciones entrarían las respiraciones tipo *tummo* o las del método Wim Hof. Estas respiraciones activan la parte simpática del sistema nervioso (la de la adrenalina y el cortisol), pero no son las que vamos a detallar en este libro que son las contrarias, las que activan la parte parasimpática del sistema nervioso (el de la relajación y la calma).

5. **Aguantad la respiración para aprender a equilibrar y controlar los niveles de Dióxido de carbono en sangre.** No necesitamos más aire, necesitamos más CO2. Y, curiosamente, existe la creencia popular de que el CO2 es solo un producto de desecho que hay que expulsarlo como si se tratase de un veneno que nos intoxica, pero resulta que este gas cumple funciones muy importantes en nuestro organismo.

Básicamente, cuando los niveles de CO2 aumentan (respirando de forma más lenta y/o aguantando la respiración) conseguimos relajar el sistema nervioso, gracias a sus efectos vasodilatadores y broncodilatadores, siempre que lo aumentemos o disminuyamos de forma natural alargando las inhalaciones o exhalaciones.

Además, cuando hay un porcentaje de CO2 adecuado (respirando lento), el oxígeno se absorbe mejor, gracias a lo que se conoce como Efecto Bohr, al contrario de lo que se puede pensar.

Debes quedarte con la idea de que el oxígeno es bueno, pero el dióxido de carbono generado de forma natural por nuestro organismo también lo es, y el equilibrio entre ambos es fundamental.

Resumiendo, aquí puedes ver la diferencia entre la buena y la mala respiración:

Buena respiración	**Mala respiración**
Por la nariz	Por la boca
Ciclos completos	Respiración superficial
Usando el diafragma	Musculatura accesoria
Lenta y constante	Hiperventilando
Nos relaja	Nos estresa
Antiinflamatoria	Proinflamatoria

Aunque hemos dado muchos consejos para poner en práctica, en esto que hemos visto sobre la respiración, entramos ahora de lleno en la parte más práctica del mismo. Antes de ver algunos tipos de respiraciones concretas, veamos 2 pruebas a realizar para medir nuestra capacidad respiratoria. Estas pruebas podemos hacerlas con los más pequeños y son muy motivadoras para ellos, siempre bajo la supervisión de un adulto claro está.

PRUEBA DE RETENCIÓN EN VACÍO.

Se trata de extraer todo el aire de los pulmones con una exhalación y medir cuánto tiempo puedes aguantar sin volver a coger aire.

Debes probar a hacerlo cuando estés en un momento tranquilo, nunca después de hacer ejercicio o en situaciones de estrés. No intentes forzarlo ni aguantar más de la cuenta. Cuando sientas un poco de "hambre de oxígeno", es decir, una sensación de incomodidad producida por los primeros espasmos del diafragma, detén el cronómetro y vuelve a inhalar con naturalidad.

Una vez realizada la prueba, anota el tiempo que has aguantado. Con la práctica de las diferentes técnicas que veremos, lo interesante es que irás comprobando si estás avanzando y mejorando tu capacidad de tolerar mejor el CO2, que es un claro indicativo de que estás cambiando tu patrón respiratorio a uno más adecuado en tu día a día. Además, también es un buen síntoma de que ha mejorado tu condición física, lo cual se verá directamente reflejado a la hora de practicar deporte.

PRUEBA PARA MEDIR TU CAPACIDAD PULMONAR.

Aquí tratamos de medir la cantidad de aire que puedes inhalar. Para llevarlo a cabo, has de hacer una inhalación completa, llenando todo lo que puedas tus pulmones, y después ir sacando el aire poco a poco. Mientras lo sueltas, ve contando en voz baja, pero que resulte audible, 1, 2, 3, 4, 5, 6, ... y así hasta que te quedes sin aire.

De nuevo, es conveniente que anotes el resultado del número al que has llegado, para compararlo cuando lleves unas semanas practicando las técnicas respiratorias.

Verás que, sin duda, tomar consciencia de tus mejoras a medida que aumentan tus conocimientos y control sobre la respiración, también es una excelente forma de motivarte y hacer que la respiración consciente se convierta en un hábito para ti.

TIPOS DE RESPIRACIONES

RESPIRACIÓNES **EQUILIBRANTES:** Ayudan a estabilizar el sistema nervioso regulando el oxígeno y el CO2 en el organismo.

Respiración 4-4: consiste en inhalar en 4 tiempos y exhalar empleando la misma secuencia. Las puedes hacer en cualquier momento del día, incluso trabajando o haciendo las actividades cotidianas, y te ayudará a sentirte mejor. Haz 10 repeticiones.

Respiración alterna (respirando **por cada fosa nasal**): cuando forzamos la entrada y salida de aire por las diferentes fosas nasales, estamos equilibrando el sistema nervioso. El hemisferio izquierdo de nuestro cerebro está relacionado con el sistema nervioso simpático, mientras el derecho lo está con el parasimpático, y ambos a su vez están estrechamente relacionados con los ciclos nasales. Cada fosa nasal no siempre recibe el mismo flujo de aire: dependiendo de qué parte del sistema nervioso esté predominando, respiramos más por una fosa nasal u otra. Veamos cómo llevarlo a la práctica.

Siéntate con la espalda recta y cierra los ojos si lo deseas. Levanta la mano derecha y cierra la fosa nasal derecha con el pulgar derecho. Inspira por la fosa nasal izquierda durante 4 segundos (llenando los pulmones al 75% aproximadamente). Ahora cierra ambas fosas nasales con el pulgar y el anular y aguanta la respiración durante 4 segundos. Abre la fosa nasal derecha y espira durante 8 segundos, vaciando los pulmones (casi) por completo.

Ahora el ciclo contrario: mantén la fosa nasal izquierda cerrada e inspira por la derecha durante 4 segundos. Cierra ambas fosas nasales y mantén el aire durante 4 segundos. Abre la fosa nasal izquierda y espira durante 8 segundos.

Ahora se empezaría un nuevo ciclo completo. Practica de 3 a 8 rondas. Empieza con una relación inspirar-parar-espirar de 4-4-8. Más adelante, con la experiencia y la práctica, puedes aumentar lentamente a 4-6-8, luego 4-8-8 y, finalmente, a 4-12-8.

RESPIRACIONES **RELAJANTES:** Con estas conseguimos bajar mucho el ritmo de respiración, forzando a no expulsar tan deprisa el CO2, con lo que se produce una vasodilatación y nuestro ritmo cardiaco desciende. Con estas respiraciones estamos tomando el control para inducir un estado de calma a todo el organismo. Son perfectas para practicarlas antes de ir a dormir.

Respiración 4-8: consiste en inhalar en 4 tiempos y exhalar tardando el doble -8 tiempos-.

Respiración triangular (4-4-4): consiste en imaginar un triángulo en el que en cada lado realizamos una acción: primero inhalo en 4 tiempos, luego retengo el aire otros 4 tiempos y, por último, exhalo el aire en otros 4 más.

Respiración cuadrada: un paso más que la anterior, aquí nos imaginamos un cuadrado y en cada lado hacemos una acción: primero inhalo en 4 tiempos, seguido retengo el aire 4 segundos, a continuación, exhalo en 4 segundos y, por último, retengo en vacío otros 4 segundos (que sería la prolongación de la anterior).

Respiración 4-7-8: espira por la boca para empezar. A continuación, inspira por la nariz mientras cuentas hasta 4 mentalmente. Después contén la respiración y cuenta hasta 7. Luego cuenta hasta 8 y espira completamente. Repite el triple ritmo 4 veces.

Veamos ahora otros tipos de respiraciones que pueden practicar tanto jóvenes como mayores para aumentar la toma de consciencia respiratoria.

Respiración del buen humor: Siéntate derecho con la espalda recta. Respira un poco más profundo de la normal equilibrando el tiempo de inhalación y exhalación. Al inspirar, imagina que la energía fresca fluye por tu cuerpo. Al espirar, imagina que todo lo que te pesa y te molesta sale de tu cuerpo con la respiración.

Respiración con repetición de palabras: inspira por la nariz y luego espira lentamente y con concentración también por la nariz. Al espirar, pronuncia mentalmente de forma lenta una palabra relajante (calma, fluye, salud, rio, calor, luna...).

Contar las respiraciones de 1 a 10: consiste en inspirar y espirar ajustando los tiempos a cómo vas contando del 1 al 10. Empezarías inspirando en 1 tiempo y espirando en otro. Luego inspirando en 2 tiempos y expirando en otros 2. Y así sucesivamente hasta hacerlo en 10 tiempos (si te es posible). Y a partir de ahí, volver a hacerlo hacia atrás del mismo modo. Es una forma estupenda de traerte al momento presente y calmarte.

Escaneo del cuerpo: puede ser una buena introducción al *mindfulness* y a la respiración consciente. Se hace tumbado en el suelo o en una colchoneta y consiste en ir recorriendo mentalmente todas las partes del cuerpo, desde los dedos de los pies hasta el cuero cabelludo.

En ese recorrido hemos de permitir sentir cada parte que estamos recorriendo, imaginando cómo se relaja, así como poner consciencia en la respiración, haciendo que se traslade a cada parte del cuerpo. Si te surgen pensamientos que te desvían del ejercicio, concéntrate en tu respiración una y otra vez, hasta que los pensamientos desaparezcan. Termina el escaneo del cuerpo extendiéndote y estirándote con placer.

¿Qué método es el más adecuado para mí?

Lo importante es que lo practiques y que cuentes con diferentes técnicas que te ayuden a ser más consciente del acto de respirar. Hay algunas de estas técnicas que pueden realizarse en cualquier momento del día, pues no hay nada más integrado en nuestro ser que el acto de respirar. Y otras que pueden dejarse para momentos de más calma y relajación, cuando podamos estar tumbados (como antes de dormir) o en un instante del día en que queramos relajarnos.

Lo ideal, sería que nos enseñaran desde pequeños a integrar estas técnicas en nuestro día a día, porque nos ayudarían mucho a conocernos mejor, a controlar nuestros estados de ánimo, a estar más en el presente y a un sinfín de mejoras más. Dormir mejor es una de ellas, y es en la que me voy a centrar en el próximo capítulo.

2.10 Sueño.

IMPORTANCIA DEL SUEÑO

El sueño es, sin duda, uno de los pilares más importantes de la salud, pero que muchas personas pasan por alto bajo la excusa de "ya tendré tiempo de dormir cuando esté muerto". Siempre el pretexto del tiempo... que acaba asfixiando la salud de millones de personas.

No olvides la frase "Optimiza tu tiempo, alcanza tus metas", en donde optimizar tu tiempo se refiere a educarte todo lo que puedas para tener salud, ya que, ésta te pagará ese tiempo con creces, haciendo que puedas expandir mucho más tus días y tus horas.

Ya comenté los catastróficos efectos que tiene sobre el cerebro y otros muchos órganos del cuerpo, hacer guardias de 24 y 48h horas sin dormir, como hacen muchos sanitarios. Así como los trabajos correturnos que afectan de forma directa a los ritmos circadianos. La falta de sueño genera inflamación y llevamos muchos capítulos hablando de los efectos nocivos de la inflamación crónica de bajo grado en nuestro cuerpo. Por tanto, el sueño es algo que debes tomarte muy en serio, si quieres tener una vida saludable.

No todo el mundo necesita las mismas horas de sueño y, además, no todos tienen la misma calidad de sueño, lo que marcará, sin duda, una gran diferencia. Pero, como norma general, dormir menos de 6-7 horas comenzaría a producir una serie de **perjuicios en nuestra salud:**

- Debilitamiento del sistema inmune, lo que nos llevaría a mayor riesgo de enfermar por cualquier causa.
- Afecta al equilibrio entre los niveles de hambre-saciedad, al disminuir la leptina (hormona que da la sensación de saciedad), y aumentar la grelina (que dispara el hambre), comprometiendo el control de los impulsos por el consumo de alimentos especialmente ricos en calorías o azúcares.
- Altera los niveles de azúcar en sangre, lo que puede llegar a originar una diabetes tipo II.
- Es un factor clave en el desarrollo de enfermedades como el Alzheimer y otras patologías mentales (depresión, ansiedad o suicidio).
- Aumenta las probabilidades de enfermedad cardiovascular, ictus o fallo cardíaco. Erosionando las estructuras de los vasos sanguíneos.
- Disminuye las hormonas sexuales, testosterona y hormona luteinizante (LH) y foliculoestimulante (FSH), en las mujeres.

- Incrementa el riesgo de lesiones y disminuye el rendimiento deportivo, al no realizar correctamente los procesos de reparación.

Por suerte, **todo eso lo puedes mejorar, y muchas más cosas,** si tienes un sueño óptimo y reparador:

- Tendrás **una microbiota en mejor estado** y, con ello, un sistema inmunológico fuerte, que te ayude a defenderte de virus y bacterias.
- **Regularás mucho mejor el centro del hambre y la saciedad**, al equilibrar sus hormonas.
- **Mejora la salud psicológica y emocional,** haciendo que puedas afrontar mejor los desafíos de la vida.
- **Mejora tu creatividad, la capacidad de aprender, memorizar y tomar mejores decisiones.** ¡Fíjate si es importante dormir bien!

El hipocampo es la región del cerebro encargada de almacenar datos (aunque su capacidad es bastante limitada), pero el cerebro resuelve esto transfiriendo datos que interesa guardar a largo plazo a la corteza (cuya capacidad es muchísimo más grande). Además, el sueño consolida la información recién aprendida, ofreciendo seguridad frente al olvido. Y también **elimina "recuerdos parasitarios" con información emocional negativa, que nos conviene olvidar.**

Además, cuantas más fases del sueño tiene un individuo por la noche, mayor es la restauración de la capacidad de aprendizaje a la mañana siguiente.

- **Disminuye la presión arterial** y mantiene al corazón en buen estado.
- El sueño **es el mayor proveedor universal de salud.**

Lamentablemente, los efectos negativos de dormir poco o los positivos de dormir lo suficiente, no han sido claramente transmitidos a la sociedad. El sueño proporciona múltiples beneficios que aseguran la salud, y depende de ti decidir si aceptas su prescripción cada veinticuatro horas.

¿CÓMO SE GENERA EL SUEÑO?

Desde que hay vida en la tierra (hace aproximadamente unos 3600 millones de años), dos estados de luz se han grabado en nuestros genes, dando lugar a dos programas biológicos que gobiernan los procesos del organismo.

- **El programa diurno**: donde si nos exponemos a los primeros rayos de luz del sol, las células de nuestro cuerpo se van a ir activando con precisión milimétrica. El día es el momento del cortisol, de la insulina, la serotonina o la dopamina, entre otras sustancias. Es el programa en el cual: tenemos actividad física, activamos los procesos cognitivos, nos oxidamos, metabolizamos la comida...

- **El programa nocturno**: con la oscuridad, las células empiezan a abandonar el programa de actividad y señalizan una serie de procesos de reparación y mantenimiento. Aquí juega un papel fundamental la melatonina.

Cuando no nos exponemos a la luz del sol por el día y seguimos expuestos a luz artificial por la noche, lo que provocamos es la destrucción de estos dos programas fundamentales para la vida. Y esto supone una de las principales causas de las enfermedades crónicas modernas.

A estos ciclos se les conoce como ritmos circadianos ("circa", alrededor y "diam", día). Tal y como hemos dicho, el sol es el principal sincronizador. Pero también la comida (de ahí que dijéramos la importancia de comer solo por el día), el ejercicio físico (mejor hacerlo por la mañana y mejor no hacerlo de noche), la fluctuación de la temperatura o las interacciones sociales.

La MELATONINA es la hormona responsable de la sincronización. Decide cuándo empieza la carrera por el sueño, aunque no participa en ella. Sería como el disparador necesario. Y para ello es imprescindible la oscuridad. Pero el estilo de vida moderno, lleno de luces artificiales (bombillas, led, pantallas...), lo que hace es bloquear esta señal.

La ADENOSINA, sin embargo, sería el químico responsable de la presión del sueño, que se va acumulando en el cerebro según avances despierto a lo largo del día y, sobre todo, a partir de las 16 horas sin dormir. Pero, si la luz artificial bloqueaba la melatonina, lo que bloquea la adenosina es la cafeína, actuando como un enmascarador. Y todos sabemos el elevado consumo de cafeína en la sociedad (refrescos de cola, bebidas energéticas, café...).

¿CÓMO ES EL SUEÑO? SUS CICLOS Y FASES

El sueño está estructurado en ciclos de 90 minutos, a lo largo de los cuales se van alternando diferentes fases y luego vuelta a empezar.

1. **Fase NO REM** (not rapid eye movement): es la fase no consciente del sueño y ocupa, aproximadamente, el 80% del tiempo. Dentro de esta fase, podemos distinguir:

- Fase NO REM 1: es el momento del adormecimiento.
- Fase NO REM 2: ya me empiezo a quedar dormido, pero aún es un sueño ligero.
- Fase NO REM 3 y 4: es la fase de sueño profundo, en la que se activan las ondas delta en el cerebro y se alcanzan picos más altos de la hormona del crecimiento.

2. **Fase REM** (rapid eye movement): es la fase en la que soñamos o entramos en estados de alucinación. Supone un 20% del tiempo, aproximadamente.

Podemos afirmar que esta fase es fundamental porque se asocia a la creatividad, al ingenio, a dar soluciones a problemas que antes de dormir nos parecían imposibles. Además, recalibra y afina los circuitos emocionales, eliminando "recuerdos parasitarios", en lo que podríamos denominar "dormir para olvidar"

¿CUÁNTAS HORAS NECESITO?

Ya hemos dado antes una pista. Pero, en realidad, es mucho más acertado hablar de ciclos completos y no tanto de horas de sueño. Sabemos que un ciclo completo dura unos 90 minutos y, a partir de ahí, es como si el cuerpo diera marcha atrás y volviera a empezar de nuevo con la fase NO REM 1, del adormecimiento. Lo que pasa que no solemos ser conscientes y no llegamos a despertarnos.

Pero sí que lo habrás podido comprobar de una forma muy evidente alguna noche. Cuando te despiertas en mitad de la noche, alguna vez te habrá sucedido que te levantas de maravilla y con sensación de estar muy recuperado. Esto es, precisamente, porque te has levantado justo al finalizar un ciclo completo y vuelves a esa fase de adormecimiento. Entonces al no romper el ciclo en una fase de sueño profundo, tu sensación es buena. Todo lo contrario ocurre cuando te levantas en otras fases más profundas, que son la mayoría de las veces. Y esto es fatal porque rompes el ciclo y digamos que "lo pierdes" al perder su eficacia de reparación.

Por tanto, hablamos de ciclos y no de horas. **5 ciclos para adultos** (7,5 horas) **y 6 ciclos para los jóvenes** (9 horas). Y es muy importante que esos ciclos sean completos, es decir, que no nos despertemos en mitad de ellos. De ahí que sea fundamental que no te levantes en mitad de la noche a orinar, porque habrá veces que coincida justo al final de un ciclo y su impacto no sea muy negativo. Pero la mayoría de las veces te despertarás en mitad y perderás buena parte del ciclo.

Por eso es bueno limitar la cantidad de líquido que ingieres a partir de las 6-7 de la tarde para no tener este problema. Así como evitar ruidos, luces que puedan despertarte, respirar por la boca, estrés o problemas que te lleves a la cama y el consumo abusivo de cafeína.

Entonces, **¿cómo lo haces para programar tus ciclos?** Debes anclar una hora fija en la que te vas a despertar. Y, a partir de esa hora, dar marcha atrás en esos ciclos de 90 minutos. Por ejemplo, si te tienes que levantar a las 7:00 a.m., contando 5 ciclos hacia atrás, tendrías que ir a dormir a las 11:30 p.m. Ten previsto el tiempo que normalmente tardes en dormirte, para ir un poco antes, y que puedas acabar los ciclos completos.

Lógicamente, lo ideal es despertarse sin alarma, pero como para la mayoría de la gente esto no es posible, esta recomendación te ayudará mucho a mejorar la calidad de tu descanso.

Igualmente, es fundamental que mantengamos un **ritmo constante en los horarios de acostarnos y levantarnos.** Pero es más determinante la hora de levantarnos para sincronizar el reloj celular. Por tanto, puedes ser algo más flexible (dentro de la moderación) con la hora de ir a dormir, pero trata de respetar al máximo la hora en que te levantas cada día. Incluso en los fines de semana.

Esto puede provocar que pierdas algunas horas de sueño, pero muchos de los estudiosos del sueño, aconsejan ver los procesos de recuperación dentro de las 24 horas del día, e incluso van más allá, y nos dicen que lo hagamos a lo largo de una semana completa.

Viéndolo de esta forma, podemos desbloquear algunas horas del día para establecer **períodos de recuperación controlados de 30 o 90 minutos** de duración. Esto vendría a ser como una **siesta**, la cual sería conveniente que fuera de 30 o 90 minutos. Precisamente por lo que hemos explicado que, según vas avanzando en las fases del sueño y entras en una más profunda, es más difícil despertar. Por ejemplo, si te despiertas cuando llevas 70-80 minutos del ciclo, te puedes levantar realmente mal.

Así que, ese período de recuperación o siesta (que no tiene por qué ser siempre después de comer, sino que pueden utilizarse otras horas de la mañana si te son más factibles) te ayudará a recuperar un ciclo completo (aunque fuera de solo 30 minutos, puesto que es muy reparador también).

Muchas empresas punteras como Google, Nike o la propia NASA, establecen horarios mucho más flexibles para sus trabajadores e incluso posibilitan que sus empleados puedan beneficiarse de estas "siestas energéticas" que les ayuden a mantener el rendimiento y la productividad.

Algunos investigadores afirman que, si bien lo ideal serían esos 35 ciclos semanales para los adultos (5 cada noche), con 28 a 30 ciclos a la semana estaría bien (contando con los ciclos que se puedan recuperar en alguna siesta), y no supondría merma en el rendimiento físico ni cognitivo, ni en todos los perjuicios que dijimos al principio.

¿QUÉ FACTORES AFECTAN MÁS A LA CANTIDAD Y CALIDAD DE DEL SUEÑO?

1. **La luz artificial:** como hemos comentado, inhibe a la melatonina, que es el disparador natural del sueño.
2. **La comida excesiva en la cena, hacerla muy tarde y con demasiados hidratos de carbono:** todo esto impide que se active el sistema nervioso parasimpático (el de la relajación) y se desajuste la melatonina y otras hormonas importantes de la noche.
3. **La regulación de la temperatura:** según diversos estudios, se estima que la temperatura ideal para dormir es de 18,3 grados centígrados, es decir, un poco fresquito. Pero con las calefacciones y otros dispositivos, normalmente dormimos con temperaturas más elevadas.
4. **El alcohol:** su consumo hace que el sueño se fragmente, salpicando la noche de breves despertares. Lo que provoca que sea un sueño incompleto y no reparador.
5. **La cafeína:** por los efectos que ya vimos, al bloquear la adenosina.
6. **Los horarios impuestos, en el trabajo y en la educación:** turnos en fábricas que comienzan a las 4 o 5 de la madrugada, así como trabajos a corretumos (mañanas, tardes y noches). Y los horarios escolares que suponen madrugar no ayudan.

Esto es especialmente problemático en el % de población que consideramos son del tipo nocturno (más o menos un 30% del total), que son aquellas personas que funcionan mejor por las noches que por las mañanas y que, con estos horarios, pierden muchas horas de sueño. Luego estarían los del tipo diurno (más o menos un 40% del total) y el 30% restante serían intermedios.

7. **Las preocupaciones y obligaciones,** que nos llevamos a la cama: lo que hace que haya demasiado cortisol y se mantenga el sistema nervioso simpático demasiado activado. Por eso es muy importante apuntar en una libreta lo que tienes que hacer al día siguiente y olvidarte de ello. Además, ya vimos que solo debíamos hacer caso a aquello que dependía de nosotros y ocuparnos, en lugar de pre-ocuparnos.
8. **La angustia emocional o ansiedad:** la fase de sueño REM es el único momento del día en que tu cerebro queda completamente libre de una molécula, la noradrenalina, que es la desencadenante de la ansiedad en tu vida. De ahí que sea tan importante que ingreses en el sueño profundo para protegerte de este problema.

Recuerda que las respiraciones conscientes, equilibrantes y calmadas, así como escuchar música relajante y que induce las ondas delta en tu cerebro, pueden ser dos maravillosas opciones para ayudarte a conciliar el sueño.

RECAPITULEMOS CONSEJOS PARA DORMIR MEJOR

Perdona si soy muy cansado en este punto. Pero dormir y respirar es lo que más haces a lo largo de tu vida y, por ello, lo que más determina tu salud. De modo que:

- **Exponte a la luz del sol durante el día** para que tus células se sincronicen correctamente **y evita todo lo posible la luz artificial por la noche.** Puedes usar bombillas de luz roja o infrarroja, incluso colocar alguna tela roja encima de las lámparas normales. También hay gafas que bloquean la luz blanca. Y debes limitar el uso del móvil, tablets... Debes ponerlos en modo nocturno o en luz roja de fondo, que ya hay muchos móviles que permiten esta opción. Aunque lo mejor es no usarlos a partir de cierta hora.
- **Evita comer y beber mucho a altas horas de la noche.**
- **Evita alcohol y cafeína.**
- **Relájate antes de dormir,** puedes hacer unos estiramientos suaves o tomar un baño o ducha caliente (deja las frías para las mañanas).
- **No hagas actividad física intensa a últimas horas del día.**
- **Mantén el dormitorio fresco, oscuro y sin aparatos o luces molestas** (piloto rojo de la televisión): utiliza un despertador analógico silencioso y que, si es

posible, te despierte con un sonido suave que se eleve de forma gradual.

- **Sigue un horario estable para acostarte y levantarte.**
- **Ten una rutina de presueño:** en la que te vayas preparando y relajando mentalmente, vayas desconectando del día a día, anotando las tareas del día siguiente, respirando por la nariz, etc.

SUEÑO EN NIÑOS Y ADOLESCENTES.

El científico inglés Matthew Walker, profesor de Neurociencia y Psicólogo en la Universidad Berkeley de California, y director del Centro para la Ciencia del Sueño Humano, es una de las personas más capaces para hablarnos del sueño en los más jóvenes. Y varias conclusiones destacan por encima del resto:

1. Los niños pequeños necesitan más horas de sueño que sus hermanos mayores o sus padres. Y, además, su ritmo circadiano funciona en un horario diferente y más temprano. Por tanto, **los niños se duermen antes que sus padres, pero también se despiertan antes.** De ahí que los fines de semana sigan despertándose temprano (aunque no les guste a muchos padres).

2. Por contra, **los adolescentes tienen un ritmo circadiano diferente al de sus hermanos más pequeños y también al de sus padres.** Y se sienten dispuestos para estar despiertos hasta mucho más

tarde, ya que no son capaces de apagar el estado de alerta, que permita que comience el sueño fácil y profundo. Pero esto no es algo que hagan "adrede", para fastidiar a sus padres, aunque puede llevar a mucho malestar y frustración para todos los involucrados. Pero es un hecho de la biología humana, que quizá tenga una explicación socioevolutiva (tal y como afirma Matthew).

El objetivo central del desarrollo del adolescente es la transición de la dependencia a la independencia parental. Y tal vez la forma en que la madre naturaleza ha encontrado para ayudar a los adolescentes a separarse de sus padres sea avanzar sus ritmos circadianos más allá de los de sus progenitores adultos.

Esta ingeniosa solución biológica traslada selectivamente a los adolescentes a una fase posterior en la que pueden operar de manera independiente durante varias horas, que son precisamente las de la noche.

Esto supone un gran problema en la pérdida de sueño de los adolescentes debido a los horarios escolares, que empiezan muy temprano. Y que, muchos jóvenes, tienen que madrugar más aún para recorrer el trayecto hasta los centros educativos.

Matthew propone como solución retrasar el comienzo del horario escolar. De este modo, los adolescentes podrían dormir sus horas por la mañana. Y como las clases acabarían más tarde, quitar ciertas horas problemáticas de la tarde en que los adolescentes están un poco perdidos, y que, a veces, dedican a tareas poco productivas.

3. **Cuidado con los niños diagnosticados con TDAH (trastorno con déficit de atención con hiperactividad).** Los niños con este diagnóstico presentan irritabilidad, mal humor, distracción y falta de atención en el aprendizaje diurno, y tienen una inclinación significativamente mayor a la depresión y a las ideas suicidas.

Pero se da la circunstancia que, si combinas estos síntomas -incapacidad de mantener la atención, aprendizaje deficiente, conducta difícil e inestabilidad emocional- y les retiras la etiqueta del TDAH, obtendrás la sintomatología típica de la falta de sueño.

Dicho de otro modo: si llevas al médico a un niño que duerme mal y le describes esos síntomas sin mencionarle la falta de sueño, el doctor no te dirá que tu hijo duerme demasiado poco, sino que tiene un TDAH.

Ahora sí, nos acercamos al último capítulo de la 2ª parte del libro. Y nos queda profundizar en el contacto con la Naturaleza, como principal aliado contra las enfermedades y como sustento de la verdadera salud.

¡Sigamos!

2.11 Contacto con la Naturaleza: Sol y earthing.

El ser humano es el único animal que ha modificado tanto su hábitat que se ha apartado de la naturaleza, creyendo que el progreso es sinónimo de más intervencionismo. Y precisamente ahora, sobre todo después de la pandemia de covid, se está dando cuenta que necesita más que nunca lo natural.

"El arte de la medicina consiste en entretener al paciente mientras la naturaleza cura la enfermedad".
Voltaire.

BENEFICIOS DE LO NATURAL

Si buscamos salud y bienestar, el contacto con la naturaleza no es una opción, es una obligación. La naturaleza actúa como el mejor medicamento, del cual deberíamos servirnos nuestra dosis diaria, porque no tiene efectos secundarios, sino que todos son positivos.

Las ciudades tienen cosas muy buenas (nos brindan oportunidades laborales, nos acercan al ocio, a la cultura...), pero la vida en ciudad es nociva para la salud: sobre todo por su ritmo de vida y la contaminación del aire que respiramos.

En la década de los ochenta surgió en Japón una expresión para volver a conectarse con lo natural, el **"shinrin yoku" o baño de bosque**, que significa literalmente "absorber la atmósfera del bosque". Consiste en pasear de forma calmada, consciente y relajada por el bosque o paraje natural. Anclándonos al momento presente para sentir todo lo que la naturaleza tiene para ofrecernos: olores, sonidos, sensaciones...

Pasear de esa forma por el medio natural, ofrece muchos más beneficios que si lo hacemos por la ciudad:

- Fortalece el sistema inmune.
- Reduce la inflamación en nuestro organismo.
- Baja las hormonas del estrés y la presión arterial.
- Mejora el ánimo, el bienestar y la calidad de nuestro sueño.
- Bajan los marcadores de fatiga, irritación, confusión y ansiedad.
- Aumenta tu creatividad y es mucho más probable que tengas un momento "eureka", que son esos momentos en que alguna idea brillante viene a tu cabeza sin esperarlo.

En el transcurso de la escritura de este libro, han sido innumerables las veces que he paseado por un parque rebosante de naturaleza y vida, próximo a mi lugar de trabajo, buscando esos momentos de inspiración. Y puedo asegurar que surgía efecto.

Las fitoncidas son unos compuestos volátiles generados por las plantas y especialmente por los árboles, que impregnan el aire en entornos naturales. Son una especie de aceites esenciales (aunque sin olor) que los árboles segregan para protegerse de insectos, hongos y bacterias. Su sistema de defensa beneficia también a nuestro sistema inmunológico.

Las fitoncidas reducen la inflamación a la vez que aumentan el nivel de las llamadas células NK (Natural Killers o asesinas naturales), un tipo de glóbulo blanco que previene infecciones y ataca células cancerígenas.

Otro de sus efectos beneficiosos es su capacidad para reducir el estrés, aumentar la relajación, prolongar el sueño y disminuir la ansiedad. ¡Están llenos de beneficios! Por tanto, escapa siempre que puedas el medio natural para obtener tu dosis.

Pero si te resulta muy complicado, siempre puedes beneficiarte de las fitoncidas vaporizando aceites esenciales de árboles (pino, abeto, etc.) con un humidificador en tu casa, lugar de trabajo,...

Imágenes y sonidos de la naturaleza.

El simple hecho de observar la naturaleza a través de una ventana mejora nuestra salud. Diversos estudios concluyen que exponer nuestros cerebros a paisajes naturales, activa en ellos las ondas alfa, asociadas con una mayor relajación cerebral, así como una reducción de la presión arterial y hormonas como el cortisol.

Los tonos verdes y azules son los más relajantes. Usa cuadros e imágenes que representen la naturaleza (montañas, árboles, vegetación, flores y agua).

Lo mismo ocurre con los sonidos de entornos naturales: pájaros, riachuelos, olas del mar, sonidos de las ramas y hojas de los árboles, producen cambios cerebrales indicativos de un estado de relajación.

EL SOL

Cuando Thomas Edison inventó la bombilla, cambió el rumbo de la humanidad al hacer posibles días infinitos de 24 horas de luz. Este descubrimiento, sin duda supuso un gran hito para el hombre y no debemos negar los innumerables beneficios que ha traído. Pero ha provocado también muchos problemas de salud, a causa del abuso de la luz artificial (luz excesiva al anochecer, uso de la televisión, tablet, móvil...).

Esto ha desconectado al ser humano de su ritmo circadiano (impidiendo realizar correctamente los programas biológicos de la noche y el día), provocándole, con ello, problemas para conciliar el sueño, estrés, ansiedad y muchos otros que se siguen descubriendo, y que están relacionados con este hecho.

Se produce una curiosa paradoja. Cada vez tienen más éxito las carreras de obstáculos por el medio natural, la gente sale a correr al campo, a la montaña, sabemos que es bueno estar al aire libre, que nos dé el sol... Pero muchas veces nos llegan mensajes contradictorios. Algunos médicos dicen que el sol provoca cáncer y que siempre te protejas con cremas cuando te expongas a él.

Cabría preguntarnos entonces, ¿hay algún otro animal sobre la faz de la tierra al que el sol le resulta dañino?, ¿o es solo a los humanos? Es un poco insensato, ¿verdad? Sabiendo, además, que el sol es la estrella que posibilita la vida en la tierra. ¿No estarán transmitiendo un mensaje equivocado y son otros comportamientos los que resultan dañinos para nuestra salud?

Sabemos que la inflamación crónica de bajo grado puede alterar por completo el funcionamiento de nuestras células y órganos internos. Y que incluso pueda ser la responsable de que exponerse al sol sea perjudicial para aquellas personas que viven con una inflamación elevada. Pero esto sería como decir que el zumo de limón es dañino para la piel, si la piel está sana.

Me explico: si partes un limón por la mitad y te restriegas una parte por tu antebrazo, no notarás nada si tu piel está bien. Sin embargo, si en tu piel hay pequeñas grietas o cortes, probablemente sientas un gran escozor y malestar. Pero, en este ejemplo, lo dañino no es el zumo de limón, sino que es tu piel la que no está bien y por eso el zumo de limón le resulta dañino.

Pues bien, esto es un poco lo que sucede con el sol. En las personas que mantienen su inflamación controlada, los rayos del sol son profundamente beneficiosos. Pero en las personas con síndrome metabólico y que presentan un alto grado de inflamación crónica, el sol sí que puede ser dañino. Pero, desde luego, la solución no pasa por decirles a esas personas que dejen de tomar el sol, porque esto lo que hará es perpetuar su mala situación y que empeoren todavía más su salud. La solución está en cambiarles los hábitos que los han llevado a vivir con esa inflamación.

Además, el melanoma (cáncer de piel) está asociado principalmente a una exposición solar intermitente y vacacional, y disminuye con una exposición gradual y continuada. Por tanto, el problema no es el sol en sí sino la forma en que hoy nos exponemos a él: poquísimo durante 8-9 meses al año y mucho durante 3-4 meses. El problema, una vez más, no es el sol, sino el tiempo de exposición.

¿Entonces cómo habría que tomarlo? Lógicamente de forma progresiva, forjando un callo solar que nos haga poder disfrutar de él a cualquier hora del día. Pero, para prepararte, debes empezar por exponerte a la radiación del amanecer y del atardecer (más roja e infrarroja), forjar ese callo, y así, más tarde, poder beneficiarte igualmente de la radiación ultravioleta del medio día solar.

Pero ¿a quién podría interesar que la mayoría de la población no goce de buena salud? ¿Qué la gente no goce de unos niveles de energía bestiales? ¿O de una claridad mental excepcional? ¿Hasta qué punto los médicos, los estudios científicos y la medicina están influidos por las farmacéuticas? Estas y otras preguntas podemos hacernos para tratar de entender la situación.

¡Corre! Pero no te asustes. Corre a informarte bien, aprende todo lo que te sea posible sobre cómo preservar la salud y mantenerte alejado de la enfermedad. Porque si no, caerás en las garras del sistema. Ese que te quiere ignorante, adaptado a la enfermedad y a la mediocridad. Con miedo en el cuerpo porque te hacen creer que dependes de las pastillas para vivir. Recuerda que, si no te posicionas conscientemente en el bando de la salud, lo estarás haciendo en el de la enfermedad.

El valor supremo del ser humano es la LIBERTAD. Así que vuelve a ser libre. Es el momento de restaurar tu libertad física, mental y emocional.

Por favor, coge las riendas de tu vida. Por ti y por todos los que quieres y tienes alrededor, sobre todo si son pequeños. Sé el encargado de subir los estándares en tu grupo de iguales. Esto significa empezar a hacer mejor las cosas en todos aquellos hábitos que afectan a tu salud. Sea en el punto en que te encuentres, contribuye a hacer del mundo un lugar mejor y más saludable.

¿Por qué es tan importante exponerse al sol?

Porque el sol produce la información que nuestras células deberían recibir todo el tiempo para producir los mejores estados hormonales en nuestro cuerpo.

Gracias al sol, nuestro cuerpo sintetiza **Vitamina D,** la cual se comporta realmente como una hormona, y juega un papel **fundamental en nuestro organismo:**

- Fortalece los huesos y el sistema inmune. Es un antibiótico natural que ayuda a prevenir enfermedades autoinmunes y respiratorias.
- Reduce la inflamación.
- Aumenta el rendimiento deportivo.
- Antídoto contra la hipertensión.
- Aumenta la longitud de los telómeros, es decir, cuanta más vit. D más longevidad o, lo que es lo mismo, cuanta más radiación UVB procedente del sol, más longevidad.
- Modula la expresión de miles de genes en nuestro organismo.
- Las personas con baja Vit. D (muchísimas como ya hemos visto), tienen más riesgo de múltiples enfermedades, desde cáncer a problemas de corazón, osteoporosis, enfermedades autoinmunes, depresión, baja energía, etc.

Todo el espectro de luz solar es beneficioso: la luz ultravioleta (del mediodía solar), la luz roja e infrarroja (del amanecer y atardecer).

Ver consistentemente el amanecer cada día es la mejor medicina para quien presenta un panel hormonal alterado. Pero el sistema sanitario no te propondrá recibir el amanecer cada día de tu vida como solución a este problema.

Recibir los primeros rayos del sol es clave para sincronizar tus ritmos circadianos. Desde ese preciso instante, tu cuerpo se prepara para lo que va a venir (es el sistema diurno, de la comida, el ejercicio, la alerta cognitiva...). Pero si sales a la luz natural a las 11:00 o las 12:00 de la mañana, tu ritmo estará roto. Y te preguntarás por qué no tienes energía.

Exponerse a la luz ultravioleta activa 111 genes que se encuentran en nuestro sistema inmune, lo que nos hace más fuertes ante cualquier enfermedad.

Equilibrio entre Vitamina D y melatonina

La melatonina es el principal antioxidante del cuerpo, aparte de ser la encargada de regular los ritmos circadianos y el programa nocturno de reparación.

En verano tenemos acceso a la luz ultravioleta del sol. Sin embargo, en invierno es difícil recibirla, ya que se pierde en la atmósfera (por la inclinación de los rayos sobre la tierra). Pero la naturaleza es tan sabia, que por eso nos provee del frío y la oscuridad en invierno, ya que la exposición al frío aumenta hasta por 4 los niveles de melatonina, que suple este déficit de vitamina D.

De ahí el **peligro de vivir en la normotermia** más absoluta. Si estás con la calefacción todo el día y te privas del frío, aumentarás el riesgo de padecer problemas cardiovasculares. Es necesario practicar deporte al aire libre, en contacto con el frío para que nuestro cuerpo no enferme. O, como ya dijimos hablando del concepto de hormesis, hacer duchas con agua fría. Éstas son más clave incluso en invierno que en verano.

Además**, el sol y el frío, producen** una prohormona en muchas células de nuestro cuerpo, la **pro-opiomelanocortina,** que, a su vez, produce una betaendorfina (morfina endógena) que nos hace sentir bien. Por eso podemos decir que el sol es el mejor remedio para combatir los síntomas depresivos. De ahí que, en invierno, cuando no nos exponemos al sol, hay cierto bajón en el estado de ánimo y más depresión. Puesto que producimos menos de esta hormona. Aquí, la clave, es exponerse al frío para compensar esa carencia.

Debes dejar de ver el frío como un enemigo que te hace sufrir. Y pasar a verlo como una sensación a la que debemos exponernos, de manera voluntaria, para mejorar nuestra salud. No se trata de intentar combatir el frío, sino de aceptar, calmar la mente y tratar de estar cómodos a través de la relajación.

Como es normal, todo lleva su tiempo y hay que hacerlo de forma muy progresiva. Cuando yo empecé con las duchas de agua fría, solo aguantaba unos segundos y con cierto estrés. Pero poco a poco me fui relajando y así pude aguantar mucho más, pudiendo disfrutar, hoy día, de todos sus beneficios.

¿Y qué pasa con el calor?

Te estoy hablando mucho de los beneficios del frío, pero también hay que exponerse al calor, por los beneficios de hormesis que ya vimos. Pero como esto es algo que la mayoría de la población lleva mejor, por eso te insisto tanto con el frío. Si le dices a alguien que debe darse duchas de agua fría para mejorar su salud, lo más probable es que dé una encogida y ponga mala cara. Pero si le dices que se dé una ducha de agua muy caliente, se lo toma mucho mejor.

Lo cierto es que, nuestro cuerpo, presenta muchos más receptores para el frío que para el calor. Pero el estilo de vida moderno los ha ido atrofiando y por eso debemos despertarlos, haciendo más hincapié en esa exposición al frío. Pasar 2 minutos en la ducha con agua fría te dará los máximos beneficios, de ahí que ese sea el objetivo (y más tiempo tampoco incrementa las mejoras).

No obstante, el calor también presenta una serie de beneficios para la salud que no conviene olvidar. Pero

recuerda siempre que es más importante y debes exponerte más veces al frío que al calor. Los mayores estudios se han llevado a cabo por la **exposición al calor en saunas,** siendo los más destacados:

- Favorecer la eliminación de toxinas.
- Mejora la termorregulación. Al disipar mejor el calor, retrasamos la fatiga en la actividad física.
- Aumenta y mejora la circulación.
- Disminuye el dolor muscular y articular.
- Reduce el estrés.
- Aumenta la biogénesis mitocondrial, de modo que podrás producir más energía.

Para aquella gente que no le resulta fácil y accesible una sauna, les propongo lo siguiente, basado en la evidencia científica. Añadir a una bañera, con agua muy caliente (cerca del máximo tolerable por la persona), 1kg de sal marina y una taza de bicarbonato sódico. Esto potenciará el efecto del agua caliente y sus beneficios. Muy útil, además, para que los deportistas relajen su musculatura.

La persona solo tiene que sumergirse en la bañera y aguantar dentro 15' aproximadamente o hasta que el agua empiece a dejar de estar caliente.

Por tanto, ya sabes que hay que alternar frío y calor, exponerse a lo natural, y ponerse incómodo de forma controlada y voluntaria. Ahora bien, ¿con qué frecuencia debería hacerlo? En lo que al frío respecta, lo ideal serían todos los días. Y para la sauna o baño caliente, con una o dos veces por semana sería suficiente.

EARTHING, GROUNDING O "TOMA DE TIERRA"

El estilo de vida actual, nos ha expuesto de forma continua a cargas electromagnéticas artificiales (wifi, bluetooth...) y luz azul artificial. Además de habernos privado del contacto con superficies naturales, debido a los suelos aislantes, el calzado moderno, los tejidos sintéticos... Esto provoca en nuestro cuerpo una pérdida continua de electrones negativos (que son positivos para nuestras células), lo que viene a suponer que nos vayamos oxidando, porque aumenta el número de radicales libres en nuestras células.

Ten en cuenta, que las frecuencias electromagnéticas artificiales te roban tres sustancias vitales: electrones, oxígeno y agua (deshidratan).

El earthing, grounding o la "toma de tierra" o "conexión a tierra", defiende que exponerse a superficies naturales con los pies descalzos, nos ayuda a **recoger electrones negativos de la tierra, para neutralizar esos radicales libres.**

La tierra tiene un suministro inagotable de electrones que provienen de las cargas electromagnéticas de su núcleo. Pero al vivir permanentemente desconectados de la tierra (al usar calzado moderno), el **flujo de electrones se corta, la energía disminuye, la inflamación aumenta,**

afectando al sistema inmunológico y generando enfermedades.

Además, si no mantenemos la conexión con la tierra tendríamos que compensar la pérdida de esos electrones ¡comiendo más! Pues el lenguaje de comunicación de nuestras células es un lenguaje eléctrico y esos electrones de la tierra cuentan tanto o más que los que suministramos a través de los alimentos.

¿Qué superficies son válidas para hacer el earthing? Lo mejor es la arena de playa, sobre todo si está mojada, porque así habrá un mayor intercambio de electrones. Pero también son válidas otras arenas, la hierba, la tierra, el cemento y hasta el asfalto. No valdría la madera, baldosas u otros suelos aislantes.

Según la literatura científica, entre los beneficios adjudicados al earthing, se encuentran los siguientes:

- **Efecto paraguas (a modo de escudo),** cuando estamos conectados, bloqueando el resto de frecuencias electromagnéticas de las telecomunicaciones. Y haciendo que nuestras células se comuniquen de la mejor forma posible.
- **Disminución de la inflamación** en cualquier parte del cuerpo.
- Eliminación o **disminución del dolor** crónico.
- **Mejora el sueño:** más calidad y menos despertares.

- Aumento de los niveles de **energía, vitalidad y bienestar**.
- **Mejora alteraciones hormonales y síndrome menstrual.**
- **Reducción o eliminación del jetlag.**
- **Aceleración de la recuperación** tras un ejercicio intenso. Esto se ha comprobado incluso en ciclistas del Tour de Francia.
- **Aceleración de los procesos curativos.**

Así que, ahora, ya sabes que en la naturaleza se encuentran las mejores medicinas: el sol y la conexión a tierra. El problema es que estos "medicamentos" no pueden patentarse y roban mucho dinero a la poderosa industria farmacéutica. De ahí que se encargarán de hacerlos de menos y de hacerte creer que se trata de una nueva moda. Y lo mismo podríamos decir del sueño, las respiraciones completas y equilibrantes, etc.

Es tu elección y responsabilidad hacer buen uso de todo lo que te estoy contando, en pos de tu salud. Lógicamente, con solo saber no conseguirás nada, hay que ponerlo en práctica. Si quieres mejorar algo, debes ocuparte de ello. Esa es la parte que te toca. Por tu bien y el de los que te rodean.

Llegamos, ahora sí, a la tercera y última parte del libro.

Pequeñas
ACCIONES
para una
GRAN
SALUD.
3

"El principio
de la Educación
es predicar
con
el ejemplo"

A.R Jacques Turgot

3.1 Hábitos: todo lo que haces repetidamente son hábitos.

La vida es una toma de decisiones constante que, en la mayoría de ocasiones, haces en piloto automático, fruto de los hábitos que has ido adquiriendo debido a la repetición.

Nuestros hábitos (LO QUE HACEMOS) definen LO QUE SOMOS (nuestra identidad) y las CIRCUNSTANCIAS que nos rodean. Por tanto, si queremos mejorar esas circunstancias (económicas, sociales, de conocimiento, personales...) y la persona que nos gustaría llegar a ser... DEBES MEJORAR TUS HÁBITOS.

Un hábito es cualquier conducta o acción que realizo de forma reiterada para conseguir algo y que mi cerebro ha automatizado en vías de ahorrar energía y poder dedicarla a otra labor.

El PROBLEMA es que, en demasiadas ocasiones, esa automatización la hemos hecho de manera INCONSCIENTE. Demasiadas veces, por creencias arraigadas forjadas por personas cercanas, pero no por nosotros mismos. Y, por tanto, no están alineadas con nuestra verdadera identidad o con la persona en que aspiro a convertirme. De ahí la importancia que tiene TOMAR CONSCIENCIA de mis hábitos actuales para darme cuenta si están alineados con la persona que quiero ser o, por el contrario, debo trabajar en cambiarlos.

Pero no dejes de tener claro que **el hábito es una función de tu mente subconsciente**. Y, puesto que eres una criatura de hábitos, esto nos da una idea del inmenso poder y fuerza de tu mente subconsciente.

Eres y serás el resultado de tus hábitos de pensamiento. Construyes patrones de hábitos en tu mente subconsciente repitiendo un pensamiento o una acción una y otra vez hasta que deja huella en tu mente y se hace automático, generando un cableado neuronal.

Lo crucial, es que esto funciona así con los pensamientos positivos o negativos. Por tanto, según sean éstos, así será tu realidad. De ahí la importancia de cuidar esos pensamientos en tu mente y anclar "solo" los positivos para generar hábitos beneficiosos. De este modo, conseguir SER la persona que aspiras ser. Y con las circunstancias óptimas que deseas disfrutar.

Ni que decir tiene, que la escuela (al igual que la familia y cualquier otro ámbito educativo) es formadora en hábitos de los niños, pues es donde pasan más horas. Así que, vamos a ver cómo funcionan los hábitos y cómo podemos cambiar los no deseados por aquellos que nos ayuden a movernos en la dirección que queremos.

Seré breve y conciso en las explicaciones. Pero si quieres profundizar más en este apartado, no dudes en leer "Hábitos atómicos", de James Clear. "El poder de los hábitos", de Charles Duig y "Hábitos mínimos" del Dr. BJ. Foog.

Veamos un ejemplo. El ciclo del hábito siempre se compone de 4 fases: señal, anhelo, respuesta y recompensa.

Llego a casa después de un día estresante en el trabajo (SEÑAL), y quiero relajarme (ANHELO). Ahora busco una conducta/hábito para dar RESPUESTA a ese problema o necesidad. Aquí es donde **debo tomar consciencia de si la respuesta que doy se alinea con mi identidad y la persona que quiero ser.**

Una persona podría optar por ir a la nevera y tomarse una cerveza o refresco, para calmar el estrés y relajarse. Otra, podría ir a comer un dulce. Otra, simplemente se mordería las uñas un rato. Otra, se fumaría un cigarro. Otra, se cambiaría de ropa y se iría al gimnasio o a correr; o charlaría con su pareja para relajarse; o escucharía música; o se pondría a meditar... Como ves, las posibilidades son casi infinitas.

En este caso, la RECOMPENSA es la relajación que provocan esas actividades. Este es el ciclo del hábito y viene a decirnos que cuantas más veces haga algo, más probable será que vuelva a repetirlo (tanto si es bueno, como si es malo).

Por tanto, sé consciente de un hecho muy poderoso: HAY MUCHAS MANERAS DISTINTAS DE SATISFACER EL MISMO DESEO SUBYACENTE.

En muchos casos, podemos afirmar que cada hábito que tengo es una solución moderna a un deseo ancestral (reducir la incertidumbre, encontrar el amor y reproducirse, ganar aceptación social y aprobación, alcanzar un estatus y prestigio...).

Los motivos subyacentes detrás de la conducta humana permanecen inmutables. Solo que **los hábitos que realizamos son diferentes según el período de la historia en que nos encontremos.**

Sé consciente que **tus hábitos actuales** quizá no sean la mejor manera de resolver los problemas que tienes que afrontar. Y que **solo son métodos que has aprendido a usar.**

Una vez que asocias una solución con el problema que necesitas resolver, empiezas a hacerlo repetidamente. Pero CUIDADO porque estas asociaciones puedes haberlas hecho por inercia, de forma subconsciente o aleatoria las primeras veces... Hasta que llega un punto que tu cableado neuronal es tan fuerte que te ves abocado a repetir siempre la misma acción (aunque no sea la que más te convenga).

¿Qué hacer entonces?

Aplicar las leyes que nos cuenta James Clear en su libro "Hábitos atómicos".

1. Para los BUENOS HÁBITOS que quiero implementar o mantener en mi vida.
   - Hacerlo OBVIO.
   - Hacerlo ATRACTIVO.
   - Hacerlo SENCILLO.
   - Hacerlo SATISFACTORIO.

2. Para los MALOS HÁBITOS que quiero hacer desaparecer de mi vida, aplicaría las leyes a la inversa:
   - Hacerlo INVISIBLE.
   - Hacerlo POCO ATRACTIVO.
   - Hacerlo DIFÍCIL.
   - Hacerlo INSATISFACTORIO.

Veremos solo los primeros (ya que para los malos hábitos sería a la inversa) y animo al que quiera profundizar a leer el libro.

HACERLO **OBVIO:**

▪ Llevar un registro de tus hábitos actuales es la mejor forma de hacerte consciente de ellos.

▪ Diseñar tu ambiente de tal forma que tengas señales evidentes de los buenos hábitos. Por ejemplo, tener fruta a la vista si quiero comer más saludable. O la ropa deportiva muy a mano si quiero hacer más ejercicio. O botellas de agua en sitios estratégicos si lo que quiero es beber más agua.

▪ Sé concreto: establece hora y lugar para realizar tu nuevo hábito.

HACERLO **ATRACTIVO:**

▪ Vincula una acción que quieras hacer a una acción que necesitas hacer. Por ejemplo: después de hacer 20 sentadillas (necesito hacerlas), revisaré mi cuenta de Instagram (quiero hacer).

▪ Únete a un ambiente donde tu conducta deseada sea una conducta normal para el resto de los integrantes. Si me rodeo de gente que le gusta comer sano, al final acabaré comiendo sano.

▪ Crea un ritual de motivación como hacen muchos deportistas. Haz algo que te guste mucho inmediatamente antes de realizar un hábito que sea difícil. De este modo, liberarás dopamina y, cuando ésta aumenta, te sentirás más motivado a la acción.

HACERLO **SENCILLO:**

▪ Prepara el ambiente para que juegue a tu favor.

▪ Reduce el número de pasos entre tú y tus buenos hábitos.

▪ Regla de los 2 minutos. Simplifica tus hábitos hasta que puedan realizarse en 2 minutos o menos (sobre todo al principio, pues la clave es la repetición y la frecuencia).

▪ Automatiza tus hábitos, ayudándote de la tecnología, siempre que te sea posible. Así liberarás tiempo y energía para otros cometidos.

HAZLO **SATISFACTORIO:**

- Revisa tu historial de hábitos para hacer evidente el progreso.
- Programa recompensas, tanto por hacer un buen hábito como por dejar de hacer uno malo.

¿Cuánto tiempo necesito para desarrollar un nuevo hábito?

No hay un consenso claro sobre los días concretos, pero lo que debes tener muy claro es: LOS HÁBITOS SE CONSTRUYEN, SOBRE TODO, A PARTIR DE LA **FRECUENCIA con que se practican, no según el tiempo durante el que se practican.**

La frecuencia es lo que marca la diferencia. Entonces, para que pueda repetirlo uno y otro día... tendré que hacerlo sencillo, es decir, reducirlo a la mínima expresión.

Debo hacer mía "La ley del mínimo esfuerzo", sobre todo al principio, para que no falle y rompa "la cadena de repetición". Por ejemplo, si quiero ser más lector, el objetivo (al principio), debe ser leer una página al día. Si quiero ser deportista, el objetivo es ponerme ropa y calzado deportivo (en una 2ª fase sería salir a la calle a caminar o trotar...). En definitiva, necesito hacerlo muy sencillo para NO FALLAR EN LA REPETICIÓN (recuerda la regla de los 2 minutos).

Lógicamente todos tenemos complicaciones, imprevistos... Y podemos ser FLEXIBLES, pero al haber empezado por algo tan sencillo, no deberíamos errar más de un día y se nos hará fácil volver a la rutina adecuada.

Tanto si somos adultos como niños, somos seres de hábitos. En la Educación Infantil se prioriza la enseñanza de RUTINAS (pasar lista de todos los alumnos, ver el día de la semana, el tiempo que hace...), que no son otra cosa que HÁBITOS, para orientar el día a día del niño.

Por tanto, no perdamos la perspectiva de la importancia de las pequeñas acciones en nuestro día a día poque será lo que determine la persona en que nos vamos a convertir. Pero también hay que tener cuidado de no caer en la excesiva rigidez o estructuración de todo, de tal forma que se vea mermada la autonomía y la libertad de los niños. Todo lo expuesto en este libro, deberías empezar a implementarlo en tu día a día como hábitos nuevos (en el caso de aquello que no estés practicando) y de la forma en que aquí he explicado. De este modo, tendrás mucha más garantía de éxito, sin necesitar de una gran motivación ni fuerza de voluntad para ello.

Por tanto, conviértete en un maestro para hacer, de aquello que quieras en tu vida, algo OBVIO, ATRACTIVO, SENCILLO Y SATISFACTORIO. Lo demás vendrá rodado.

3.2 Hábitos higiénicos: cuidado de ojos, boca y oídos.

Si a algo habría que prestarle especial atención en los niños, desde temprana edad, sería si sus órganos de los sentidos funcionan correctamente. Y, muy particularmente, si ven y escuchan de manera correcta. Esto es algo esencial y a lo que todo padre, madre, educador, maestro... debería ponerle particular énfasis, a fin de detectar, si fuera el caso (y lo más rápidamente posible) cualquier anomalía que pudiese afectar al niño.

Si alguno de estos dos aspectos (visión y audición) no está funcionando correctamente, afectará directamente a su desarrollo. Tanto el sistema visual como auditivo son unos de los sentidos más importantes que tenemos para recibir información del exterior. Más del 90% de la información que recibimos nos llega a través del sistema visual. Y, dentro del mismo, procesamos las imágenes 600 veces más rápido que los textos, así como recordamos el 80% de lo que vemos frente al 20% de lo que leemos. Ojos y oídos son herramientas para ayudarnos en nuestro proceso de aprendizaje y si no funcionan bien, lo que harán será obstaculizarnos el mismo en vez de ayudarnos.

Aun siendo lo más responsables posibles, es probable que, con los niños, se nos escapen muchos detalles de que algo no está funcionando bien. Porque una de las principales características del ser humano es la capacidad de adaptación, y de ahí que, si no estamos muy muy atentos, podamos encontrarnos sorpresas mayúsculas.

Seguro que todos conocéis casos concretos, pero yo os voy a contar algunos de mi experiencia cercana: los padres de un chico al que hace años entrené como ciclista de competición (tendría 15-16 años) me contaron (para mi sorpresa y después de llevar 4-5 meses trabajando juntos) que su hijo prácticamente no veía por un ojo. Y que se dieron cuenta cuando tenía ¡12 años! Es decir, estaba tan adaptado a ver por un solo ojo que el niño lo daba por normal y ni él ni sus padres supieron detectarlo a temprana edad. Me contaron que un óptico les había dicho que, probablemente, de pequeño tan solo tendría un ojo vago y que, si lo hubieran estimulado convenientemente, hoy estaría viendo normal.

Otros amigos, cuando quisieron darse cuenta que su hijo (con 6 años) "parecía que no venía bien en la escuela", fueron a la óptica y presentaba ya 5 dioptrías de astigmatismo y algunas más de miopía...

Entonces lo que pretendo concienciar es que esto NO NOS PUEDE PASAR... Al menos debemos poner todos los medios para que no pase.

Yo he sido miope toda mi vida, llevo gafas desde que tengo uso de razón y, a lo largo de los años, recuerdo ir al óptico y salir de allí con una graduación más alta con la que había entrado. Quiero decir, que sé de lo que hablo. Debido a mi obsesión porque a mis hijos pudiéramos detectarles cualquier anomalía cuanto antes, los he llevado al óptico desde muy pequeños.

Y, gracias a Dios y a buscar concienzudamente, he dado con grandes profesionales en terapia visual para niños. Y gracias a practicar ciertos ejercicios, han conseguido (a día de hoy) tener una visión perfecta y no necesitar gafas (cuando con 3-4 años no tenían buena visión). Además, yo crecí con la idea de que mis problemas de visión eran genéticos y que poco podía hacer para solucionarlos (grave error...).

Sin embargo, ahora a los 43 años de edad, yo mismo practico ejercicios de terapia visual y visión natural (además de otros muchos cuidados para mejorar la visión (a nivel químico -con la alimentación-), a nivel emocional (relajación, control del estrés), a nivel mental (procesamiento de la información), a nivel postural, de relación con la luz... Y, al momento de escribir estas líneas, he conseguido rebajar 1,5 dioptrías mi miopía, además de dejar atrás los problemas con el "ojo seco", he mejorado la agudeza visual... Así como otros parámetros importantes de la visión.

Por tanto, esto me ha hecho darme cuenta que no hay nada estático, **todo se puede mejorar, si sabemos cómo** (recuerda la neuroplasticidad -capacidad que tiene el cerebro de crear nuevas conexiones neuronales, para recuperarse, reestructurarse y adaptarse a nuevas situaciones) **y tenemos la actitud mental adecuada** (fe, creencia y confianza en lo que hacemos).

Con esto quiero decir que si desde pequeños, se nos enseñara a cuidar esos órganos, estaríamos en disposición de relacionarnos mejor con nuestro entorno y aprender mucho más.

Sería muy fácil que los maestros tuvieran unas nociones básicas sobre cómo cuidar los ojos y cómo funciona el mecanismo de la visión. Se podría enseñar en la facultad. Vuelvo a recalcar, no se trata de cargar con contenido innecesario, sino de seleccionar lo verdaderamente importante. De este modo, los alumnos se beneficiarían muchísimo porque aprenderían esas pautas, las convertirían en hábitos y les acompañarían el resto de sus vidas.

¿Cómo podemos sospechar si hay algún tipo de problema visual o auditivo? Principalmente cuando haya un **problema de atención en el niño.** Aquí deberíamos ponernos en alerta y, cuanto menos, realizar una valoración visual y auditiva para, a partir de ahí, actuar de una manera u otra en función de los resultados.

Además, en relación a la visión podemos observar: exceso de parpadeo y guiños, picor y enrojecimiento de ojos, dolor de cabeza, torpeza en ciertos movimientos o destrezas motrices, dificultad para realizar cambios de enfoque, visión borrosa en cerca/lejos, escritura desordenada por la sensación de que las letras "bailan", visión doble... entre otros muchos más.

Siempre que existan síntomas hay que buscar de donde pueden venir, realizando una valoración y descartando otros tipos de problemas. De igual modo, se recomendaría realizar valoraciones visuales y auditivas antes de empezar el colegio. Así como revisiones todos los años que vayan más allá de simplemente valorar la agudeza visual.

CUIDADO DE LOS OJOS

La solución a un problema visual, no se encuentra siempre en la colocación de una gafa.

Hoy en día pasamos muchas horas mirando de cerca, pero la realidad es que nuestros ojos no están preparados para mirar a esta distancia. Hace muy pocos años, no había ordenadores, tablets, móviles...Los niños jugaban en la calle y pasaban mucho más tiempo mirando de lejos y al aire libre.

Uno de los principales problemas que existe hoy en día es la fatiga visual y/o el síndrome visual informático, producido por el uso excesivo de dispositivos digitales y por pasar tantas horas en una distancia de trabajo próxima.

Para evitar esto, podríamos utilizar algunos CONSEJOS DE ERGONOMÍA E HIGIENE VISUAL:

-DISTANCIA DE HARMON: Es la distancia que existe entre el codo y los nudillos con el puño cerrado. Para mantener una buena salud visual, se debería leer manteniendo esta distancia (como mínimo).

- USO DE ATRIL:

Parece mentira que muchos niños no sepan lo que es un atril y que casi ninguno lo utilice para estudiar (mi hijo es el único de su clase que lo usa, pero es que muchos mayores tampoco lo utilizan, así como opositores o gente que pasa muchas horas estudiando o leyendo). Y aún peor es que esta herramienta no se considere obligatoria en las escuelas e institutos. **¡Todos los niños/as deberían tenerlo!** Y esto solo puede deberse al desconocimiento de los beneficios que aporta. Veamos los más importantes:

1. **Mejor postura, espalda más recta:** Por supuesto, al usar un atril para estudiar es posible conseguir una postura mucho más cómoda y adecuada, no sólo para la espalda, sino también para el resto del cuerpo. **Un atril para estudiar te permite mantener la espalda mucho más erguida y apoyarla bien en el respaldo de la silla.** Además, los movimientos del cuello serán mucho más suaves, y por tanto esto no afectará tanto a tu salud, permitiéndote rendir mejor y cuidarte mientras aprendes.

Estudiar con el libro y los apuntes en la mesa puede llegar a provocarte graves contracturas (cervicales, lumbares...). Y muchísima tensión, con lo que sin duda adquirir un atril es la mejor inversión que puedes hacer si vas a tener que pasar largas temporadas de estudio hasta conseguir tus metas.

2. **Una ayuda para tu vista:** El atril no sólo te ayudará a mantener una postura correcta, sino que también te permitirá cuidar tu vista **al permitirte estudiar en una**

postura mucho más natural sin tener que forzarla. De esta manera, los movimientos oculares también serán mucho más suaves y tu vista no se cansará tan rápidamente ni la dañarás mientras estudias. Un atril marcará la diferencia y te ayudará a concentrarte mejor, evitando también los dolores de cabeza derivados de los problemas de vista tras un tiempo de estudio prolongado.

3. Te ayuda a organizarte, aprovecharás mejor el espacio: porque te permite usarlo en forma de soporte para colocar por ejemplo los apuntes o el libro del que estés estudiando. Podrás pasar a limpio los apuntes mientras los lees directamente del atril, realizar resúmenes mirando cómodamente al libro, o directamente ir haciendo esquemas mientras estudias para aprender todo mucho mejor.

Del mismo modo, **los atriles siempre ocupan menos espacio que los libros abiertos sobre la mesa,** lo cual será especialmente interesante para que puedas realizar tus tareas y estudiar de manera mucho más eficiente. Ya que dispondrás de mucho más espacio para estudiar y hacer tus trabajos. De esta forma conseguirás organizarte a la perfección y el estudio se convertirá en un momento de aprendizaje, dejando de lado el estrés, los problemas de espalda y los dolores de cabeza.

4. Aumenta la atención y la concentración: todos los expertos coinciden en que usar un atril para estudiar puede ayudarte a aumentar tu atención y concentración. **Al tener la vista más enfocada en los libros o en los apuntes,**

eliminarás por completo todos los elementos que puedan llegar a distraerte y te concentrarás únicamente en estudiar. Esto es fundamental porque te permitirá optimizar al máximo tu tiempo de estudio y también mejorar tu rendimiento, casi sin darte cuenta.

- MIRAR DE LEJOS EL MÁXIMO QUE SEA POSIBLE: cada cierto tiempo, debemos abandonar la visión "de túnel" sobre los apuntes y cambiar el enfoque a "lejos" aprovechando, si es posible, mirar por una ventana o, cuanto menos, a las esquinas más alejadas de la habitación. Puedo hacer una visión periférica izquierda-derecha y arriba-abajo en el lugar que me encuentre.

- PARPADEA MUY A MENUDO, CON FRECUENCIA Y CONSCIENCIA: esto es especialmente útil cuando usamos pantallas (tablets, ordenadores, móviles...) puesto que se nos olvida parpadear. Y la luz azul artificial nos deshidrata (también los ojos). Y si no humedecemos los ojos con lágrimas (al parpadear lo hacemos), nuestros ojos se secan y empeora la visión.

- LIMITAR EL USO DE DISPOSITIVOS DIGITALES: especialmente antes de dormir y nunca hacerlo en un entorno a oscuras o poco iluminado. Se pueden usar **filtros de luz para las pantallas.** Estos se colocan delante de los monitores para filtrar esos rayos con longitud de onda dañina y que pueden acarrear ciertos problemas (además de que desregulan los ritmos circadianos). Y también hay algunos filtros que pueden venir incorporados al dispositivo o bajar una aplicación para que ajuste el tono de luz en función de la hora del día.

- NO TE OLVIDES DE RESPIRAR: puede parecer algo muy obvio, pero cuando miramos dispositivos digitales, estamos estudiando o trabajando, nos enfrascamos en ello y vamos limitando cada vez más el oxígeno que utilizamos, lo que se traduce en mayor fatiga general y de los músculos de los ojos en particular.

- TEN BUENA ILUMINACIÓN: a ser posible con luz natural. La luz debe estar concentrada sobre la zona de lectura, el resto del entorno no debe de quedar a oscuras. La habitación debe estar iluminada y la zona en la que estén los textos tiene que tener aún más luz. Evitar reflejos.

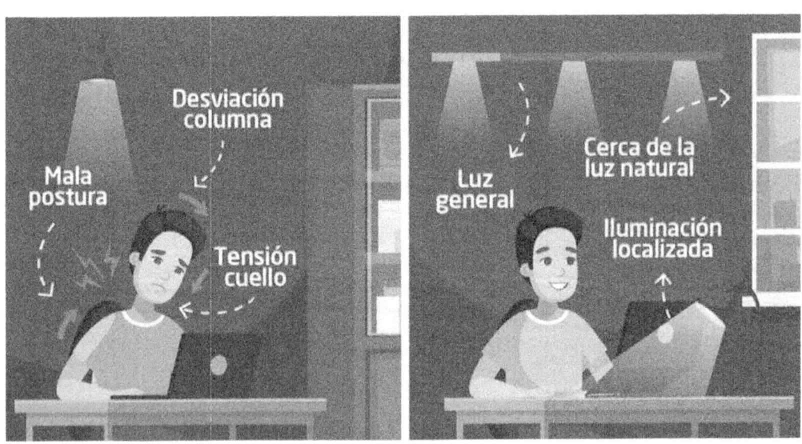

- SALIDAS AL CAMPO, JUGAR AL AIRE LIBRE, PASAR TIEMPO EN ESPACIOS ABIERTOS: esto ayudará mucho a mejorar nuestra visión porque cambiaremos el enfoque tan continuado que hacemos de mirar de cerca.

Además, practicar deporte al aire libre o jugar nos ayuda a mejorar la orientación espacial, cálculo de distancias, contrastes de luz (si estoy rodeado de árboles, por ejemplo) y estar en contacto con la luz del sol, con todos los beneficios que esto conlleva.

Se sabe, y así lo apoya la ciencia, que la falta de luz natural puede provocar miopía. Y que la miopía es mucho menos prevalente entre quienes pasan más tiempo al aire libre y expuestos a la luz del sol.

- ALIMENTACIÓN Y HÁBITOS DE VIDA SALUDABLES: por supuesto esto siempre será importante. La vitamina A es fundamental para una buena visión y ésta podemos encontrarla en alimentos como las zanahorias, huevos, hígado, legumbres, lácteos, vegetales de hoja... Así como llevar una vida organizada, limitando las fuentes de estrés, con horarios estables y ritmos circadianos ajustados... Nos ayudará a mejorar la visión y salud general.

CUIDADO DE LOS OÍDOS.

En relación a la audición, debemos estar atentos a lo siguiente:

- El niño no se sobresalta con los ruidos fuertes al mes de edad o no se dirige hacia la fuente de sonido a los tres o cuatro meses de edad.
- No dice palabras sencillas como “mamá” o “papá” entre los 12 y 15 meses de edad.
- No siempre responde cuando le llaman. Esto puede confundirse con falta de atención o resistencia, pero podría ser el resultado de una deficiencia auditiva parcial.
- No nota su presencia hasta que le ve.
- No puede hacerse entender el 50% de las veces a los dos años y medio.

No detectar a tiempo un problema de audición puede provocar retrasos en el desarrollo, ya que una audición normal es necesaria para comprender el lenguaje hablado y para hablar de forma clara en el futuro.

Una buena audición no es sólo tener un buen umbral, hay que valorar también el entendimiento del habla en ruido, la dominancia auditiva, el umbral de disconfort (a qué decibelios molesta un sonido) para descartar hiperacusia, y el procesamiento auditivo.

El mayor problema del niño desde que es bebé es el moco producido por otitis. El tener otitis de forma repetida y, con ellas, moco en el oído, acarrea disminución del umbral auditivo, sobre todo en graves, y, esto puede retrasar la aparición del lenguaje o dar lugar a mala pronunciación de fonemas.

Esta pérdida auditiva suele ser temporal y la audición normal suele regresar una vez que la congestión o la infección mejoran y la trompa de Eustaquio (que conecta el oído medio con la garganta) drena el líquido remanente hacia la parte posterior de la garganta.

¿Qué podemos hacer? Limpiar muy bien los mocos a los más pequeños, enseñarles a hacerlo cuanto antes y ayudarles mientras no son capaces. Usar suero fisiológico o agua de mar para hacer lavados nasales, así como vaporizar eucalipto en una olla de agua caliente o utilizar humidificadores, para ayudarles en esa limpieza y descongestión.

Hay que acudir al otorrino o médico, cuando tengan infección y necesiten tomar antibiótico. Así como si fuera necesario retirar las vegetaciones, amígdalas o establecer drenajes en los oídos, para evitar males mayores.

Igual que hacemos revisiones ópticas, hacer revisiones auditivas (audiometría, logoaudiometría, dominancia e impedanciometría), al cumplir los 4 años, aunque no tenga síntomas.

CUIDADO DE LA BOCA

Habrás escuchado la frase "La salud empieza en el intestino". Pero antes de llegar al intestino, todo pasa por la boca. Y ésta no sólo es la entrada primaria de cualquier alimento o bebida, sino también la entrada de muchas infecciones y afecciones a nivel local y sistémico.

Fíjate si el cuidado de la salud bucal es importante ya que, en muchos equipos deportivos, antes de realizar un fichaje, aparte de pasar el reconocimiento médico pertinente, en lo que más hincapié se hace es en el estado de la salud bucal del deportista. Puesto que es un indicador muy claro del riesgo de lesiones que esa persona puede sufrir, así como de otras enfermedades asociadas.

Comer es una necesidad básica, para la cual se necesitan unas "herramientas", que son los dientes, muelas y la cavidad oral en su conjunto. Si alguno de estos elementos falla, el satisfacer correctamente las necesidades nutricionales del niñ@ y futuro adulto, se verá mermado con las consiguientes probabilidades de enfermar de forma exponencial.

¿Cuáles son los principales problemas en la boca que sufren los niños/as?

Debido a su poca destreza en etapas tempranas, el cepillado por parte del niñ@, en sí no es suficiente para eliminar la posible **aparición de caries.** Por tanto, siempre debería reforzarlo un adulto. Estamos muchas veces obsesionados con que los niños se limpien bien, con cuál es la mejor pasta, con cuanto flúor tiene, etc. Peleando con ellos para que se limpien... ¿Pero tienen adquirido ese hábito? Esa es la cuestión.

Hay que crear el hábito y la constancia en realizar el **cepillado después de cada comida** atendiendo a limpiar todas las superficies de los dientes y la lengua.

¿Por qué no hay costumbre de que los niños se laven los dientes en el colegio después de tomar su snack de media mañana? Esto debería estar institucionalizado. La mayoría de lo que toman los niños a esas horas son zumos, batidos, galletas, bizcochos... todos alimentos ricos en azúcares y/o hidratos de carbono, que son, precisamente, los más problemáticos para favorecer las caries, ya que estimulan la proliferación de ciertas bacterias que atacan el esmalte dental durante al menos veinte minutos después de comerlos. Pero si se cepilla inmediatamente después de comer, se eliminan las bacterias antes de que dañen el esmalte.

Alimentos con muchos azúcares, bebidas edulcoradas y los ultraprocesados, así como un pobre hábito de higiene, es el campo de cultivo idóneo para que las caries campen a sus anchas. E infecciones locales en la boca pueden pasar a nivel sistémico y provocar decaimiento, irritabilidad y, en muchas ocasiones, fiebre y malestar general.

Los niños son meros imitadores, pero ¿ven lavarse los dientes a sus padres, hermanos o maestros? Yo creo que debería ser algo normal.

"El principio de la Educación es predicar con el ejemplo".

A. R. Jacques Turgot.

Otras patologías óseas, musculares o del propio desarrollo ya no dependen de la higiene o la dieta en sí, y en esos casos, para evitar problemas futuros, hay que consultar a los especialistas.

En definitiva, habría que hacer mucha más labor de prevención y concienciación, y crear con firmeza el hábito del cepillado desde pequeños y que esto se mantenga toda la vida.

Si tenemos previsto hacer un viaje, por ejemplo, deberíamos tener un cepillo y pasta de dientes a mano, siempre. Para poder cepillarnos después de parar a tomar un café o cualquier cosa, en un bar de carreteras.

Así como llevar siempre chicles sin azúcar cerca de nosotros, para en los momentos que no tengamos a mano el cepillo, poder recurrir a ellos para minimizar el impacto negativo de no poder lavar los dientes.

Quizá te haya dado la impresión de que este capítulo ha ido más dedicado a la salud de los más pequeños. Puede que así sea porque, desde luego, es uno de los objetivos que pretende el libro, mejorar la salud de los que más queremos. Pero, en cualquier caso, deberías de tener el hábito de cuidar tus ojos, boca y oídos, incluso aunque ahora mismo creas que gozan de una buena salud.

Porque lo que hoy siembras es lo que mañana recogerás. Y dedicar tiempo a cuidar estos órganos tan importantes siempre será un tiempo bien invertido. **"Optimiza tu salud, alcanza tus metas".**

3.3 Ergonomía e Higiene Postural.

Tanto la ergonomía como la higiene postural van juntas de la mano, teniendo objetivos comunes, además de buscar optimizar la salud de manera complementaria.

La **ergonomía** es la ciencia que estudia la relación entre el hombre y su entorno, y cuyo fin es reducir la fatiga y las lesiones innecesariamente producidas por el trabajo (seas un estudiante, un obrero o un médico). No es una ciencia pura, sino una ciencia aplicada que se alimenta de diferentes campos, y entre uno de estos, se encuentra la **higiene postural.**

Podemos definir esta última como "aquellas actitudes o normas, que pretenden evitar vicios posturales e intentan corregir aquellas posiciones, que van modificando la biomecánica postural correcta".

La ergonomía busca adaptar el trabajo a las personas, de forma que la persona se encuentre cómoda y aumente la productividad. Mientras que la higiene postural nos lleva a aprender la forma de establecer posturas correctas, tanto en estático como en movimiento, evitando posturas que nos generen molestias y no nos dejen llevar un estilo de vida saludable.

Uno de los problemas más comunes en Salud Pública son las **alteraciones musculoesquéleticas,** que aparecen en forma de algias musculares, provocadas por adoptar malas posturas. Las más frecuentes suelen ser en la zona de la espalda: como lumbalgias o hernia discal. Además de las hiperlordosis, hipercifosis y escoliosis.

En edades muy tempranas, ya aparecen malos hábitos posturales, por ello se considera que las recomendaciones ergonómicas deben incorporarse desde la infancia, teniéndose en cuenta, que los niños dedican al menos una tercera parte de las horas del día a las actividades escolares.

El Fisioterapeuta, profesional formado en diversas ramas (anatomía, biomecánica, movimiento humano, patología, etc.), está capacitado para analizar las condiciones de trabajo, jugando un papel importante como **educador sanitario dentro del equipo multidisciplinar ergonómico.** El fisioterapeuta puede y debe actuar en las dos vertientes ergonómicas:

Preventiva y correctiva. Algunas de las funciones que éste podría desempeñar, destacan: el análisis del puesto de trabajo, identificar los factores de riesgo del mismo, monitoreo de posturas de trabajo en situaciones estáticas y dinámicas, recolocar al trabajador después de una lesión, enseñar formas de movilización y traslado de cargas, técnicas de relajación durante pausas en el trabajo, etc.

Sería ideal que estos profesionales formaran a los trabajadores, así como a los escolares se les impartieran charlas para mejorar sus posturas.

Es fundamental saber qué trabajo tienes, cuáles son sus características principales y actuar en consecuencia para compensar los desequilibrios que te pueda estar causando. Recuerda: **homeostasis y alostasis.** Veamos algunos tipos:

- Las personas que, en su lugar de trabajo, están principalmente **sentados y en lugares cerrados**, con luz artificial buena parte de su tiempo: estudiantes, administrativos, informáticos, banqueros, etc. Dentro de estos hemos de distinguir entre quienes hacen un trabajo predominantemente repetitivo (con poco desafío cognitivo) y aquellos que han de pensar mucho (por ejemplo, un controlador aéreo o quien coordina pedidos en una empresa de transporte de paquetes...).
- Personal que **trabaja al aire libre:** jardinero, barrendero, o mantenimiento de las carreteras.
- Personas que **trabajan en fábricas**: probablemente pasen 8h con luz artificial y quizá haciendo unos movimientos repetitivos que pueden causar sobrecargas o lesiones.
- Personas que trabajan **muchas horas de pie y con poco movimiento:** puede ser personal de las

fábricas, así como también peluqueros, guardias de seguridad, guardia real, escoltas, etc.

- Aquellos que, por su trabajo, **implican mucho más un lateral de su cuerpo,** como el caso de camareros que llevan la bandeja con el mismo brazo, deportistas que practiquen balonmano, tenis... Así como personas que en fábricas soliciten mucho más un miembro que otro.
- Los que pasan mucho tiempo **sentados en un vehículo:** comerciales, conductores de tren, autobús, taxistas, gente que maneja maquinaria para las obras o construcción.

A lo largo de tu vida puedes ir cambiando de trabajo o de situación y por eso **tendrás que ir adaptándote** para hacer las acciones compensatorias que más necesites en cada caso. No hay salud verdadera en alguien con dolores, sean estos de espalda, de cabeza, articulares, etc.

¿Qué puedo hacer para mejorar mi ergonomía e higiene postural?

- Siempre será buena idea **acudir a un fisioterapeuta** para que pueda tratarte en caso de alguna lesión producida por las malas posturas o bien que te aconseje sobre qué ejercicios compensatorios y/o de fortalecimiento puedes realizar para evitar que esto te vuelva a suceder. También acudir a un **entrenador personal** que te pueda guiar **o a un gimnasio** en donde te sepan programar una rutina acorde a tus necesidades.

- No cabe duda de que **el ejercicio físico es una de las mejores terapias** para asegurar la evolución correcta de la espalda. En concreto la natación, además de fortalecer la musculatura, se basa en la realización de ejercicios simétricos que la equilibran y refuerzan. Siempre que te dejes aconsejar por profesionales estarás en buenas manos.
- Ya hablé, en el apartado dedicado al cuidado de los ojos, del uso de un **atril para estudiar**, como algo fundamental para mejorar no solo el cuidado de la vista, sino evitar problemas de espalda, tensiones y otros problemas asociados.
- Es fundamental **alternar la postura** para evitar caer en malas posiciones por cansancio y monotonía. Para las personas que trabajan sentadas, una de las mejores inversiones que pueden hacer es la de un **escritorio para trabajar de pie.** Y de este modo poder alternar un tiempo sentado y otro en pie.
- El **uso del "manos libres"** en el teléfono es muy útil para poder hablar, mientras se está caminando y estirando las piernas.
- Tener la **actitud y la consciencia de querer sentarnos correctamente o mantener la postura correcta** en la tarea que sea que estemos realizando. Esto es fundamental porque si nos dejamos llevar... acabaremos con problemas.
- **Colgarte de una barra para estirar la espalda.** Esto puede ayudarte a descomprimir las vértebras o estirar la caja torácica para ayudarte a respirar mejor, entre otras mejoras. Y es algo que puedes

hacer en un parque de calistenia, en el gimnasio o incluso en casa. Venden aparatos fáciles de instalar en casa para poder realizar este cometido. Todo el mundo debería pasar 3 minutos al día colgado en una barra, por los múltiples beneficios que aporta.

- **Usar un ratón ergonómico vertical,** para el trabajo con el ordenador. Esto fue algo que a mí me ayudó muchísimo para olvidarme de los dolores de muñeca y túnel carpiano, que padecía con ratones convencionales, incluso usando alfombrillas que elevaban la muñeca.

Podríamos seguir con más recomendaciones, pero todas estarían supeditadas a tu trabajo particular y las características que tenga. Pasamos muchas horas de nuestra vida en el trabajo y/o estudiando, de ahí que sea fundamental que adaptemos el trabajo a nosotros y no al revés. Por eso, la mejor recomendación es que te dejes aconsejar por un profesional que sepa guiarte por el camino de la ergonomía y la higiene postural.

Para acabar este apartado, no quiero dejar pasar por alto lo que nos dice la neurociencia sobre la interacción bidireccional entre cerebro-postura y postura-cerebro. Es decir, que el estado de ánimo afecta a la postura y, al contrario, la postura afecta al estado de ánimo.

De ahí que tenga una gran relevancia que sepas manejar una correcta postura, incluso para hacer cambiar tu estado de ánimo cuando éste no sea el más apropiado. Llevar los hombros hacia atrás, levantar los brazos con los puños cerrados, dar unos saltos para activarte... son todas aquellas acciones que puedes realizar en tu beneficio. Incluso pueden modificar tus valores hormonales, incrementando tu testosterona.

Por el contrario, cuando te encuentras atrapado en una postura de decaimiento, con los hombros caídos, la ciencia ha descubierto que proyectas el sesgo negativo. Lo que quiere decir que de toda la información que te llegue, vas a seleccionar y amplificar lo que sea más negativo. Con todos los perjuicios que eso acarreará para tu salud.

Así que ya sabes, aprende a SER CONSCIENTE de la postura que tienes y de lo que quieres proyectar para ti y para los demás.

3.4 El poder de las palabras.

Si hay algo en la vida, que todos los seres humanos hacemos de forma natural y única, es hablar y comunicarnos a través de palabras. No hay ningún otro animal en la tierra que pueda hacerlo A través de ellas, expresamos un sinfín de emociones, sentimientos, pensamientos, intenciones y actitudes. Las palabras lo revelan todo sobre nosotros.

Hemos de ser conscientes del **E-N-O-R-M-E poder que tienen las palabras.** Hay dos formas de utilizarlas:

- **Para mal,** pudiendo, en este caso, hundir, arruinar, abatir o destrozar a una persona. Crean limitaciones y dañan irremediablemente.
- **Para bien,** pudiendo ensalzar, animar, construir, motivar, alentar, incentivar, impulsar, dar confianza... Creando permiso, libertad y potencialidad. Cuando son aplicadas con inteligencia.

¡Ojo! Porque **las palabras podemos escucharlas** de otras personas (familiares, educadores, amigos...), podemos **emitirlas** a otr@s (hij@s, padres, amig@s, compañer@s...), así como también podemos **decírnoslas** a nosotros mismos, en ese diálogo interno que todos tenemos. Veamos qué hacer en cada caso:

Cuando escuchamos palabras de otras personas, tenemos dos opciones: 1. **Creerla y aceptarla**, en ese caso llegamos a un acuerdo que pasa a formar parte de nuestro sistema de creencias. Si me dicen "eres inteligente" o "eres deportista" estará genial. Pero y si me dicen "eres tímido" o "eres torpe" no lo será tanto. El problema es que nos creamos esas afirmaciones como verdades absolutas e inmutables, creando una limitación que puede acompañarme durante años e, incluso, toda una vida.

Entonces la otra opción que tengo es: 2. **Poner en juicio esa afirmación y no asumirla como verdad,** sino darme la opción para poder cambiarla y sentir de forma diferente.

- Cuando somos nosotros los que comunicamos a otras personas deberíamos elevarlos en lugar de hundirlos. Y ser **potenciadores de lo bueno.** No se trata de mentir, sino de centrarse en lo positivo y en lo que hará que la otra persona se sienta bien y le ayude a superarse. Si le dices a alguien "no puedes", estarás derribando uno de sus sueños.

- Cuando nos hablamos a nosotros mismos, con más razón que en el caso anterior. Jamás debes decirte cosas como "no valgo para esto" o "no puedo", porque estarás negando tu propio valor personal. Al contrario, debes **hablarte como la**

persona más importante, capaz y maravillosa de este mundo. Utiliza una lista escogida de afirmaciones YO SOY... para elevarte cada día.

Veamos algunos ejemplos sobre cómo puedes cambiar la manera en que te hablas, para sufrir menos y producir mejores resultados.

"No seré capaz. Esto es imposible". Sustitúyelo por "Muchas cosas han sido imposibles hasta que luego se hicieron posibles. Haré lo que pueda e iré aprendiendo poco a poco. Pediré ayuda si lo necesito". "Yo quiero, yo puedo, ¡yo soy capaz!"

"No hago más que cometer errores". Sustitúyelo por "los errores son parte del proceso. Lo importante es aprender de cada error".

"Voy muy lento. Tardaré mucho en lograr el objetivo". Sustitúyelo por "todavía no estoy donde deseo, pero tampoco estoy donde estaba hace unos meses. Cualquier objetivo que merezca la pena requiere tiempo y esfuerzo".

"Es ya muy tarde para empezar". Sustitúyelo por "nunca es tarde para empezar. En un año, desearé haber empezado hoy".

"No tengo tiempo". Sustitúyelo por "esto es importante. Así que reduciré otras actividades para crear el tiempo necesario".

Usar bien las palabras es muy difícil, puesto que, además, hemos hecho de la mentira algo banal y sin importancia. Tanto al comunicarnos con los demás y, aún más importante, al hablar con nosotros mismos. Somos expertos en crear justificaciones para todo y creérnoslas.

Recuerda que siempre que escuchamos una opinión y la creemos, llegamos a un acuerdo que pasa a formar parte de nuestro sistema de creencias. Si esa opinión es negativa, "eres muy torpe y por eso te caes tanto" no cabe duda de que ese niño se va a caer y se seguirá cayendo, sobre todo si las palabras vienen de alguien a quien el niño aprecia.

De ahí que sea fundamental SER IMPECABLE CON TUS PALABRAS, como diría el Dr. Miguel Ruíz, en su magnífica obra *Los 4 acuerdos.* Hemos de concienciarnos para hablar y hablarnos bien SIEMPRE. Así como **no tomar las palabras ajenas como verdades universales.**

Fíjate si la fuerza de las palabras es tan poderosa, que una sola palabra puede cambiar la vida o destruir a millones de personas. Hace unos años, en Alemania, mediante el uso de las palabras, un hombre manipuló a un país entero de gente muy inteligente. Los llevó a una guerra mundial solo con el poder de las palabras.

A lo largo de la historia, palabras como **posible o imposible** han campado a sus anchas desde que éramos niñ@s. Cuando sabemos a ciencia cierta que "las cosas solo son imposibles hasta que alguien las hace posibles".

Si no, ahí está el mundo lleno de ejemplos para demostrarlo: en 1954, Roger Bannister se convirtió en el primer hombre en el mundo en correr una milla en menos de 4 minutos. Hasta entonces, se había establecido la creencia popular de que ningún ser humano sería capaz de hacerlo por las leyes de la fisiología. Este es solo un ejemplo de los muchos que podríamos mencionar en cualquier campo (medicina, genética, tecnología, neurociencia...)

Los niños son capaces de hacer cualquier cosa hasta que un adulto les contagia con sus "mentiras-limitaciones" que él mismo cree. Las intenciones pueden ser buenas, pero recuerda, la ciencia se ha encargado de darle la vuelta a muchas **"VERDADES" que se creían irrefutables** (la tierra es el centro del universo, no hay posibilidad de generar nuevas neuronas...). Y que luego se demostró que no eran ciertas.

RUMORES, CHISMES Y COTILLEOS.

La mayoría de las personas no son conscientes del mal que puede causar las formas triviales y ligeras de hablar sobre los demás. Rumores, chismes y cotilleos hemos contado todos, principalmente porque es algo que hemos escuchado desde pequeños y que nos ha incitado a participar de ello. Sin embargo, se puede convertir en un auténtico veneno si nos vamos dejando llevar e incendiamos aún más aquello que se dice sobre otros.

Lo importante, sin duda, es darse cuenta de que no hacen ningún bien, porque vamos normalizando cierto uso peyorativo y, a veces, inconsciente de las palabras. Y tratar de eliminarlo cuanto antes de nuestras vidas.

"Nunca podemos juzgar la vida de los demás, porque cada uno sabe de su propio dolor y de su propia renuncia. Una cosa es suponer que uno está en el camino cierto; otra es suponer que ese camino es el único."

Paulo Coelho.

El objetivo es que en el hogar no se escuchen nunca críticas, juicios, ni murmuraciones sobre ninguna persona (máxime sin tener todos los elementos de juicio). Esto es necesario para convivir en paz, dar ejemplo y hacer felices a los demás. Se comprende muy bien con lo que leeremos a continuación: **el triple filtro de Sócrates.**

Nos invita a no permitir que lleguen a nosotros informaciones o mensajes que sean mentira, que dañen y/o que sean inútiles. Aplica para cotilleos, pero también para todo lo que circula por medios y redes.

Un sabio filósofo ve llegar a su casa a un joven discípulo visiblemente alterado.

- *Maestro, maestro, un mago estuvo hablando de ti con malevolencia. Deseo contarte lo que ha dicho.*
- *Espera, interrumpió el sabio,*
- *¿Hiciste pasar lo que vas a contarme por los tres filtros?*

- *Los tres filtros, ¿preguntó el discípulo?*
- *Sí, y el primero es la verdad: ¿estás seguro de que lo que quieres decirme es absolutamente cierto?*
- *No estoy seguro, en realidad lo oí comentar a unos vecinos.*
- *Al menos, lo habrás hecho pasar por el segundo filtro, que es el de la bondad y la justicia: ¿estás seguro de que lo vas a decirme es bueno y justo?*
- *No, en verdad, es todo lo contrario.*
- *¡Ay, vaya! – Exclamó el maestro y agregó:*
- *El último filtro es la necesidad. ¿Crees que es necesario hacerme saber lo que tanto te inquieta?*
- *A decir verdad, no, respondió el discípulo.*

Y el sabio sonriendo dijo:

- *Entonces, si no es verdad, tampoco bueno o justo, ni necesario, sepultémoslo en el olvido.*

La verdad, la bondad y la utilidad son los tres filtros de Sócrates. A juicio del filósofo, estas son las preguntas que toda persona se debe formular antes de decir algo. La primera: ¿Estoy seguro de que lo que voy a decir es cierto? La segunda: ¿Lo que voy a decir es bueno? Y la tercera: ¿Es necesario decirlo?

Este triple filtro es una excelente guía, tanto para lo que vamos a decir, como para lo que vamos a escuchar. Representa un conjunto de parámetros en torno a lo que es una comunicación saludable y constructiva. Por eso esta historia sigue vigente a pesar del paso de los siglos.

Solo tú puedes tomar la decisión de hacer un uso más beneficioso de las palabras, para ti y para los demás. Esfuérzate en crear salud, belleza, amor, abundancia y felicidad con tus palabras. Porque **tú construyes tu vida poniéndole palabras. Y si usas un lenguaje positivo, avanzas y creas una realidad más hermosa y saludable.**

3.5 Rutina habitual y rutina de los fines de semana.

Ya hemos hablado de la importancia que tiene el contexto y todo lo que nos rodea, en nuestra salud. Porque en un ambiente favorable, es mucho más fácil optar por hábitos saludables. Mientras que un ambiente hostil hacia estas prácticas, será mucho más complicado. Y será más fácil dejarnos arrastrar hacia comportamientos menos sanos.

En nuestra vida, **nos movemos en diferentes ambientes: familiar, laboral, social, de ocio, de fiesta y celebración, etc.** Y tenemos que saber lidiar en cada uno de ellos si queremos preservar nuestro bien más preciado: LA SALUD.

De la facilidad cuando estoy en casa:

Habitualmente, pasamos la mayoría de nuestro tiempo en casa, en donde predomina el ambiente familiar que hayamos creado entre los miembros que componen esa familia. Este ambiente está determinado por las acciones, normas, reglas, costumbres, valores, hábitos... que rigen el comportamiento general de los miembros de ese grupo.

Todo eso define la forma de alimentarse, de hablarse entre ellos, de colaborar, de realizar actividad física... Tanto de acciones individuales como colectivas. Pero, lógicamente, al actuar por imitación (debido a las neuronas espejo), lo que hagamos será un reflejo de lo que hemos visto hacer. Sobre todo, en el caso de los más pequeños.

Ahora bien, en un ambiente en el que yo soy pieza activa e importante y en el que he participado en crearlo, me va a resultar mucho más fácil establecer comportamientos saludables que concuerden con el estilo de vida que quiero seguir.

A la dificultad cuando estoy fuera.

Otra cosa distinta es cuando estoy fuera, en donde habrá presiones de lo que se acepta como "normal" dentro de determinado grupo de personas, contextos o situaciones. Ahí es donde me será difícil ser yo mismo, por la dichosa creencia del "qué dirán" y dejarnos guiar por lo que hacen las masas. Aquí hay que ser auténtico y genuino, llevando a cabo aquellos comportamientos que se alineen con nuestros valores y el estilo de vida que quiero sostener.

De alguna forma, tenemos que ser capaces de "domesticar" el **ambiente hostil** que nos rodea:

- **Cuando comemos fuera:** sobre todo si es por trabajo, debes elegir como si lo hicieras en casa (o lo más parecido posible). Sigue las recomendaciones del capítulo sobre la alimentación. Evita comer con pan y un postre dulce. Opta mejor por fruta de temporada.

- **Cuando celebramos algo:** por desgracia, la mayoría del ocio que nos rodea está ligado a comida en exceso, ultraprocesados, comida rápida, consumo de alcohol, tabaco, refrescos, helados, etc. Y es muy paradójico que a los niños se les premia con la misma comida que se les ha advertido muchas veces que no es saludable (pizzas, snacks, caramelos, golosinas...), mientras que la comida saludable pasa a ser la "rutina aburrida".

En no pocas ocasiones, somos maestros buscando justificaciones, "no pasa nada por beber solo los fines de semana", cuando "tampoco pasa nada si sales y no bebes". Al menos no tienes por qué hacerlo siempre que sales. Debes cambiar tu relación del ocio con la comida.

A veces pensarás que es muy difícil porque estás rodeado de gente que no quiere cambiar, o se encuentran en nivel distinto al tuyo y quisieras poder cambiarlos. Pero no te esfuerces en eso. Céntrate solo en ti mismo.

"Lo mejor que puedes hacer por la sociedad es cultivarte bien a ti mismo".

Gandhi.

Hazle caso a Gandhi. Y que así sea con todas las variables que afectan a tu salud: ejercicio, mentalidad, alimentación, respiración, etc.

Lo que está claro es que **no es saludable vivir en modo "doble personalidad"**, comportándote de una forma saludable entre semana, cuando tu rutina es habitual. Y desmadrándote los fines de semana o en cuanto tienes algo que celebrar.

"No hagas nada que sea vergonzoso, ni en presencia de alguien ni en secreto. **Sea tu primera ley... respetarte a ti mismo".**

Sócrates.

Lo mismo podría aplicarse a **cuando estás de vacaciones.** He visto a gente coger un kg de peso por cada día que ha estado veraneando en un crucero. A 8 días de crucero, 8kg de peso aumentado. Y es que hay personas que no saben controlarse ante un buffet libre o un "todo incluido", y entonces se desfasan comiendo y bebiendo. ¿Qué sentido tiene un "todo incluido" para dañar tu salud?

Has de saber que eso es un crimen para tu bienestar. Que infringes a tu cuerpo y órganos una cantidad de inflamación de la que le costará mucho tiempo recuperarse. Que quizá arrastres estreñimiento, baja energía, deshidratación, cansancio, sueño, hambre voraz... hasta muchos días o semanas después del crucero o las vacaciones.

Todos deberíamos organizar la vida para DISFRUTAR DEL CAMINO, porque la meta nunca llega, pues cuando la alcanzamos aparece otra y seguiremos caminando. Por suerte..., porque eso querrá decir que seguimos teniendo objetivos y propósitos que cumplir.

Yo creo que, una de las razones por las que más gente no es capaz de ser coherente entre lo que hace en sus rutinas habituales y lo que hace en sus rutinas más ocasionales (fines de semanas, vacaciones...), es porque tienen trabajos o vidas que no disfrutan lo suficiente (y eso es porque no se respetan). De ahí que estén deseando "olvidar" y ahoguen sus penas comiendo de más, bebiendo o fumando.

Deja brillar tu talento, sé feliz con lo que tienes y así podrás agradecer cada paso que das. Construye una disciplina en base a lo que quieres ser y conseguir. Y actúa en congruencia con ella. Sin que necesites fuerza de voluntad a cada paso.

Motivación y fuerza de voluntad...	Disciplina...
▪ Es temporal	▪ Se mantiene
▪ Fluctúa en el tiempo	▪ Crece en el tiempo
▪ Es un evento	▪ **Es un estilo de vida**
▪ Inicia el proyecto	▪ Lo termina
▪ Establece la meta	▪ **Trabaja para lograrlo**

Precisamente sobre disciplina y estilo de vida, hablaremos mucho más en profundidad en el segundo libro de la trilogía, "*Tu estilo de vida, tu mejor medicina*". Así que te invito a ello.

Mientras, estamos llegando al final y nos queda un último capítulo para remarcar aún más el cuidado de tu salud.

Estoy convencido de que no te va a decepcionar.

3.6 Mentalidad KAIZEN.

Kaizen es una palabra japonesa que se compone de dos sinogramas que significan "bueno" y "cambio". Actualmente, se refiere a un **sistema de mejora continua en el que las pequeñas, pero constantes mejoras, acumulan tras de sí grandes beneficios a largo plazo.** Engloba un método de gestión de la calidad muy conocido en el mundo de la empresa. Pero que es perfectamente válido y aplicable a la salud.

Para ello, debemos mejorar nuestra relación con la comida, con el agua, con el ejercicio físico, con las personas, con la naturaleza... Así como buscar un equilibrio entre: derechos y deberes, comodidad e incomodidad, placer a corto plazo y placer aplazado, victorias y éxitos, así como adversidades y fracasos.

¿Cómo se aplica el Kaizen en la vida?

1. DEFINE un área que te gustaría mejorar, enfócate en ella y desarrolla una solución o mejora. Puede ser referido a la alimentación, a la actividad física, a pasar más tiempo en familia, menos tiempo en redes sociales, a meditar, etc. Enfócate solo en una

o dos cosas y sé constante en ese proceso de mejora continua.

2. HAZ: comienza a realizar cambios que te lleven a la meta que te habías propuesto. Lleva un registro, anota y planifica, para no salirte de la hoja de ruta que te has marcado.
3. COMPRUEBA, cómo está funcionando la alternativa propuesta, para que se hagan más evidentes los logros que vayas consiguiendo.
4. MANTÉN EL CAMBIO y, cuando lo hayas consolidado, continúa con tu siguiente área de mejora.

Provoca acciones y ponte en marcha para moverte hacia donde quieras llegar. Busca la mejora en tu vida, en tu salud y en tu crecimiento personal. **Apasiónate por lo que haces. Porque la pasión no suma, multiplica.** Y si, en estos momentos, no tienes un trabajo que te apasione, unos amig@s que sintonicen con tus valores actuales... No dudes en poner los medios para el cambio.

"Tenemos trabajos que odiamos, para comprar cosas que no necesitamos". Cuidado con la sociedad consumista que hemos creado. No vincules los objetos a lo que tú eres. **No identifiques tu personalidad con las cosas,** pues por encima de las cosas están las personas, están sus valores. **La felicidad no viene de conseguir algo, sino de tener motivos por los que levantarse cada mañana.**

Viktor Frankl, neurólogo, psiquiatra y filósofo austríaco, que sobrevivió en varios campos de concentración nazis, descubrió en esos campos que la gente que se levantaba sin ilusión moría a las pocas semanas. Pero que aquellos que tenían una madre enferma, un hijo que no conocían, un sueño que cumplir... no morían. ¿Por qué? Porque no podían... Tenían esa ilusión, ese motivo por el que despertarse y resistir.

"Quien tiene un porqué para vivir, encontrará casi siempre el cómo." Esta frase de Nietzsche, da cuenta de la importancia que tiene encontrar sentido en nuestra vida a lo que hacemos, puesto que somos seres que siempre estamos orientados a un propósito, un objetivo o un proyecto.

Pon pasión a la vida, sigue a tu corazón, que no te traicionará. Sonríe, viaja, baila, juega, ríe, disfruta, haz deporte, ... **"Pon vida a los años y no años a la vida", E. Punset.**

"Para ser viejo solo hace falta una cosa. Que te pesen más los recuerdos que las ilusiones".

NUNCA dejes de ilusionarte, de querer mejorar, de apasionarte, de tener actitud positiva ante la vida. No tenemos el poder para ser felices en todo momento, pero sí, tenemos el poder de decidir cómo queremos enfocar cada situación. Si, en estos momentos, estás en una situación que no te agrada, sigue viviendo con pasión, alegría y entusiasmo... Y **entiende que se trata sólo de un momento transitorio, con la confianza de saber que,** gracias a tus acciones, **todo mejorará.**

¿Se puede aprender a ser optimista y positivo? Definitivamente sí. Siempre podemos elegir y ver el vaso medio lleno o medio vacío. Según qué tipo de persona seas, puede ser un trabajo lento, pero lleno de satisfacción y de posibilidades para mejorar tu salud física y mental.

Según Víctor Kuppers, existe una fórmula para medir el valor de las personas: V=(C+H) xA. El Valor es la suma de Conocimientos y Habilidades multiplicado por la Actitud. Así pues, mientras los Conocimientos y las Habilidades de la persona suman Valor, **la Actitud multiplica** (igual que hacía la pasión) la suma de ambos y establece la diferencia entre un crack y un chusquero.

Quiérete a ti mismo, por encima de todo, porque esa es la fórmula para querer a los demás y que ellos te quieran. Haz todo lo posible por ser feliz, sentirte enérgico, vital, optimista, positivo...porque así contagiarás a los que te rodean. Valora tu tiempo y tu vida y regálaselo a las personas que se lo merezcan. Ten presente que primero son las personas y después el resto.

Y no olvides que "hoy es el mejor día de lo que nos queda de vida" y "tarde o temprano, vamos a morir", así que coge las riendas de tu vida y vive con pasión e ilusión, poniendo en práctica todo lo que hayas aprendido.

Finalizo con una extraordinaria reflexión del Dr. Borja Bandera, que tiene mucho que ver con la mentalidad Kaizen, de mejora constante.

“**La atención a la salud es un proceso continuado, ilimitado e infinito que no tiene comienzo y solo finaliza al morir.** ¿Cómo no puede tener comienzo? Lo que tus padres y abuelos comieron, sintieron e hicieron tiene una influencia directa en tu biología, no solo desde el momento de tu concepción, sino mucho antes. Así lo corrobora la epigenética: nuestro ambiente promueve modificaciones genéticas que pasan de generación en generación. Por lo tanto, estamos siempre a merced de nuestro ambiente, y lo que hoy hagas es un regalo o una carga sobre tus aún inexistentes hijos o nietos. **El cuidado de tu salud es transpersonal”.**

Y yo añadiría más, el cuidado del planeta tierra también es transpersonal.

“La tierra no es una herencia de nuestros padres, sino un préstamo de nuestros hijos”.

Proverbio indio.

CIERRE

Querido lector, infinitas GRACIAS por haber llegado hasta aquí. Espero que el viaje haya merecido la pena. He puesto toda mi intención y energía para que así fuera.

Dos personas pueden leer lo mismo, pero imaginar mundos totalmente diferentes en su cabeza. Por tanto, sé que la experiencia de leer y aplicar el libro será diferente para cada persona. Así como su utilidad.

Siempre he pensado que después de leer cualquier libro, somos personas diferentes, porque cada autor nos muestra su forma de ver la vida y, por tanto, nuestra perspectiva se amplía.

"Los libros me enseñaron a pensar, y el pensamiento me hizo libro". Ricardo León y Román.

Dependiendo de lo que hayas tardado en leer el libro, y si has ido poniendo en práctica lo aprendido, deseo que hayas notado un antes y un después en tu forma de entender y manifestar tu salud y calidad de vida.

Mi consejo es que apliques lo que más haya resonado contigo o más te haya chocado. Recuerda que en la incomodidad está el progreso. O bien lo que más creas que te puede ayudar a mejorar.

Para algunas personas será un libro en el que saquen uno o dos tips para implementar en su vida. Y para otras será un libro de referencia que leer y releer varias veces para interiorizar y aprehender (aplicando, porque si no, no se aprende), todo lo que aquí he contado.

No obstante, te pido que filtres según tu juicio todo lo que aquí se ha dicho y te lo lleves a tu terreno para adaptarlo y que te pueda ayudar.

Yo sé que funciona porque lo he comprobado. Y lo he trasladado en mi consulta, cara a cara, a muchos que también les ha funcionado. Así que, gracias a quedar escrito en estas páginas, podré llegar a más gente y, de este modo, AYUDAR a muchas más personas.

Te invito a que escribas una reseña del libro en Amazon. O dejes tu opinión en...

- Web: www.goldmansalud.es
- Mail: manuel@goldmansalud.es

- Instagram: https://www.instagram.com/goldman_training/
- Facebook: https://www.facebook.com/tuentrenadorgoldman
- Youtube: Goldman Salud.

Me encantará saber cómo te ha ido.

Te animo a que, si te ha gustado, puedas continuar aprendiendo con el segundo libro de la trilogía. En él profundizaremos mucho más en los hábitos concretos que más te fortalecen o debilitan para que construyas una vida lo más saludable posible y puedas desplegar todo tu potencial.

AGRADECIMIENTOS

En primer lugar, a mi mujer e hijos, por sufrir mis ausencias mientras estaba dedicado a escribir esta obra. Por su paciencia y comprensión.

A mis padres y hermanos, por darme siempre todo lo mejor. Sin vosotros no sería la persona que soy y de la que me siento tan orgulloso.

A mis tías, Pepi y Manoli, por estar siempre y para todo. Ha sido una suerte teneros en nuestras vidas.

A mis suegros, por todo lo que nos ayudáis en el cuidado de nuestros hijos. Muchas gracias de corazón.

A todas las personas que han colaborado con sus testimonios, opiniones y conocimiento a esta obra:

Rodrigo Pradas, Ana Díaz, Isabel Garrido, Merche Calonge, Fili Lara, Irene García Frank, José Antonio Ruíz Sillero, Paqui Jaime, Ana Gladis, Pablo Carretero, Noli Gómez, Pedro Manzano, Rocío Ortiz y Sara Rodríguez.

A todas las personas que acuden a mi consulta y comparten conmigo buena parte de su experiencia de vida, dejándome aprender junto a ellos y aportándome mucho valor también.

A mi grupo de imparables, ellos/as saben quiénes son. Ha sido toda una suerte haberos conocido.

Mi editor, Alexander Estrada, por su impagable ayuda en la edición y maquetación de este libro.

A mi prima Tatiana, por su pasión y orientación en el diseño de la portada, títulos y mucho más.

A Lain García Calvo, por ser mi mentor y porque con la lectura de "La Voz de tu Alma" nació la semilla de lo que hoy es este libro.

A todas las personas que forman o han formado parte de mi vida en algún momento, contribuyendo a ser la persona que soy.

Sin todos vosotros, este libro no habría sido posible.

¡Gracias!

RECOMENDACIÓN DEL AUTOR:

BIBLIOGRAFÍA

ALLEN, D. (2016). *Organízate con eficacia*. Madrid. Ediciones Urano.

ARPONEN, S. (2021). *¡Es la microbiota, idiota!* Barcelona: Alienta Editorial.

ARPONEN, S. (2022). *El sistema inmunitario por fin sale del armario*. Barcelona. Grupo Planeta.

BANDERA, B. (2023). *Que los hábitos sean tu medicina*. Barcelona. Penguin Random House.

BILBAO, A. (2015). *El cerebro de los niños explicado a los padres*. Barcelona: plataforma.

CAMARENA, M. (2022). *Mentalidad de alto rendimiento*. España. Editorial Transverso.

CAÑETE, C. (2019). *El poder de confiar en ti*. Barcelona: Editorial Planeta.

CARNEGIE, D. (2018). *Cómo ganar amigos e influir sobre las personas*. Barcelona. Elipse sello editorial.

CARPER, J. 2013. *Los alimentos. Medicina milagrosa*. España. Editorial Amat.

CLAPÉS, E. (2023). *Hasta que te caigas bien*. Barcelona. Penguin Random Hose.

CLEAR, J. (2019). *Hábitos atómicos*. Barcelona. Editorial Planeta.

COLE, W. (2019). *El espectro de la inflamación*. Málaga. Editorial Sirio.

COLGAN, M. (2009). *La salud hormonal*. Málaga. Editorial Sirio.

COVEY, SR (2015). *Los 7 hábitos de la gente altamente efectiva*. Barcelona. Espasa libros S.L.U.

CYRULNIK, B. (2016). *Los patitos feos. La resiliencia, una infancia infeliz no determina la vida*. Barcelona: Gedisa.

DISPENZA, J. (2012). *Deja de ser tú*. Madrid. Ediciones Urano.

DISPENZA, J. ((2014). *El placebo eres tú*. Madrid. Ediciones Urano.

DUHIGG, CH. (2019). *El poder de los hábitos*. Barcelona. Penguin Random Hose.

DYER, W. (2014). *Tus zonas erróneas*. Barcelona. Penguin Random House.

DYER, W. (2016). *El poder de la intención*. Barcelona. Penguin Random House.

EMOTO, M. (2019). *El milagro del agua*. Barcelona. Ediciones Luciérnaga.

ENDERS, G. (2015). *La digestión es la cuestión*. Barcelona. Ediciones urano.

FLECHE, C. (2015). *El cuerpo como herramienta de curación*. Barcelona. Ediciones Obelisco.

FLECHE, C. (2019). *El origen emocional de las enfermedades*. Barcelona. Ediciones Obelisco.

FRANKL, V.E. (2015). *El hombre en busca de sentido*. Barcelona: Herder.

GALANCHO, I. (2023). *Quema tu dieta*. Barcelona: Penguin Random House.

GARCÍA-OREA, B. (2020). *Dime qué comes y te diré qué bacterias tienes*. Barcelona. Penguin Random House.

GOLEMAN, D. (2014). *Inteligencia emocional*. Barcelona. Editorial Kairós.

GONZÁLEZ, R Y RODRÍGUEZ, C. (2022). *Supervivir*. Barcelona. Penguin Random House.

HAWKING, D.R., M.D., PH. D. (2013). *El poder contra la fuerza*. Estados Unidos. Hay House.

HAY, LOUISE L. (2008. *Usted puede sanar su vida*. Barcelona. Ediciones Urano.

HOF, WIM. (2021). *El método Wim Hof*. Madrid: Gaia Ediciones.

HONRUBIA, J. ((2023), *El poder de la incomodidad.* Printed in Poland by Amazon.

L'ECUYER, C. (2013), *Educar en el asombro.* Barcelona: Plataforma.

LEVITIN, D. J. (2018). *Tu cerebro y la música.* Barcelona. Debolsillo.

LITTLEHALES, N ((2017). *Dormir.* Barcelona: Editorial Planeta.

MEURISSE, T. (2020). *Domina tus emociones.* Printed in Poland by Amazon.

MOLINA, R. (2021). *Una mente con mucho cuerpo.* Barcelona: Editorial Planeta.

MORITZ, A. (2021). *Los secretos eternos de la salud.* Barcelona. Ediciones Obelisco.

MURPHY, J. (2022). *Expande el poder de tu mente subconsciente.* Madrid. Distribuciones

NADAL, TONY, (2015). *Todo se puede entrenar.* Barcelona. Alienta. Grupo Planeta.

NAVARRO, T. (2015). *Fortaleza emocional.* Barcelona. Editorial Planeta.

NESTOR, J. (2022), *Respira. La nueva ciencia de un arte olvidado.* Barcelona: Editorial Planeta.

PÉREZ, A. (2015). *Los 88 peldaños del éxito.* Barcelona. Alienta. Grupo Planeta.

PÉREZ-CALVO, J. (2017). *Nutrición energética y salud.* Barcelona. Penguin Random House.

POCOVÍ, G. (2023). *Atención con la inflamación.* Barcelona: Editorial Planeta.

RAMMP, T. (2022). *El poder de la respiración.* Barcelona: Editorial Planeta.

RÍOS, C. (2019). *Come comida real.* Barcelona. Paidós.

ROBBINS, A. (2019). *Controle su destino.* Barcelona. Penguin Random House.

ROJAS, M. (2018). *Cómo hacer que te pasen cosas buenas.* Barcelona: Editorial Planeta.

RUÍZ, M. (2001). *La maestría del amor.* Madrid. Ediciones Urano.

RUÍZ, M. (2011). *Los cuatro acuerdos.* Madrid. Ediciones Urano.

SÁNCHEZ, A. (2018). *Mi dieta ya no cojea.* Barcelona: Paidós, Editorial Planeta.

SEIGNALET, J. (2015). *La alimentación, la tercera medicina.* Barcelona. RBA libros.

SELIGMAN, M. (2017). *Aprenda optimismo. Haga de la vida una experiencia maravillosa.* Madrid: Debolsillo.

SOLA, M. (2022). *La naturaleza del entrenamiento.* Edición especial para Amazon.com.

SOSA, R. (2022). *Respira, aquí y ahora.* Barcelona: Penguin Random House. .

TOLLE, H. (2001). *El poder del ahora.* Madrid: Gaia Ediciones.

URIARTE, G. (2019). *Sin dieta para siempre.* Barcelona: Penguin Random House.

VALENZUELA, A. (2022). *Hijos de la adversidad.* Barcelona. Alienta.

VÁZQUEZ, M. (2021). *Saludablemente.* Barcelona: Penguin Random House.

VÁZQUEZ, M. (2022). *Invicto.* Es un producto de Fitness Revollucionario.

VÁZQUEZ, M. (2018). *Fitness Revolucionario.* Madrid. Ediciones Oberon.

VILASECA, B. (2021). *Las casualidades no existen.* Barcelona. Penguin Random House.

WALDINGER, R. Y SCHULZ, M. (2023). *Una buena vida.* Barcelona. Grupo Planeta.

WALKER, M. (2019). *Por qué dormimos.* Madrid. Capitan Swing libros.

WOLF, F. (2021). *¿Por qué la música?* España. El paseo editorial.

Canal de YouTube DR. LA ROSA.

Canal de YouTube VIDA POTENCIA. De la DRA. ISABEL BELAUSTEGUI.

Canal de YouTube DR. BORJA BANDERA.

Canal de YouTube LAIN. LA VOZ DE TU ALMA.

Canal de YouTube APRENDEMOS JUNTOS 2030. DE BBVA.

Canal de YouTube OSWAL CANDELA.

Made in United States
Orlando, FL
29 May 2025